上海鲁迅研究

鲁迅与翻译

上海鲁迅纪念馆 编
SHANGHAI LUXUN MUSEUM

总第82辑

上海社会科学院出版社
SHANGHAI ACADEMY OF SOCIAL SCIENCES PRESS

目　录

鲁迅与翻译

特稿

鲁迅作品及生平研究

鲁迅同时代人研究

史料·辨证

我与鲁迅

纪念

鲁海漫谈

CONTENTS

The Study of Lu Xun's Contemporaries

History · Texual Research

Lu Xun and I

Memorial

Random Talk on Lu Xun

鲁迅与翻译

重温鲁迅的“直译”说

顾音海

鲁迅论翻译,主张“直译”。从1909年在《域外小说集·序》中提出译文“词致朴讷”、在《劲草·序》中主张翻译“近于信达”,1913年在《艺术玩赏之教育》附记中说自己的翻译是“循字迻译”,1924年在《苦闷的象征》引言中正式采用“直译”一词,鲁迅以自己的翻译实践和理论思考,规范了翻译内涵,倡导了准确传达原著本意的翻译理念。更重要的,鲁迅是将直译作为改进古文、白话文欧化、推动汉字拉丁化的手段之一,并与精确表达、促进思维方式发展联系起来,达到提升民族文化素质、挽救国人精神衰微的高度。回望这段翻译史,各类译作虽然丰富多样,但直译的内涵作为一种基本态度与方法,逐渐被后来者实际接受与应用,成为无可改变的正确原则。重温鲁迅的直译说,结合一些翻译成果稍作思考,尚感深意颇多。

一、“直译”的名实问题

鲁迅的“直译”一词,由于种种原因,当事者、研究者曾有过“硬译”“对译”“意译”等不同提法,就其本意,都应该归入直译范围。

最初,鲁迅在解释自己所译卢那卡尔斯基理论文章比较晦涩时,说到原因在于:“译者的能力不够和中国文本来的缺点”,但

“在我，是除了还是这样的硬译之外，只有‘束手’这一条路——就是所谓‘没有出路’——了，所余的惟一希望，只在读者还肯硬着头皮看下去而已。”[①]这里的“硬译”，一方面是自谦；另一方面其文意显然也就是直译。但是，由于梁实秋的别解和引申，刻意将此“硬译”解释为“死译”，从而引发鲁迅写《“硬译”和“文学的阶级性”》予以反驳，“硬译”便渐代起“直译”。从字面上看，“硬”字当不如“直”字妥帖，并且鲁迅挚友如瞿秋白主张译文要既“信”又“顺”的直译，鲁迅主张在没有更好的既“信”又“顺”的翻译前提下，“宁信而不顺”。这样，“不顺”易与“硬译”相联系，引起误解。在这场商榷互动中，有对翻译技巧的探讨，也有超出技巧之外的论争，这个过程，学者多有研究，史实已较清楚。[②]本文侧重谈翻译技巧，所用“直译”，包括了上述“硬译”等其他别称所指的范围。

二、“直译”对翻译的正名与基本要求

综合鲁迅的多处见解，直译的最先要求是对原文文本的完整传递和精准表达，简言之，就是要翻译“足本”并达到“信”的首要目的。这主要针对当时国内知识界、文学界在外文翻译方面的实情有感而发。特别是林纾（琴南）与他人合译的外国文学作品，确切地说应该属于译述或编译，需要正名与规范。

中国对于外国文字的翻译源远流长，古代也有过翻译理论方面的探讨。当“利玛窦口述、徐光启笔受”翻译《几何原本》前六卷300年后，西学又东渐，文艺作品大受关注，乃有林译盛事出现。林译的数量，据芝加哥大学远东图书馆马泰来《林纾翻译作品全目》统计凡179种，影响巨大，《巴黎茶花女遗事》《黑奴吁天录》等都一时纸贵洛阳。[③]这是“中国人讲外国故事”的成功，模式是由懂外语的专人口授、林纾笔录，并非严格地逐字逐句翻译。以兰姆姐弟《莎士比亚戏剧故事》为例，林译书名《吟边燕语》，其译文和萧乾现代汉语译本相比，缩减、串讲的特点很明显。其中《驯悍》篇

(即《驯悍记》)首段,萧译本约200字,林译约120字,原著交代一对姐妹婚事缘起,父亲欲先解决姐姐的婚姻再答应媒人给妹妹提亲;原文的描写稍嫌复杂,于是林纾按照自己的理解,或者说按照时人的知识范围、阅读习惯予以“归化”,硬加上一句:其父“素秉礼法,以为长女未婚,季女不当越序而嫁”,无中生有,显然超出了翻译的范围。类似例子在林译中比比皆是。[④]钱锺书有《林纾的翻译》,认为林译的吸引力,有时就在其讹译之处。如迭更司《滑稽外史》第十七章,写时装店女领班那格女士听见有顾客说她是“老妪”,气得大吵大嚷,始笑而终哭,顿左足又顿右足,曰:“嗟夫天!十五年中未被人轻贱。竟有骚狐奔我前,辱我令我肝肠颤!”但钱锺书与原书核对后却大为失望,原来这段精彩表演全出自林氏生花妙笔。锦上添花有锦上添花的功用,另当别论,但林译之谬损原意,当不得真翻译。

其实不独文学作品如此,自然科学及社会科学类著作的“西学东译”,几乎都有一个译述、串讲的历程。19世纪与20世纪之交,西学的诸多科技、人文类书籍,由通晓外文的人士纷纷译介过来。作为主体传媒的报纸,无论中文、外文,短篇或长篇连载,由于版面篇幅所限,对于外国事物的译介多少有所缩减。《点石斋画报》亦图亦文,其“文”的部分有不少即来自摘译、抄录加编辑。图书方面,国人所受西学中,理工农医类,注重定理、概要、操作步骤;社会类,重在阐述要义;文艺小说类,重在情节梗概,而均不注重原文的完整性,至于原著版本情况,在编译中更是阙如,这是当时的普遍现象。鲁迅在南京求学时,“一有闲空,就照例地吃侉饼,花生米,辣椒,看《天演论》”。[⑤]《天演论》赫胥黎原题《进化论与伦理学及其他论文》,包括5篇文章,严复译述前两篇,名《天演论》,将其文与今译本对照,译述的特点一目了然。[⑥]再如发行量与影响巨大的《植物学大辞典》《动物学大辞典》,由杜业泉、杜就田组织人力,据英文、日文等多种外文资料,费时多年编纂而成;尤其是《动物学大辞典》,自1922年初版以来加印无数,且无第二部同名中文辞典再现,足以说明其价值与贡献,但其底本基本是以某一种外文辞典为基础,再行补充编译的。即使鲁迅早期的文章如《科学史教篇》等,据研究也有相当部分的内容根据外文资料编写而成,当然里面贯穿有鲁迅对中国问题的思考,因而不能算翻译或译述。当时该文连同《摩罗诗力说》等4篇文章刊登于豫籍留日学生在东京创办的《河南》杂志《论著》栏目上(1908年2月、3月、6月、8月、12月),而同时鲁迅又有《人间之历史》和《匈牙利赖息作》二文刊登于该刊《译述》栏目中(1907年12月20日和1908年8月5日)。或许,鲁迅内心对翻译、译述界限的认识由来已久。

上述种种与翻译有关的文化行为,在中西会通过程中,从正面看,无疑起过积极的促进作用。在中国对世界知识的启蒙接受阶段,知识转型、积累阶段,普及科学文化,了解国外风土民情,需要串讲,需要符合受众理解的许多“译介”。而从反面观之,译述者受了传统文化的影响,有的“以诸子之文写夷人之语”,“他们的弊病,就在‘有自己无别人’,抱定老本领、旧思想,丝毫不肯融通;所以把外国异教的著作,都变成斑马文章,孔孟道德”。[7]一旦随着社会转型深入,无论研究学术或理财施政,对于外国事物的了解必然不满足于停留在一般知识层面,译意不译词已不能满足要求,必须真正地、完整地接触原著“真经”。读原著、译原著且要逐字逐句翻译“足本”,成为翻译的基本要求。或者说,能够当得起“翻译”二字的译作,文本的完整是先决条件。鲁迅1932年11月6日致增田涉信中回忆翻译《域外小说集》情形时说:“《域外小说集》发行于1907年或1908年,我与周作人在日本东京时。当时中国流行林琴南用古文翻译的外国小说,文章确实很好,但错误很多。我们对此感到不满,想加以纠正,才干起来的,但大为失败。……至于内容,都是短篇……译文很艰涩。”[8]历史证明,林译虽然盛名一时,终究成译史故纸;除非研究历史,今人少有兴致再读他的《巴黎茶花女遗事》。而即便是“译文很艰涩”的名著,康德、黑格尔、乔伊斯、普鲁斯特……只要是完秩足本,终归拥有永恒的读者。

在文本完整的基础上,精准是翻译的首要标准,即“信”第一,“达”“雅”次之。文字先要准确,然后才是鲜明、生动,其手段,无非要符合语法、逻辑、修辞。此译事信、达、雅三标准由严复在《天演论》的《译例言》中作为翻译的“三难”提出,后来被广为沿用,成为翻译的终极目标,虽然严氏译文不幸成为其“三难”说的验证而非信、达、雅的范文,《天演论》如此,《法意》《穆勒名学》也如此。严译本身文字风格颇多桐城派古文气息,拿来翻译赫胥黎也未尝不可,问题出在译文夹叙夹议,甚至与原文有很大出入,他认为是“达恉”,终与林译如出一辙,成为自我理解的“意译”。鲁迅主张信而又达,在两者不可兼顾时宁可要守“信”。这个观点也为周作人所奉行,且有更多的实践。[9]

鲁迅对林译,由早年的欣赏甚至模仿,到疏离,再到匡正,体现了他顺应时代需要的高远目光。

三、译文风格问题

直译所涉及的问题,不妨统归为译文风格。简言之,译文要体现不同文体、不同时代、不同作者的风格。

文体,笼统说即韵文或散文。原文押不押韵,译文当照实移译,虽然实际情况非常复杂,不同语种在创作上各有特点,体现出更多的“不可译性”。即便是中文,自诸子百家,诗经、楚辞、汉赋,到唐诗、宋词、元曲,再到明清散文、小说,用何种文体对应翻译世界文化遗产,本身就是很大的难题。例如,许多民族在古代创作有浩瀚的叙事诗或诗剧,要完整地翻译成汉语诗体,实践证明很难。方重译《坎特伯雷故事》用散文体,“至于原作的风格和韵律,惟有依靠注释略作说明;但也有很少一部分抒情诗勉强照原有格律译出”。[10]莎剧原著,尤其中、晚期作品,主要是用素体韵文(blank verse)亦即梁实秋所称“无韵诗”写成,这是指不押脚韵却有轻重音格律的五音步诗行,每行都有规范整齐的5个音步,因而莎剧不是散文话剧。目前为止最著名的两大译本——朱生豪译本和梁实秋译本,用的都是散文体。此外,周作人、罗念生译古希腊戏剧,杨宪益译《奥德修纪》,王维克译《神曲》,也多用散文体。这些史诗难以用诗体翻译的原因,主要出于无法制胜的外语和汉语文字上的差异和原作的博大精深。莎士比亚时代,英语正处在发展、丰富阶段,莎剧广采书面语和口语、俚语俗词,甚至创造新词,生动而形象地塑造了形形色色的人物,这也为翻译带来诸多困难。但史诗巨制并非不能翻译,也有译者着力研究,拿出了更加符合原作风貌神韵、用格律韵文翻译的作品,如孙大雨的莎剧“音组”翻译,虽只译出8部,也是有益的尝试。[11]《新青年》在翻译方面贡献颇巨,刊载了20多国、40多位作家的100余篇作品,其中包括诗歌,如周作人的《古诗今译》。《古诗今译》是《新青年》中最早用白话文翻译的外国诗歌。周作人秉承直译说,在前言中说明了用白话口语译诗的标准,即既“不及原本”又“不像汉文”,就是全新的、又有原作意味的诗歌。[12]

时代语言特征是指各种语言在不同时代的语法、逻辑、修辞等方面的特征。语言是不断变化着的活的交流工具,中国主要面对的英、法、德、俄、日等外国语,在一二百年前的表达方式和习惯与今日显然有所不同,倘若古代的外语更是与今不同;同理,汉语也在不断变化发展当中,因此,现代用汉语去直译,译文显然已经不是“现代的汉语”,而是带有外国观念,带有外文语法、逻辑、修辞特征的,体现原文风格的一种新的汉语。译文须顺着原文走,原文的时代特点也就包含在译文中,译文应以汉语的多样性来尽力体现原文的时代语言特征。这个特征,就是鲁迅所说的“洋气”:“动笔之前,就得先解决一个问题:竭力使它归化,还是尽量保存洋气呢?……如果还是翻译,那么,首先的目的,就在博览外国的作品,不但移情,也要益智,至少是知道何时何地,有这等事,和旅行外国,是很相像的:它必须有异国情调,就是所谓洋气。"[13]这种体现了"何时何地"的洋气译文,才是真正的翻译,或者说,没有洋气就不成翻译。直译最能保证体现洋气,虽然读者可能一时不懂,但"想一想也许能懂"。[14]

以耳熟能详的培根美文《谈读书》第一段为例,原文为:

> Studies serve for delight, for ornament, and for ability. Their chief use for delight, is in privateness and retiring; for ornament, is in discourse; and for ability, is in the judgment and disposition of business. For expert men can execute, and perhaps judge of particulars, one by one; but the general counsels, and the plots and marshalling of affairs come best from those that are learned.

王佐良(1916—1995)译文为:

> 读书足以怡情,足以傅彩,足以长才。其怡情也,最见于独处幽居之时;其傅彩也,最见于高谈阔论之中;其长才也,最见于处世判事之际。练达之士虽能分别处理细事或一一判别枝节,然纵观统筹、全局策划,则舍好学深思者莫属。[15]

培根(1561—1626)生当16—17世纪,在中国是明代嘉靖至天启年间,用什么样的中文风格来翻译确实是个问题。英国文学源自公元5世纪的口头传说,普通的英国文学史都以古英语的《贝奥武夫》开始,中经乔叟《坎特伯雷故事》和托马斯·莫尔,大家寥寥。培根是位居前列的莎士比亚同时代人,此刻英语处于刚刚走出中古英语时期的早期现代英语。而汉语历史悠久,变化更加复杂,先秦为上古汉语,魏晋至五代为中古汉语,北宋起至“五四”新文化运动前的文言归为近古汉语,而北宋起至“五四”新文化运动前的白话归为近代汉语,新文化运动后属于现代汉语。因此,以早期现代英语对应近古汉语相对比较合适,王佐良用带有几分文言的笔调翻译培根作品,犹如展示英国的唐宋八大家风格,古色古香,雅而不俗,成为公认的佳译。

再如雪莱著名的《西风颂》末句:

Oh Wind, If Winter comes, can Spring be far behind?

郭沫若译:“严冬如来时,西风哟,阳春宁尚遥迢?”郭氏主张译文除信达之外愈雅愈好,这样的诗体译作,在其《英诗译稿》中颇多,甚至还有类似“戴月荷锄归”的仿古句子,这也是旨在捕捉英诗和中国古诗意境相合的翻译尝试。

直译法的精髓是严格体现原文原意,并非死译。语言同时是门艺术,翻译乃是技术也是艺术,以时代风格相近的语言去翻译外国著作的结果也应该丰富多彩,名作应该有多个译本。译文如何做到与“时代风格相近”是个见仁见智的问题。今人真正要学古人腔,用中国古文译外国古文,实无法做到,即使做出来的也不能称作古文。正如周作人所说,除非让哪位古代的外国作者学了中文,自己用古汉语直接翻译出来,一如现代的双语(甚至多语种)作家那样。林纾被认为近代古文家,他以此为荣;但林译小说被称作古文,他自己也不承认、不看重,康有为赠诗称赞“译才并世数严林”,林不悦。林译实际已不是真正的古文,至多是保留了若干古文特点的文字。严译的文字古味浓郁,“连字的平仄也都留心”,读起来铿锵有力,“竟感动了桐城派老头子吴汝纶”来作序,“说是‘足与周秦诸子相上下’了”,严复本人倒自谦“达恉”,他后来的译本,“看得‘信’比‘达雅’都重一些”。[16]作为译者,力求直译即可,不必考虑其他的"达恉""归化"翻译手段,因为"其实世界上也不会有完全归化的译文,倘有,就是貌合神离,从严辨别起来,它算不得翻译"。⑰

作家个人语言风格,或恣意汪洋,或朴实淡雅;不同体裁,诗歌、戏剧、散文、演讲、论证、小说等又有不同特征;不同内容,文史、科技等亦有许多差异,体现在语言上必然多姿多彩。斯威夫特的质朴,兰姆姐弟、艾迪生的典雅,莎士比亚的深邃而睿智,译文读来亦应千人千面。然而,林纾在讲述不同国别、不同语种、不同时期、不同题材和体裁的文学作品时,全用他一人口吻,以"林译风格"代替各个作者的风格,故不足取。在英国小说里,作家个人语言特色鲜明的不少。公认从奥斯丁的语言中可以读出英语的许多妙处;而夏洛特·勃朗蒂笔下人物对话里的诗意韵味,体现着浪漫色彩。原作越是独特,翻译越有难度;如果直译译得好,体现这特色,则必将耐人寻味,难以忘怀。

以《简·爱》为例,第23章里简·爱那段著名的"独立宣言",原文为:

> Do you think I can stay to become nothing to you? Do you think I am an automaton? — a machine without feelings? and can bear to have my morsel of bread snatched from my lips, and my drop of living water dashed from my cup? Do you think, because I am poor, obscure, plain, and little, I am soulless and heartless? You think wrong! — I have as much soul as you, — and full as much heart! And if God had gifted me with some beauty and much wealth, I should have made it as hard for you to leave me, as it is now for me to leave you. I am not talking to you now through the medium of custom, conventionalities, or even of mortal flesh: — it is my spirit that addresses your spirit; just as if

both had passed through the grave, and we stood at God's feet, equal, — as we are![18]

《简·爱》第一部全文译本——李霁野译本译文为:

你以为我能对于你毫无所谓地住下去吗?你以为我是一架自动机吗?是一架没有感情的机器吗?能够忍受让我的一口面包从我嘴上夺去,我的一滴活水从杯中碰去吗?你以为,因为我贫穷、微贱、不美、矮小,我就没有灵魂,没有心吗?你想错了!——我有和你一样多的灵魂,一样充实的心!上帝若赋给我一些美,许多钱,我会使得你难以离开我,就如你现在使得我难以离开你一样。我不是在藉着习俗、惯例,甚至不是藉着可朽的肉身来和你谈话;——是我的精神向你的精神谈话;就如同我们都从坟墓里复现,我们站在上帝的脚旁,两人平等,——因为我们是平等的![19]

以前辈译家伍光建和李译初版时间相近的译本作比较,虽然也用了白话,通晓易懂甚至琅琅上口,但并非逐字逐句翻译,相较之下,李译更完整地体现了原作语言的酣畅淋漓特点,应属于更加可"信"的一类译文。[20]李霁野作为追随鲁迅的晚辈,接受直译的翻译观,在实践中加以运用,以字对字来翻译,较多地保留了原文的句子结构,时间状语多置于句子末尾,译文较多地有着"洋气",即保留了原文的风格面貌。

四、直译的欧化倾向

直译势必带来语言文字上的欧化,而这正是鲁迅希望的结果之一。

语言文字只是形式工具,改进的目标主要在于如何使所表现的内容符合时代精神、反映当代实情;语言文字不断发展变化,古今语言渐渐不同,古文与现代白话差距日益扩大,所思所言和手头所写不能协调统一,用古文写当代事物越发困难,几乎等于不能(用笔)说话,“这不能说话的毛病”愈演愈烈,到最后便是:“已经哑了。”虽然“腐败思想,能用古文做,也能用白话做”,鼓吹革命的思想,能用白话写,也能用古文写,犹如章太炎写《訄书》,犀利而古奥;但文章毕竟不是古董,作为交流的工具,形式和内容相协调显然更有利于新信息、新思想的传播。鲁迅于 1927 年 2 月 18 日在香港青年会专门作了《无声的中国》演讲,认为:“我们此后实在只有两条路:一是抱着古文死掉,一是舍掉古文而生存。”[21]

然而古文的应该“舍掉”,其表面的让人“不能说话”的深层原因,是汉语作为汉藏语系的语言特点,在表达方式上,和印欧语系相比有天然的粗疏。即使古文不被舍掉,也要大作改良。而取白话作为书面语去尝试推广,更加需要不断改进。鲁迅多次谈到要吸收印欧语言的严谨精密,吸收欧化文法到中国白话里,以避免汉语语法的稀松疏简,使白话文结构缜密、内容丰富。他说:“中国的文或话,法子实在太不精密了……这语法的不精密,就在证明思路的不精密,换一句话,就是脑筋有些糊涂。……要医这病,我以为只好陆续吃一点苦,装进异样的句法去,古的、外省外府的、外国的,后来便可以据为己有。”[22]

鲁迅自己的译作中,直译带来的欧化就很明显,学者已有研究。例如:

从词法上看,大量使用音译名词,“香槟酒”“摩登女郎”等通用词语外,还有“烟士披离纯”“曲尔爱斯”等;复数词尾用“们”;动态助词用“著”(着);结构助词用“的”“地”“底”;副词有“将”;量词有“一种”“一个”“一匹”;指称代词“他”“她”“它”分化;人称代词前加定语(如“美洲钻石一般的您”,见《俄罗斯童话》);介词有“关于”“对于”“在”“当”;连词有“和”“如”“而且”等的使用。

从句法上看,有主谓结构加"的"转化成词组;出现了修饰冗长的词语("他尽做了些深的漆黑的矿洞和漂在大海上的大汽船的梦",见《火柴盒子的故事》);使用新式短语"……之一";增添主语,另立新句子("他又懊恼,又伤心。他饿了,然而买点吃的东西的钱却是一文也没有"。见《表》);增添宾语("将有如这样的题目,我久已就想研究它一番"。见《说幽默》);语序主从倒置("这可是很有意思,如果查出了究竟谁是发信的人"。见《死魂灵》);对话中直接引用原文,不标识说话者;使用共动结构("黑眼珠的夫人们高兴地轻快地走出了车子。"见《恋歌》)。其他如双宾语、"被"字句、"是"字句、长句等的运用,都可看作是直译的效果,与中国人习惯的白话文不同。尤其是鲁迅译文中长句子特别多,而在他自己创作的小说中却并不多。[23]

鲁迅典型的欧化译法,可见下例:

> 带着年轻的丈夫的三位女儿,和爱慕全世界一切女性的诗人的他的儿子,都恭敬他,并且悲哀他,跟在他灵柩后面走。(《俄罗斯的童话》)

从直译效果看,鲁迅的译作还可以举《死魂灵》为例。果戈理的作品对鲁迅影响较大。《死魂灵》别具一格,讽刺与幽默、抒情与写实结合,与鲁迅的"嬉笑怒骂皆成文章"颇为投合。

如乞乞科夫被揭露的关键一幕(第一部第八章),鲁迅由德文版译为:

> 罗士特来夫却有些快活起来了,不管别人,尽说着他的话:"哦,哦,我的乖乖……如果你不告诉我为什么要买死魂灵,我是不放开你的。听哪,乞乞科夫,你应该羞愧;你一定自

己也明白,你没有比我再好的好朋友了。瞧罢,大人也在这里……对不对,检事先生?您不相信罢,大人,我们彼此有怎样的交情,实在的,如果您问我——我站在这里,如果您问我:'罗士特来夫,从实招来,你的亲爷和乞乞科夫两个里,你爱谁呀!'那我就回答说:乞乞科夫!天在头上!……心肝,来呀,让我和你接一个吻,亲一个嘴。您也许可我和他接一个吻罢,大人。请你不要推却,乞乞科夫,……"[24]

著名俄语译者张满涛擅长翻译对话,上述段落他从俄语原文直接译为:

而诺兹德廖夫却满不在乎,既象认真又象发酒疯似的叫嚷着:"你呀,老兄,你,你……我不弄弄清楚,你干什么要买死魂灵,我是不会放过你的。你听着,乞乞科夫,说真的,你真不要脸,你自个儿心里明白,你是交不到比我更好的朋友啦。好在省长大人也在这儿,我的话在理不在理,检察长先生?说出来您也不信,省长大人,我们两人的情谊实在深得难分难离,就是说,只消您问一声,瞧,我就站在您面前,只消您问一声:'诺兹德廖夫!说句良心话,您更爱哪一个:亲生老子还是乞乞科夫?'——我肯定回答说:'乞乞科夫',老天在上,不撒半点虚谎……心肝宝贝儿,让我来吻你一下。省长大人,您就容许我吻他一下吧。乞乞科夫,你也别推三推四,……"[25]

由此可见,虽然鲁迅是从德文本转译,除了个别字句的差别外,鲁迅译本忠实地保留了原作的口吻、风格。

20世纪初,正是我国现代翻译事业初兴、翻译理论初探之时;鲁迅的直译主张,不啻是对翻译的现代化规范。后来者大多理解、实践着鲁迅的主张。

注释

① 鲁迅:《译文序跋集·〈文艺与批评〉译者附记》,《鲁迅全集》第十卷,人民文学出版社 2005 年版,第 329、330 页。

② 陈福康:《论鲁迅的“直译”和“硬译”》,《鲁迅研究月刊》1991 年第 4 期;韦建华:《改良大众,“雅俗”共赏:论瞿秋白鲁迅翻译思想的共性与分歧》,《云南农业大学学报》(社会科学版)2010 年第 10 期。

③ 李家骥等整理:《林纾诗文选》,商务印书馆 1993 年版,第 1 页;另据张俊才统计,林译小说共 246 种,发表 222 种,未刊 24 种,见周晓璞《接受·疏离·批评——论鲁迅对林译小说的态度及其变化》,天津师范大学硕士论文,2016 年,中国知网载。

④ [英]查尔斯·兰姆、玛丽·兰姆改写,萧乾译:《莎士比亚戏剧故事》(英汉对照)下册,商务印书馆 1984 年版,第 340、341 页;[英]兰姆著,林纾、魏易译《吟边燕语》(《林译小说丛书》),商务印书馆 1981 年版,第 9 页。

⑤ 鲁迅:《琐记》,载《朝花夕拾》,《鲁迅全集》第二卷,人民文学出版社 2005 年版,第 306 页。

⑥ [英]赫胥黎著,翻译组译:《进化论与伦理学》,科学出版社 1971 年版。

⑦ 周作人:《谈龙集》,河北教育出版社 2002 年版,第 148 页。

⑧《鲁迅全集》第十四卷,人民文学出版社 2005 年版,第 196 页。

⑨ 顾农:《鲁迅的“硬译”与周作人的“真翻译”》,《鲁迅研究月刊》2008 年第 2 期。

⑩ [英]杰弗雷·乔叟著,方重译:《坎特伯雷故事》译本序,上海译文出版社 1991 年版,第 18 页。

⑪ [英]威廉·莎士比亚著,孙大雨译:《莎士比亚戏剧八种》(集注本下册),上海书店出版社 2013 年版,第 1187、1188 页。

⑫ 陈强:《从“盗火”到“理水”——〈新青年〉文学翻译浅探》,曲阜师范大学硕士论文,2006 年,中国知网载。

⑬ 王佐良译:《英国诗文选译集》,外语教育与研究出版社 1983 年版,第 6、7 页。

⑭ 鲁迅:《且介亭杂文二集·“题未定”草》,《鲁迅全集》第六卷,人民文学出版社 2005 年版,第 364 页。

⑮ 鲁迅:《二心集 · 几条“顺”的翻译》,《鲁迅全集》第四卷,人民文学出版社 2005 年版,第 352 页。

⑯ 鲁迅:《二心集 · 关于翻译的通信》,《鲁迅全集》第四卷,人民文学出版社 2005 年版,第 390 页。

⑰ 鲁迅:《且介亭杂文二集 · “题未定”草》,《鲁迅全集》第六卷,人民文学出版社 2005 年版,第 364 页。

⑱ Brontë Charlotte, *Jane Eyre*[M]. New York: Random House, 1943:190.

⑲ 夏洛特 · 勃朗蒂著,李霁野译:《简 · 爱》,陕西人民出版社 1982 年版,第 307 页。

⑳ [英]夏洛特 · 勃朗蒂著,伍光建译:《简 · 爱》,时代文艺出版社 2018 年版,第 220、221 页。

㉑《鲁迅全集》第四卷,人民文学出版社 2005 年版,第 12—15 页。

㉒ 鲁迅:《二心集 · 关于翻译的通信》,《鲁迅全集》第四卷,人民文学出版社 2005 年版,第 391 页。

㉓ 老志钧:《鲁迅的欧化文字——中文欧化的省思》,师大书苑有限公司 2005 年版。

㉔ [俄罗斯]果戈理著,鲁迅译:《死魂灵》,花城出版社 2018 年版,第 185 页。

㉕ 果戈理著,满涛、许庆道译:《死魂灵》,人民文学出版社 1983 年版,第 217 页。

鲁迅早期科学类翻译探究

乐　融

鲁迅作为一个伟大的文学家，早已被载入中国现代文学的史册。他于1918年发表在《新青年》上的《狂人日记》，成为中国现代文学史上第一篇白话文小说，做出了文学革命的实绩，被誉为中国现代小说之父。其实以上成就的取得，并非一蹴而就，鲁迅曾经说过："我来做小说，并非自以为有做小说的才能，只因为那时是住在北京的会馆里的，要做论文吧，没有参考书，要翻译吧，没有成本，就只好做一些小说模样的东西塞责，这就是《狂人日记》。大约仰仗的全是先前看过的百来篇外国作品。"[①]其实，鲁迅在青年求学时无论是在南京水师学堂、南京陆师学堂附设的矿路学堂，还是在日本留学，学的都是如轮机、开矿、西医等与文学无关的专业。从以上这段鲁迅自述中可以知道，应该是在课余之时，鲁迅看了很多国外的文学作品，吸收了许多西方的文艺启蒙思想。尤其是在留日期间，由于日本明治维新以来，大量西方著作被翻译成日文，这些日译本受到鲁迅关注，看了之后，其中有些作品被鲁迅翻译成中文。但有一个很特别的现象，在这些鲁迅早期翻译中，除了《斯巴达之魂》《哀尘》之外，均为科学方面。为何鲁迅到日本留学之后会从事翻译，而且又是科技类作品占多数，鲁迅在翻译上是如何转变风格，乃至影响到鲁迅的文学道路的呢？

一、鲁迅留学日本的时代背景

自 19 世纪以来,中西文化发生了严重的冲突。由于西方国家已经具备近代文化和发生了第一次工业革命,在思想文化和科学技术上具有压倒性的优势,并依仗这些优势,把势力扩展到东方,遽取更大的经济利益。但封闭的清朝政府一开始却还夜郎自大,自以为是。随着帝国主义发动的第一次、第二次鸦片战争、甲午战争的失败和面对八国联军后的节节败退,不得不接受各种不平等条约,随之中国半殖民地的形成,清朝政府终于感到末日来临。就在此时,一些有识之士发起了维新运动以及因政治改革所需要的人才培养,一度还获得朝廷的支持。尤其是甲午之战的一败,震动朝野,遂由对日本的鄙视逐渐转为崇拜,并对日本明治维新运动以来的改革加以研究,更羡慕其维新成就,发现日本派遣留学生学习西方先进科技和社会制度非常重要,对社会改革起了很大作用。清朝著名洋务派代表人物张之洞在《劝学篇》中分析日本所以强盛的原因称:“日本小国耳,何与之暴也。伊藤(博文)、山县(有朋)、夏本(武扬)、陆奥(宗光)诸人,皆二十年前出洋之学生也,愤其国为西洋所胁,率其百余人分诣德法英诸国,或学政治工商,或学水陆兵法,学成而归,用为将相,政事一变,雄视东方,强调与革新人才的关系,尤注意人才的培养。”[②]由此,朝廷上下一致认为派遣学生出国留学乃是培养人才的一个有效途径,因此,就有了 1872 年中国历史上第一批 120 名平均年龄仅有 12 岁的留美幼童。

鲁迅由于家道中落,经济拮据,无法走科举之路,只能“走异路,逃异地,去寻求别样的人们”。[③]考入南京水师学堂,随后转入更为开明的南京陆师学堂附设的矿路学堂,在这个新天地里,鲁迅接受了近代的基础科学知识的培训,如格致、算学、地理、历史、绘图等课程,还看了木版的《全体新论》《化学卫生论》,奠定了其科学基础知识。同时,在课余之时,鲁迅接触到不少新思想,尤其推崇严复翻译的《天演论》。对于中国落后受辱之原因,有了初步的思考。

由于鲁迅学习刻苦,天资聪颖,1902 年以优异成绩毕业。前面提到,那时由于清朝当局意识到培养人才的重要性,刻意推动选拔人才出国留学,学习先进国家的文化、科技、政治、军事。而邻国日本在甲午战争胜利后,又产生进一步侵略中国的野心,但无奈西方列强已经瓜分完在中国的利益,一时难以插足中国事务,转而想通过教育来渗透中国,为今后进一步侵略做准备。这可以从日本的舆论和一些人士的言论上得到证实。如《教育时论》第 599 号中,即提到"今日之支那渴望教育,机运殆将发展,我国先事而制其权,是不可失之机也。我国教育家苟趁此时容喙于支那教育问题,握其实权,则我他日之在支那,为教育上之主动者,为智识上之母国,此种子一播,确定地步,则将来万种之权,皆由是起焉"。[④]因此,当时在内外因素的推动下,兴起了一股留学日本的高潮,1896 年中国学生开始正式赴日留学,尽管在时间上较第一批幼童赴美留学(1872 年)晚了 20 年,但在人数上,却逐年增长,后来居上。鲁迅就是在这样的背景下,作为优秀毕业生被选拔官费(公费)留学日本,由于在国内学的是矿务铁路,因此,对口的将是进入东京帝国大学的矿路专业深造,在正式学习之前,鲁迅像其他留日学生一样先要进入弘文书院学习日语,在那里,鲁迅除了学习日语,还大量涉猎了西方著作,还边学习、边翻译了一些日译本。

二、选择科技类翻译的原因及介绍

鲁迅在文学创作之前,曾翻译了一些西方著作的日译本。这一方面是为了更快地掌握日语;另一方面为了更多地了解日本成功的明治维新之来源。那是在留学日本的第二年,1903 年,开始了他的翻译生涯。此后的翻译作品中,除了《斯巴达之魂》和《哀尘》之外，均为科技文本或科学幻想小说译作。鲁迅之所以一开始就比较侧重于科学类的翻译是因为：

（一）知识结构

从鲁迅的知识结构来看，具有地质学、矿产学、生物学、医学等现代学科知识，并将其整合纳入自身的文化体系。地质学是鲁迅一生中首先接触和系统学习的第一门自然科学，他于1898年入南京陆师学堂，半年后即转入陆师学堂附设的矿路学堂学习矿业，学习非常认真刻苦，曾手抄赖尔的《地学浅论》两大本，作《地质笔记》，1902年东渡日本后，在进修语言的同时仍关注地质学，编译了《中国地质略论》《中国矿产志》《中国矿产志例言》《中国矿产全图》等。《中国地质略论》虽非中国近代地质史上第一篇论文，但仍不失为早期重要的中国地质学论文之一，这篇近1万字的论文分五大部分，并介绍了康德·拉普拉斯的星云说，论述了地球与宇宙的起源。《中国矿产志》为鲁迅与同学顾琅合著，曾获得清政府农工商部的认可和极高评价，并得到学部审核批准为中学堂参考书，自1906年至1912年共先后印行过4版。《说钼》是鲁迅以"自树"为笔名于1903年10月在《浙江潮》发表的，虽晚于王希琴等人1900年于《亚泉杂志》上发表的"昨年化学界"等文，但也有其独有的科学价值。居里夫人发现新的放射性元素钚和镭时是1898年，1902年提取出氯化镭结晶，测定了镭的原子量，由此获得1903年诺贝尔物理学奖，从而奠定了原子核科学的发展。《浙江潮》在提取镭后一年就予以报道，这反映了国人开始关注世界科学前沿的最新发现。鲁迅在《说钼》中介绍："一新原质曰鈤（Radium），符号为Ra。"⑤也表明了他本人对于科学新发现的重视，显现鲁迅唯物观和科学思想的雏形。

鲁迅1904年入学仙台医学专门学校，开始接触并逐步接受了西方现代医学及建立在该学科上的现代思想。此后，他学习了骨学、血管学、神经学、解剖学等。同年鲁迅还曾译《物理新诠》，在

1904年10月8日致友人蒋抑卮信中提到“……此书凡八章，皆理论，颇新鲜可听。只成其《世界进化论》及《原素周期则》二章”。[⑥]在南京形成的知识结构使他在地质、矿物领域的译介成为可能。同理，正是有了仙台的生理学和医学的专业训练，才有了他回国不久后生理学讲义《人生象斆》的写成和后来的《药用植物》的翻译。

（二）对科学有深刻认识

“喜欢科学”的鲁迅，对现代科学于社会进步和发展的重要作用有着非常深刻的理解，他认为：“科学者，神圣之光，照世界者也，可以遏末流而生感动。时泰，则为人性之光；时危，则由其灵感，生整理者如加尔诺，生强者强于拿坡仑之战将云。”[⑦]可见，鲁迅充分认识到了现代科学在社会现代化过程中的重要作用，对现代科学的评价也极高。因而在从事翻译的早期阶段，他总是着力于利用科学作品或者科学小说向人们介绍科学并阐明科学的重要性，作为对国民进行启蒙教育的重要形式和手段。

（三）顺应时代潮流

鲁迅走上科学小说翻译之路并不是偶然的，据说在鲁迅到日本留学的前夕，日本流行过一阵科学小说热，大量凡尔纳的作品被翻译介绍到日本，在当时的日本产生了广泛的影响。到日本留学后的鲁迅本身对科学深感兴趣，鲁迅虽然自己喜欢科学，对现代科学有比较全面而深刻的了解，但他同时也清醒地意识到科学经常使“常人厌之，阅不终篇，辄欲睡去”，[⑧]要将如此枯燥无聊的科学知识传递给国民，“惟假小说之能力，被优孟之衣冠，则虽析理谭玄，亦能浸淫脑筋，不生厌倦”。[⑨]梁启超于1902年提出了“小说界革命”的口号。用小说的方式来新民，达到“改良群治”（胡翠娥，2007）的目的。作为当时中国文化界的先锋领军人物，梁启超的“小说革命论”自是一呼百应，其影响力在当时的文化界可谓相当大。年轻的鲁迅也深受其影响，开始翻译科学小说来传播科学知识，开启民智，改良思想，实现科学救国的梦想。在传播科学知识方面，鲁迅认为科学小说是一个很好的媒介，因为科学小说“去庄而谐，使读者触目会心，不劳思索，能于不知不觉间，获一斑之智识，破遗传之迷信，改良思想，补助文明”。[10]但当时中国文学界“说部，若言情、谈故、刺时、志怪者，加栋汗牛，而独于科学小说，乃如麟角”。[11]既然科学小说的翻译和创作如凤毛麟角，那么也就很容易理解为什么鲁迅在从事翻译的早期阶段要选择科学小说而不是其他小说了。他认为在引领中国人前进发展的道路“必自科学小说始”。[12]再加上其时梁启超主办的杂志《新小说》因为发表《海底旅行》等科学小说而成为当时最畅销的作品，让鲁迅看到了科学小说在中国兴起的希望，这更坚定了鲁迅翻译科学小说的决心。他认为，科学小说在开启民智、改良思想上有重要作用，“势力之伟，有如此者”。[13]

三、鲁迅早期科学类翻译的特点

鲁迅在走上文学道路之初，是从翻译西方著作的日译本着手的，翻译的方法顺应当时的潮流——意译法，当时，林纾翻译的《巴黎茶花女遗事》作为中国第一部小说译作风靡一时，鲁迅也非常喜欢，这与鲁迅后来提倡的“直译法”大相径庭，但这也是为了适应当时人们的阅读接受程度，因此，在这个阶段鲁迅的翻译有如下特点：

（一）科技文本翻译在方法上采用编译结合，亦译亦编；科学小说渐由意译转为直译

晚清科技文本的译介对象可以分为三大类：科普作品、教科书以及域外科技动态。这三类科技文本主要都是通过新兴报刊杂志供没有科技专业背景的市民大众阅读。它们的性质和预期读者对象决定了它们首先属于域外舶来的翻译，但又不可能是对原作亦步亦趋的常态直译，因为，那时人们还是用的是文言文，难以与西方文字相对应。为激发读者兴趣、便于读者接受，译者必然会在粗

粗消化了原文之后再按汉语的表述习惯编排。为了表述完整及语体需要等原因,译者通常会有所发挥,穿插进一些编写的内容。这时就会添加不少补充的内容,也经常可能产生谬误。因此鲁迅曾经回忆"初学日文,文法并未了然,就急于看书,看书并不很懂,就急于翻译,所以内容就可疑得很。"[14]内容"可疑",部分原因在于写进了一些弄不清原文时译者主观的臆想和时评,它们构成了编写的主要部分。当然最为常见的现象是添加评论,通常是加在各篇章的首尾。如论述中国的地质分布、地质发育、地下矿藏,并抒发强烈的爱国热情:"中国者,中国人之中国,可容外族之研究,不容外族之探险;可容外族之赞叹,不容外族之觊觎。"(引自《中国地质略论》)又如对地球的进化作出科学的阐明:"地质学者,地球之进化史也;凡岩石之成因,地壳之结构,皆所深究。取以贡中国,则可知栾然尘球,无非经历劫改变以来,形成此相;虽涵无量宝躲,足以缮吾生,初无大秘密不可思之物,存乎其间,以先配吾人之运命。"(引自《中国地质略论》)同样在《中国地质略论》中,讴歌祖国的"广漠美丽",但列强竞相"挞楚鱼肉",中国仍然"昏昧乏识,不知其家之天宅货匪,凡得几何",而"风水宅相之说,犹深进人心",害怕开采矿多会毁坏"风水宅相",会遭到鬼神处分,不敢创办矿业。这种"至愚"是正在"力杜富源,自就阿鼻",其结局是"宅相大佳,公等亦死;风水不破,公等亦亡"。由此抒情可以看出,鲁迅在编译时早已逾越了地质学的疆界。凡此种种,在阅读鲁迅的这些翻译文本时,经常可见。在前引的《中国地质略论》中,鲁迅"不觉生敬爱忧惧种种心",提出了"因迷信以弱国"的精神启蒙问题。而在《说钼》中,鲁迅首先称赞的是科学发现背后的"怀疑"精神。这些都是他编译时所加入的评论。这些积极的评论也推进了对现代自然科学精华的阐释和对社会景象的解说。

在科学小说方面,鲁迅在翻译《月界旅行》和《地底旅行》时,采用了"意译"的方式,而且有不少自出心裁的增删。因而往往与原作出入较大。如《月界旅行》的日译本共28章,而鲁迅"截长补短,得十四回"[15]又将"其措辞无味,不适于我国人者,删易少许。"[16]《地底旅行》改动更大,凡尔纳原作45章,日译本为17回,鲁迅改编为12回,并只译了前半部分故事,未译后半部分对有关科学知识的解说。鲁迅后来回忆起这样的翻译时,承认"虽说译,其实乃是改作""年青时自作聪明,不肯直译,回想起来真是悔之已晚。"[17]不过,鲁迅的翻译策略很快发生了变化,《北极探险记》已佚,无从查考,《造人术》的译文除了一处人名改动、另一处添加一句外,连符号和行等与日译本几近相同,是完全忠实于原文的中文翻译,已经开始呈现出"直译法"的风格。虽然《造人术》只是一篇1 000余字的微型小说,但在1905年,从中已可在鲁迅的翻译实践中发现朝着"直译"方向转变了。

(二)理念和文风上受严复的影响大,选用雅洁的文言古文,目的是"兴世"与"行世"

鲁迅早期科技文本编译值得关注的另外一点,是他相对雅洁的古文文体和他的传世的用心。除了当时的文化风气和个人的知识结构背景外,鲁迅在这两个方面都受到了严复的影响。鲁迅在南京期间和留日前期是相当佩服严复,对他的译文尤其是《天演论》部分章节熟悉到能背诵的程度。在仙台期间,还不时拿出来诵读。最典型的例证为译《说钼》时用到"涅伏"一词。鲁迅在《集外集·序言》中提到:"……我的文章里,也有受着严又陵的影响,例如'涅伏',就是'神经'的腊丁语的音译……。"[18]严复对鲁迅的影响,绝不仅限于个别词语的借用,它系统连贯地体现在鲁迅早期科技文本的翻译中,即雅洁的古文文体和古文义法之中。细读鲁迅的科技翻译文本,再将它们与《天演论》对比,不难发现它们有很多共同特点,起承转合更是基本符合"古文家义法"。而在理念上更多地影响了鲁迅的科学小说翻译的,则是进化论。严复编译《天演论》,宣扬"物竞天择,适者生存"的进化论,对当时思想文化界有重大影响。鲁迅对凡尔纳科幻小说的理解，明显有进化论的印记。鲁迅在《月界旅行·辨言》中说这部小说“写此希望之进化”，并高呼“冥冥黄族，可以兴矣”，体现了他基于进化论的观念对凡尔纳科幻小说所进行的理解和发挥。《地底旅行》译本更在第九回插入原文所没有的“胜天说”，显然也是受到了《天演论》的影响。事实上，所有这 4 部小说的主旋律都是依靠人的智慧、美德、毅力和科学的力量战胜自然，甚至成为新的造物主（《造人术》）。

（三）多用文言感叹词、短句和对仗词语，读来抑扬顿挫，文字风格激越有韵致，并坚持不断在文体上自我否定与提升

激越的风格主要体现在文言感叹词的大量使用以及它们与新式标点，尤其是感叹号的交替使用。文言感叹词的基本语调特征是激越，而感叹号又进一步强化了这种激越，短句和对仗词语的大量使用造成了急促的语气，有助于产生抑扬顿挫的效果。用鲁迅的话来说：“……但这是当时的风气，要激昂慷慨，顿挫抑扬，才能被称为好文章。”⑲用鲁迅的话来说：“当时的风气”恐怕不只是创作文体的风气，还应涵盖翻译文体的风气。更何况，对当时的人们来说，翻译与创作两者的界线并不分明。参见如下典型例子，上述特点从中得到集中体现：

> 吾广漠可爱最美丽之中国兮！而实世界至天府，文明之鼻祖也。凡诸科学，发达已昔，况测缔造图之末技哉。而胡为图绘地形者，分图虽多，集之则界限不和；河流俯视，山岳则横做旁行。乖谬昏蒙，茫不思起，更何论夫地质之图。呜呼，此一细事，而吾令吾惧，令吾悲，吾盖见五印详图，曾招飐于伦敦之肆矣。（引自《中国地质略论》）

再回到广受好评的《中国矿产志》。它是鲁迅和顾琅广泛搜集德、日、俄、法、匈等国出版的几十种关于中国矿产资源的著作，精心翻译出其中有关资料而写成的，并将他的老师神保博士那里得到的一张《中国矿产全图》借来放大12倍复制出来。全书以文言文写成，共109页，就气脉而言显然鲁迅的痕迹更多，气势不凡。其中写道：

中国矿产，富有既如是。故帝轩辕氏，始采铜于首山，善用地也。唐虞之世，爰铸金银铅铁。逮周而矿制成……降及今兹，亦具矿制。顾所经营者，以官业为多。非人民所敢染指。其偶有民业者，辄干涉诛求。非疲弊不已。改良进步，又何冀焉……目注吾广大富丽之中国。徒茫然尔。无已则询之客。以转语我同人。夫吾所自有之家产，乃必询之客而始能转语我同人也。悲夫。（引自《中国地质略论》）

《中国矿产志》文风没有一般文人的经学气，译文耐读，文词古奥，但又与时风略有不同，首尾评论都加得很有气势，意在唤起读者对现代科技的兴趣，深化实业救国的观念。

如前所述，另一文《说钼》，对于居里夫人发现元素镭的经过及其科学价值，作了简要的叙述。鲁迅同样编写了导言和结语，然而主体的正文因为科技文本的专业性质，不可能也不容随意篡改。这时鲁迅的编译就明显有别于同期的文学文本的译述。从译文我们看到以下特征：很少在词法和句法上越古文的雷池，并保持了相当高的语体纯净度，雅炼而庄严。如选自《说钼》的下例：

尔后研究益盛，学者涅伏中，均结种种Y线Z线之影。至一八九八年，休密德氏于钍之化合物中，亦发见林达根线。

同时，法国巴黎工艺化学学校教授古篱夫人，于授业时，为空气传导之装置，偶于别及不兰（奥大利产之复杂矿物）

中,见有类似 X 线之放射线,闪闪然光甚烈。亟告其夫古篱,研究之末,知含有铋化合物,其放射性凡四千倍于铀盐。以夫人生于坡兰德故,即以坡罗尼恩名之。既发表于世,学者大感谢,法国学士会院复酬以四千法郎,古篱夫妇益奋励,日事研究,遂于别及不兰中,又得一新原质曰鉬(Radium),符号为 Ra。(按旧译 Germanium 曰鉬。然其音义于 Radium 尤惬,故篡取之,而 Germanium 则别立新名可耳。[20]

译文非常之雅驯和庄严,读起来也铿锵、顿挫、抑扬。

总之,晚清是中国翻译史初创并迅速达到繁盛的时期。这个时期所确立起来的翻译思想及与此相应的原则、技巧和习惯影响了此后几十年的中国翻译界。鲁迅这批译述作品明显地包含了各种流行于晚清译界的翻译风格。在科技文本的翻译中,他采用了更有社会声望、更可能传诸后世的雅洁古文。就连《说鉬》这样较纯粹的科技文本,其造句用词都相当克制,而且文体统一于雅洁的文风。更值得关注的是,雅洁的古文文体是译者个人主动的文体追求。《中国矿产志·例言》中声明"祈于尔雅",便是有力的证据。在《集外集·序言》中鲁迅又明确地把《说鉬》的文体归类为"时文",译者本身的文体指认自然更有说服力。鲁迅后来 1909 年在浙江两级师范学堂授课时也依然没有改变这种以古字翻译的习惯。他当时更以古语译写生理卫生课的讲义《人生象敩》,包括把古字"斆"用进了讲义的书名。同时,结合几部科学小说译本可清楚地看到,鲁迅的"意译",虽不精确,但却很能体现其风格和蓬勃朝气,虽有时句式古奥,读来生涩,但对情景的传达及人物的描写,别有韵致。"相对于陈冷血、周桂笙等第一、二代译者的十年、二十年选目和文体的裹足不前,鲁迅从初涉译界开始就在不断地探索和不懈地尝试,不停歇地自我否定,自我提升。"[21]作为一代文化巨子鲁迅的英哲形象在翻译领域体现得尤为分明。

四、影　响

鲁迅是中国新文化运动的倡导者之一，这场文化革新运动大量吸收外来先进文化，促进了当时社会思想和文化不断改革与发展。晚清时期翻译及转型有很多社会文化因素：如甲午战争失败引发人们向域外学习的风尚，翻译人员的大量涌现，出版机构的激增，官方对先进科技和文化的倡导和示范等……这些都构成了鲁迅早期从事科技类翻译的大背景。如今当我们再回过头来看鲁迅早期留日期间撰写的科技文本译述和科学小说译作，不难发现，年轻的鲁迅以当时历史条件下在国人中堪称具有一流的知识结构和科学理念，在翻译中展现了科学救世的抱负与情怀，极大地体现了他“全盘”和“拿来”的思想，无论从所翻译的科技作品数量还是质量上及翻译作品时代影响上，鲁迅都可称得上是当之无愧的、杰出的中国科技翻译先驱者，是中国第一个以自觉的科学意识介绍和宣传科学的人，目的就是为了让读者“获一斑之智识，破遗传之迷信。”㉒

由此可见，鲁迅在后来考察国民性格和作为精神界战士的征途上所达到的高度和取得的成就，与他早年的科学类翻译实践密不可分。鲁迅这一阶段从事科学与科技史研究所付出的努力，使他后来的作品更加严谨、尖锐和深邃，富有强大的生命力，成为中华民族之魂。

注释

①《鲁迅全集》第四卷，人民文学出版社 2005 年版，第 525 页。

② 张之洞：《劝学篇》外篇，游学第二，湖北书院 1898 年，第 5 页。

③《鲁迅全集》第一卷，人民文学出版社 2005 年版，第 437 页。

④《新民丛报》第 3 号（1902 年 2 月 23 日），《国闻短评》，第 76 页。

⑤《鲁迅全集》第七卷，人民文学出版社 2005 年版，第 22 页。

⑥《鲁迅全集》第十一卷,人民文学出版社 2005 年版,第 330 页。

⑦《鲁迅全集》第一卷,人民文学出版社 2005 年版,第 35 页。

⑧⑨⑩⑪⑫⑬《鲁迅全集》第十卷,人民文学出版社 2005 年版,第 164 页。

⑭《鲁迅全集》第七卷,人民文学出版社 2005 年版,第 4 页。

⑮⑯《鲁迅全集》第十卷,人民文学出版社 2005 年版,第 164 页。

⑰《鲁迅全集》第 13 集,人民文学出版社 2005 年版,第 99 页。

⑱⑲《鲁迅全集》第七集,人民文学出版社 2005 年版,第 4 页。

⑳《鲁迅全集》第七卷,人民文学出版社 2005 年版,第 22 页。

㉑ 李寄:《鲁迅传统汉语翻译文体论》,上海译文出版社 2008 年版,第 130 页。

㉒《鲁迅全集》第十卷,人民文学出版社 2005 年版,第 164 页。

从布尔雪维克到布尔塞维克
——鲁迅译作《一天的工作》的版本与修改

乔丽华

《一天的工作》由鲁迅编选，1933 年 3 月由上海良友图书印刷公司出版，内收 10 位苏联作家的短篇小说 10 篇，其中文尹（瞿秋白）译 2 篇——A.绥拉菲摩维支作《一天的工作》和《岔道夫》），鲁迅译 8 篇——B.毕力涅克（通译皮利尼亚克）《苦蓬》、L.绥甫林娜（通译谢芙琳娜）《肥料》、N.略悉珂（通译里亚希柯）《铁的寂静》、A.聂维洛夫（通译涅威罗夫）《我要活》、S.玛拉式庚（通译马拉什金）《工人》、D.孚尔玛诺夫（通译富曼诺夫）《革命的英雄们》、M.唆罗珂夫（通译肖洛霍夫）《父亲》、F.班菲洛夫（通译潘菲洛夫）、V.依连珂夫的《枯煤，人们和耐火砖》。本书收入 1938 年《鲁迅全集》第 19 卷，1958 年人民文学出版社出版《鲁迅译文集》第 8 册（1958 年版仅收鲁迅译的 8 篇）。

鲁迅所译 8 篇小说，有 3 篇曾在刊物上发表：（1）B.毕力涅克《苦蓬》，初刊于 1930 年《东方杂志》第 27 卷第 3 期，署名"苏联波里斯毕力涅克作　鲁迅译"；（2）L.绥甫林娜《肥料》，初刊于 1931 年 9 月 20 日、10 月 20 日《北斗》（上海）创刊号、第 1 卷第 2 期，署名"里琪亚·绥甫林娜作　隋洛文译"；（3）A.聂维洛夫《我要活》，初刊于 1932 年 10 月 15 日《文学月报》（上海）第 1 卷第 3 期，署名"聂维洛夫作　隋洛文译"。

笔者以 1933 年初版本为底本，与原刊参校，发现在编定《一天的工作》时,鲁迅对发表过的3篇小说的字词句做了不少改动:《苦蓬》字词的改动约100处(标点符号改动不计,个别名词在文本多处出现,如“那泰利亚”改为“那泰理亚”,但只计为1处);《肥料》的改动有50多处,另外需要说明的是此篇从头至尾原刊双引号皆为“——”,初版本即后来的版本改为“双引号”;《我要活》的改动约10处。这意味着,从原刊到初版本,这3篇小说的字词句,鲁迅改动了至少160处。由于《一天的工作》所收8篇译作手稿已不存,因此其他5篇在正式结集出版前的改动无法窥见,但仅就这3篇来看,鲁迅在编定之前是做了大量修订工作的。

在鲁迅生前,1936年7月良友图书印刷公司将《竖琴》与《一天的工作》合为一册出版,改题为《苏联作家二十人集》。这个版本完全照排1933年版,因此没有异文的情况。在鲁迅去世后,1958年人民文学出版社鲁迅译文集当为权威版本,这一版与1933年版汇校,可以看到有个别地方做了改动,这些改动有些跟中华人民共和国成立后的语文规范有关,如“像”一律改为“象”,“綑”一律改为“捆”、“镕”一律改为“熔”等,但有些地方则涉及意识形态,或两者兼而有之。

本文重点讨论从原刊到初版本,再到1958年版,这个过程中有一个专用名词翻译上的变动。这个词现在通译为“布尔什维克”,即俄文“多数派”(Большевики′)的音译(与之相对的是“孟什维克”,俄语意指“少数派”)。在1903年俄国社会民主工党第二次代表大会上,布尔什维克党宣告诞生,它是列宁创建的俄国无产阶级政党,不但对俄国革命历史的进程,而且对后来的整个国际共产主义运动产生了深远影响,因此这个名词也较早地引入中国。以下即分析《一天的工作》各版本对这个词的翻译和修改,并进一步探讨修改背后的深层因素。

一、从布尔雪维克到布尔塞维克

1931 年 9—10 月鲁迅在《北斗》上发表 L.绥甫林娜的小说《肥料》,根据的是日本《新兴文学全集》第 23 卷中富士辰马的译本。绥甫林娜属于"同路人"作家,据鲁迅在《一天的工作》后记中的介绍,绥甫林娜生于 1889 年,父亲是信基督教的鞑靼人,母亲是农家女。她中学毕业后做过小学教员,演过戏剧,1917 年加入社会革命党,但 1919 年社会革命党反对革命战争,她也退了党。从 1921 年开始写作,最有名的是《维利尼亚》和《犯人》,前者有穆木天的译本,后者有曹靖华的译本(收入小说集《烟袋》中)。《肥料》可能写于 1923 年,对于绥甫林娜的这篇小说,鲁迅给予较高的评价:"所写的是十月革命时一个乡村中的贫农和富农的斗争,而前者终于失败。这样的事件,革命时代是常有的,盖不独苏联为然。但作者却写得很生动,地主的阴险,乡下革命家的粗鲁和认真,老农的坚决,都历历如在目前,而且绝不见有一般'同路人'的对于革命的冷淡模样,她的作品至今还为读书界所爱重,实在是无足怪的。"①

《肥料》描写了列宁领导的无产者政党在一个俄国小村子里发动的一场革命,鲁迅最初把 Большевики'这个词翻译为"布尔雪维克",收入 1933 年出版的《一天的工作》时,鲁迅对全篇的有些字词作了改动,其中最引人瞩目的是把"布尔雪维克"一律改成了"布尔塞维克"。这个词在这篇小说中出现得很频繁,鲁迅把每个地方都改了过来。

这个改动很容易让人想到是采纳了瞿秋白的建议。1931 年初瞿秋白被解除中央领导职务,留在上海养病,这期间与茅盾、鲁迅、冯雪峰等来往密切,共同领导了上海的左翼文艺运动,直至 1934 年初前往苏区。瞿秋白留在上海的这两年多,与鲁迅合作发表杂文,翻译苏联文艺理论及作品,并共同倡导大众化运动等,留下了一座座友谊的丰碑。《一天的工作》里收入了瞿秋白的两篇译作,这个译本也无疑显示了他们之间的合作关系。在编订的过程中,鲁迅请精通俄文的瞿秋白对有些吃不准的或重要的字词加以核定,这是很自然的。在修订的过程中哪些地方鲁迅接受了瞿秋白的意见,如今已经很难确认,但把“布尔雪维克”改为“布尔塞维克”肯定与瞿秋白有关,因为瞿秋白有一个特别身份,那就是中国共产党在上海创办的中共中央理论机关刊《布尔塞维克》的创始人。1927 年 10 月中共中央第 11 号通告决定出版中央理论机关刊《布尔塞维克》,任命瞿秋白、罗亦农、王若飞、邓中夏、郑超麟等 5 人组成编辑委员会,瞿秋白为《布尔塞维克》第一任编辑委员会主任。瞿秋白时为中共临时中央政治局常委兼中共中央宣传部部长,主持党中央工作,这个刊物也可以说是他一手创办的,包括刊物的命名也是由他决定的。从创刊起到 1928 年 6 月,瞿秋白共主编 23 期,此后由蔡和森、李立三、沈泽民、张闻天先后接任编辑委员会主任。所以基本可以断定,鲁迅对这一处的修改是听取了瞿秋白的意见。

需要指出的是,译成“布尔雪维克”并非鲁迅首创或独创,而且这一译法在当时的译坛可能比“布尔塞维克”出现得更早。早在 20 世纪 20 年代初,在无政府主义者主办的几份刊物中,就能看到“布尔雪维克”的译名。如 1923 年 10 月 28 日《学汇(北京)》第 334 期就刊登了抱朴撰写的《布尔雪维克国际的阴谋迷途中的工团主义者》、朱枕薪译《俄国社会革命党声讨布尔雪维克党的檄文》两篇文章。[②]《学汇》是《国风日报》副刊,创刊于 1922 年,由无政府主义者创办,内容有政论文、时政评论、诗歌、游记、来稿、自由谈、科学浅识、译著等。《学汇》的主要撰稿人抱朴原名秦涤清,生卒年不详,江苏无锡人。1920 年参加上海外国语学社的学习,加入社会主义青年团。1921 年经上海共产主义小组选派赴苏联东方大学学习,与罗亦农、任弼时、肖劲光、刘少奇等组成东大中国班。由于抱朴倾向于无政府主义,1923 年被旅莫支部除名。回国后抱朴写了一系列反苏文章,最著名的是 1924 年在《晨报副刊》

连载的《赤俄游记》。1923 年 11 月 20 日《民国日报》副刊《觉悟》上,瞿秋白发表了署名文章《一封公开的信》,就是针对抱朴的观点。瞿秋白在公开信中表达了自己对中东铁路等问题的不同意见。此外,抱朴曾在主张无政府主义思想的《民钟》上发表文章,声援被捕的俄国左派社会党。

相对于"布尔塞维克"的译法,"布尔雪维克"的译名在当时更常见,被更广泛地使用。如 1930 年《清华周刊》第 34 卷第 2 期刊登了 Chamberlin, W.H.著、灵均译《布尔雪维克主义之新开展》,1933 年 9 月 16 日《平明杂志》第 2 卷第 18 期刊登了 Kohn, H.著、今连译《布尔雪维克主义与民族主义》。这两份刊物都是北京的。此外,《良友画报》《欧亚画报》《东方杂志》《时代杂志》《苏联文艺》等刊物介绍苏俄的政治局势及文学艺术等,基本都采用"布尔雪维克"的译名。

包括中共一些领导人也采用过这个译名。1933 年 2 月 23《斗争》第 3 期刊登博古的报告《拥护党的布尔雪维克的进攻路线:在工农红军学校第四期毕业生的党团员大会上政治报告之最后一段》。博古当时为中共临时中央主要负责人,这篇报告的主旨是批判"罗明"路线。《斗争》周刊(后为十日刊)是中央苏区的重要党刊,1933 年 2 月 4 日在江西瑞金创刊,由中国共产党苏区中央局主编,在北京出版。它是党指导苏区斗争的综合性刊物,同时也是中共中央局的机关报,由张闻天任《斗争》报委会主任,任弼时、邓颖超、杨尚昆等为报委会委员,主要撰稿人包括洛甫、亮平、怀冰、拉狄克、盛荣、定一、凯丰、李富春、克利格尔等,还有陈云、罗迈、刘伯承、博古等革命领导人的文章,设有社论、通讯、论著等特色栏目。当然这份刊物鲁迅未必能看到。此外,1933 年 9 月 26 日林庚白主编的《长风》(上海)第 1 卷第 2 期刊登了《世界反战会对全世界宣言》《欢迎反战大会国际代表的宣言》《中国文总欢迎反战调查团宣言》,用的是《布尔雪维克之声》的总标题。

综上,鲁迅1931年翻译《肥料》,将苏联共产党译成“布尔雪维克”,应当是采用了当时常见译法,而他在编《一天的工作》时加以修订,改成“布尔塞维克”,则是虚心地听取了瞿秋白的建议。鲁迅对瞿秋白的俄文翻译水平是非常信赖的,在冯雪峰的《回忆鲁迅》中曾提到:“鲁迅先生对于秋白同志,也首先看重他的翻译,认为在国内的文艺界是找不出第二个人可与他比较的”,对此冯雪峰作了生动的描述:

> 最初我把秋白同志口头上谈到的关于鲁迅先生从日本文译本转译的几种马克思主义文艺理论著作的译文的意见,转达给鲁迅先生的时候,鲁迅先生并不先回答和解释,而是怕错过机会似地急忙说:“我们抓住他!要他从原文多翻译这类作品!以他的俄文和中文,确是最适宜的了。”鲁迅先生说这话时的情态,我实在无法形容,但我只要一想起就要自己微笑起来的,我以为这也足以说明鲁迅先生的精神。接着,又平静地说:“马克思主义的文艺理论,能够译得精确流畅,现在是最要紧的了。”③

冯雪峰的回忆文章提到一个场景:当瞿秋白读到左联机关杂志《前哨》中刊载的鲁迅写的追悼当时被杀作家的文章《中国无产阶级革命文学和前驱的血》时,说过这样的话:“写得好,究竟是鲁迅!”但是,对于文中“战叫”这个用词,他却认为念起来是人家听不懂的。④对鲁迅与瞿秋白之间在翻译上的合作关系,冯雪峰作了这样的评论:

> ……我上面已经说过,秋白同志最初就提了对于鲁迅先生关于文艺理论的译文的几点意见,这是革命者对革命者的最赤诚的同志的态度;而鲁迅先生当时的反应,也是怎样的以

共同战斗事业为先的、大公无私的革命者的纯真而伟大的态度呢！于是，两人就在这种纯真赤诚的伟大的精神下接近起来了……[5]

从冯雪峰的回忆可以看到，作为在莫斯科工作生活过的中共早期领导人、无产阶级文艺理论家，瞿秋白对鲁迅这位“同路人”的态度多少有点居高临下，但也是坦诚的，同志式的。在鲁迅这方面，对瞿秋白的政治理论素养，以及在苏联文学及文艺理论翻译方面的卓越成就，发自内心地服膺，故对于瞿秋白在翻译方面提出的意见乐于采纳，从善如流。鲁迅把“布尔雪维克”改成“布尔塞维克”，也证明了这一点。

二、从“布尔塞维克”到“布尔什维克”

1949 年后，由于在意识形态、审查制度、传播方式、语言规范和文学陈规等外力的作用下，许多新文学作家的作品再版时都做了不同程度的修改，如郭沫若的《女神》、巴金的《家》、老舍的《骆驼祥子》、曹禺的《雷雨》等都对重排本做了修改，因而造成了新文学版本的复杂性。对此，自 20 世纪 80 年代以来现代文学研究者做了许多汇校和研究工作，取得了不少研究成果。但还有一些新文学经典作品，中华人民共和国成立后重版时并非由作者本人修改，而是由编辑者把关进行了一些修改，鲁迅的著译就是这种情况。笔者将 1958 年版鲁迅译文集中收入的《一天的工作》与 1933 年版进行比对，发现有一些文字上的改动，尽管多数是出于文字规范的考虑，但个别地方则是文字规范与意识形态规范叠加的结果，如《肥料》这一篇，开头有几处的“布尔塞维克”被改掉了。

1958 年版《一天的工作》中的《肥料》一篇，开头有 5 处“布尔塞维克”被改为“布尔什维克”：

148 页第 7 行：这瘟马，布尔什维克的瘟马……

149 页第 4—7 行:而农妇和老人,则关于布尔什维克几乎全不明白,单知道他们想要停止战争。至于布尔什维克从那里来的呢——却连想也没想过。

153 页第 7 行:“就是这么一回事,这就是布尔什维克呵!”

155 页第 13 行:对于布尔什维克的教说,我们是并没有反对的。正如圣书上写着勿杀那样,我们不愿意战争。

155 页第倒数第 4 行:正因为我对于布尔什维克的教说有着兴味,所以在市镇上往来。

但 157 页第倒数第 3 行的“布尔塞维克”却没有改,此后一直到结尾都没有改。

在 1949 年以前,布尔什维克与布尔雪维克、布尔塞维克的译名是并列存在的。布尔什维克的译法在“五四”时期就出现了。1921 年 3 月《评论之评论》第 1 卷第 2 期就发表了陈伯隽的《罗素底布尔什维克主义批评》一文[⑥]。1920 年年底,北京大学哲学系、社会学系师生郭梦良、陈伯隽、陈启修、王世杰、高一涵、费觉天等人,成立一个新文化团体,出版杂志《评论之评论》(1920 年 12 月 15 日在上海创刊,1921 年 12 月停刊,共发行 4 期),该刊以促进国民思想的进步为宗旨,对当时传入中国不久的马克思主义、无政府主义、新村主义、工团主义、实用主义、资本主义等思潮和学说加以介绍和评论,显示了“五四运动”给我国思想界带来的繁荣状态。这是笔者看到较早译为“布尔什维克”的文章。[⑦]

在国民党各派创办的杂志上,也可以看到“布尔什维克”的译名。1929 年 9 月 3 日、10 月 1 日《新生命》第 2 卷第 9、10 期发表张钦益的《布尔什维克主义与西方文化》。《新生命》于 1928 年 1 月 1 日在上海创刊,主编为周佛海。“发刊词”中声称以“阐扬三民主义,研究建设方案,介绍和批评各国社会思想学说及政治经济制度,明了革命是为迎接新生命的”为宗旨,“促进我们的新生命降临为旨趣”,以国民党右派立场观点,研究国内外政治、经济、历史、社会等问题。在它的周围，集结了周佛海、梅思平、萨孟武、陶希圣等一批知识分子。此外，创刊于南京的《时事月报》[8]《教育与中国》[9]等杂志上也都出现过“布尔什维克”的译名。

而最值得注意的是中共党刊《斗争》和《红色中华》基本都采用了“布尔什维克”这个中译名。特别是《红色中华》一直都采用“布尔什维克”的译法。《红色中华》报是我国第二次国内战争时期苏维埃中央政府的机关报，从 1931 年 12 月 11 日出版创刊号到 1937 年 1 月 25 日出版最后一期，共出版 324 期。中间因中央红军长征停刊了 1 年又 43 天，中央红军到达陕北以后，又恢复出版。到 1937 年 1 月，中共中央为促成全国范围的抗日民族统一战线，决定停止出版《红色中华》报，改出《新中华报》。《红色中华》报最初由项英主管，主笔是周以栗，又改由王观澜负责主编。1932 年秋由李一氓主编，李伯钊协助具体的编辑、校对等工作。此后又先后由沙可夫、谢然之负责主编。1934 年 1 月时任中央教育部长的瞿秋白曾兼任报社社长，但日常工作由报社的秘书长任质、徐名正等担任。检索《红色中华》各期目录可以看到，在 1933 年 2 月 22 日出版的第 55 期上有《苏联春耕计划：布尔什维克的战斗的春天！耕地九千五百万公顷》一则报道。这一时期的主编当为李一氓。此后，《红色中华》均延续了布尔什维克这一译名，《新中华报》也沿用了这一译名。

综上，1949 年之前“布尔什维克”与“布尔雪维克”“布尔塞维克”这 3 个译名并存，都是音译，本身没有优劣对错之分。直到 1949 年后才统一译为“布尔什维克”。这可能是因为《斗争》与《红色中华》系苏区党的机关刊物，特别是《红色中华》后期在延安继续出版，这个译名被我党所广泛接受，自然而然拥有了权威性。

1958 年版鲁迅译文集中的《肥料》中，一开始把“布尔塞维克”改成“布尔什维克”，后面却又保持原样，想必是编辑起初按中华人民共和国成立后标准的译法加以修改，但之后也许是因为看到需要改动的地方比较多,又或者是考虑到应当尊重和保留鲁迅先生译著的原貌,因此又决定不改了,然而又没有把之前改掉的改回来,所以在1958年的版本上留下了这不彻底的修改的痕迹。

以上主要考察了鲁迅翻译的《肥料》的版本和修改,从布尔雪维克到布尔塞维克,从布尔塞维克到布尔什维克,一个词语变迁的背后承载的乃是时代风云变幻。最后,还要指出1958年版的编辑者对《一天的工作》中的另一处重要修改。《革命的英雄们》一篇,1933年版第211页第2行有一句话:

“不是赶走——而是消灭。”那时托洛茨基命令说。

这句话到1958年版消失了。而且接下来连续出现两处差错:(1)“克拉斯诺达”变成“克拉斯诺”,注释标记也被错移到这个词后;(2)“密达”后面的注释标记消失,“密达”变成“密达达”。这是不该出现的差错,估计编辑者是在比较匆忙的情况下做了删改,例如在排印前接到指令,以致未及时仔细核对等原因。

《革命的英雄们》的作者是D.孚尔玛诺夫,根据鲁迅后记介绍,作者在十月革命时期曾当过恰巴耶夫第25师的党代表、土耳其斯坦战线的政治部主任、古班军的政治部主任、“赤色陆战队”的党代表等职,1917年开始写文章,出版了《赤色陆战队》《查芭耶夫》《叛乱》等著作,1926年去世。1958年版删掉小说中这一句显然出于意识形态的需要,有着时代背景原因。托洛茨基是俄国“十月革命”的第二领袖,也是苏联红军的缔造者,在苏联历史上有着举足轻重的作用。此后托洛茨基因提出“不断革命论”等相左的观点,于1927年被开除出党。鲁迅早年也曾译介过托洛茨基的理论,早在1925年就翻译了书中的第三章《亚历山大·勃洛克》。鲁迅的革命文学观深受托洛茨基的著作《文学与革命》影响,即便托洛茨基被开除出党、流亡国外后,鲁迅也在一段时期内保持着对这位“深解文艺的批评者”的肯定或中立的态度，直至1932年前后在瞿秋白的影响下与之疏离，“自1932年10月以后，托洛茨基的名字便从鲁迅的作品中消失了”。⑩不过鲁迅在1933年出版的《一天的工作》中仍有托洛茨基的名字出现，在译介《革命的英雄》这篇小说时仍忠实地保留了原作者笔下的这句话。

［本论文系国家社科基金重大招标项目“《鲁迅手稿全集》文献整理与研究（B卷）”（项目批准号：12&ZD167）的阶段性成果］

注释

①《鲁迅译文集》第8卷，人民文学出版社1958年出版，第277页。

② 朱枕薪，生卒年不详，1922年1月21日在莫斯科召开远东各国共产党及民族革命团体第一次代表大会，朱枕薪为36名代表之一，译著有《苏维埃俄罗斯的过去的现在》等多种。

③ 孙郁、黄乔生主编：《冯雪峰忆鲁迅》，河北教育出版社2001年出版，第73—74页。

④ 孙郁、黄乔生主编：《冯雪峰忆鲁迅》，第2页。

⑤ 孙郁、黄乔生主编：《冯雪峰忆鲁迅》，第76—77页。

⑥ 目录中为《罗素的布尔扎维克批评》。

⑦ 李大钊《Bolshevism的胜利》，《新青年》第5卷第5号，1918年10月15日发行。

⑧《时事月报》。1929年11月在南京创刊，月刊；1937年迁汉口，改为半月刊；1938年迁回上海，并改名为《抗战半月刊》，卷期续前；1939年迁回重庆；1944年10月停刊。属于新闻时事刊物。主要内容包括社会重要问题调查评论、国内外新闻时事、写实的文艺作品、国内外旅行游记、文艺作品及插图照片等。

⑨《教育与中国》，1933年5月创刊于南京，1936年3月出至第2卷第1期停刊。该刊以探讨中国教育理论，借鉴欧美教育体制，改进现有教育模式，建设适应中国社会的科学教育制度为主要目标。主要撰稿人有罗廷光、环家珍、龚宝喜、朱勤生、周祖训、陈美愉、丁祖荫、孙邦正等。

⑩［日］长堀祐造著，王俊文译：《〈文学与革命〉在中国》，人间出版社2015年版，第4页。

现存鲁迅译文残稿《难解的性格》究竟写于何时

施晓燕

《难解的性格》来自鲁迅在晚年翻译的一部短篇小说集《坏孩子和别的奇闻》。这部小说集收契诃夫早期短篇小说 8 篇,分别是《坏孩子》《难解的性格》《假病人》《簿记课副手日记抄》《那是她》《波斯勋章》《暴躁人》《阴谋》。其中的 7 篇小说先后发表于《译文》月刊第 1 卷第 4 期、第 6 期及第 2 卷第 2 期(1934 年 12 月、1935 年 2 月及 4 月);《波斯勋章》原拟载《译文》月刊,因被查禁而未能刊出,后载 1936 年 4 月 8 日上海《大公报》副刊《文艺》第 124 期。在期刊上登载完毕后,鲁迅将其集结成单行本,于 1936 年由上海联华书局印行,列为《文艺连丛》之一,封面题为《坏孩子和别的小说八篇》。

鲁迅提及翻译这部小说集:"契诃夫的这一群小说,是去年冬天,为了《译文》开手翻译的,次序并不照原译本的先后。"①这是专门为了《译文》月刊进行的翻译。1934 年夏,鲁迅、茅盾商量办一个翻译杂志,并把黎烈文也拉进阵营,成立一个团体叫做"译文社",经过奔走和商谈,1934 年 9 月,生活书店开始出版《译文》月刊。因为当时出版市场翻译作品销路不佳,生活书店对《译文》也是抱着测试的想法,前 3 期不付稿费,这导致"译文社"同人几乎包括了杂志初期的译稿来源,创刊号一共 9 篇文章,其中 3 篇是鲁迅翻译,3 篇是茅盾翻译,黎烈文翻译了 2 篇,还有 1 篇是瞿秋白的成果,到第4期,因为销量达到了生活书店的要求,出版社将支付稿酬和制作成本,《译文》算存活了下来。也许是拼销量的压力暂时消失,鲁迅在第4期上一连刊载了《假病人》《簿记课副手日记抄》《那是她》,这3篇作品都从 Alexander Eliasberg 的德译本译出,与之同时刊出的,还有玛修丁(V.N.Massiutin)为小说创作的木刻画。这些是契诃夫的早期作品,并不十分著名,或许是对小说的效果不看好,鲁迅自己都在单行本的前言委婉地说:"我的翻译,也以绍介木刻的意思为多,并不著重于小说。"②鲁迅确实有想借《译文》推广木刻的用意,创刊号的宗旨里就提到过:"《译文》又打算多登些好的图画,每期精选西洋近代的木刻,至少五六幅是一定有的。"③他跟生活书店为作者稿费进行谈判的时候,书店表示要删减插图,他显得极为生气:"这回是他们要插画减少,可惜那几张黄纸了,你看可气不可气?"④所以鲁迅在前言和后记中都大加夸赞插图作者,在后记又再次强调了翻译这几篇作品是为了插图:"这回的翻译的主意,与其说为了文章,倒不如说是因为插画。"⑤在后文中他又引用了当初发表单篇小说时的后记:"这种轻松的小品,恐怕中国是早有译本的,但我却为了别一个目的:原本的插画,大概当然是作品的装饰,而我的翻译,则不过当作插画的说明。"⑥这些都说明鲁迅对小说并不重视。可以推测,鲁迅翻译这部小说集,一是《译文》已经步入正轨,不需要为生存刊登一些更有吸引力的名家文章,可以用一些篇幅较短的小说;二是确实觉得玛修丁的插图值得推荐。

鲁迅在一部小说集的前言后记,两次特意说明是为了插图才翻译小说,还强调翻译只是作为插画的说明,颇让人有买椟还珠之感,可见他对这部小说集并不推崇。这也使得这部小说颇为尴尬,在鲁迅译作里处于较为默默无闻的一种,学界对这部小说的研究较少,知网只有一篇朱金顺的论文《〈坏孩子和别的奇闻〉的两件旧闻》,主要关于小说集书名和插图的问题,其他对小说无论是文学性还是学术考证的研究基本付诸阙如。本文原本亦无意考察这部小说,之所以作相关研究,是在翻看《坏孩子和别的奇闻》时,其中一篇手稿《难解的性格》让人陷入了写作时间难以确定的疑云。

《坏孩子和别的奇闻》现存有鲁迅译文手稿 3 篇,分别是《阴谋》《波斯勋章》《难解的性格》,其中《难解的性格》为残稿,只有 3 页。鲁迅从 1934 年 11 月 12 日起,根据德译本开始翻译《坏孩子和别的奇闻》,1935 年 3 月 24 日完成:"夜译契诃夫小说三篇讫,约八千字,全部八篇俱毕。"⑦这里的"三篇"就包括了《难解的性格》。那么,现存的这篇鲁迅译稿是否就是在这一天完成的?纵观鲁迅对这部小说的处理,主要涉及的时间是 1934—1936 年,他在 1935 年 3 月底已经完成了全部翻译,其中 7 篇小说,到 1935 年 4 月《译文》2 卷 2 期都已经刊登完毕,《波斯勋章》却由于被国民党中央宣传委员会图书杂志审查委员会禁止刊登而迟迟未能发表。1935 年 9 月 15 日鲁迅日记记载,"上午编契诃夫小说八篇讫,定名《坏孩子和别的奇闻》。"⑧而在前一天和当天,他还分别为这部小说集写了前记和后记,显然鲁迅决定将这 8 篇小说集结成单行本出版。《波斯勋章》1936 年 4 月才发表,《坏孩子和别的奇闻》也是到 1936 年 10 月才由联华书局出版。从时间段来看,1935 年 3 月底之前鲁迅先进行过全本翻译,从 4 月至 9 月又进行了编订,联华书局要到 1936 年 10 月出版,所以这段时间内鲁迅对译稿是否有所调整,也是未知的事。现存《难解的性格》手稿,有可能是写于上面三个阶段的其中一个阶段。

《难解的性格》的文本,以鲁迅生前为限,现在留存下来的,有 3 页残稿,有《译文》月刊初刊本,有 1936 年上海联华书局初版单行本。把手稿、初刊、初版进行对比,是否就可以有所判定?然而正是因为这三者的对比,使得手稿的时间段显得扑朔迷离,模糊不清,正如其题目的"难解"二字。

现在将 3 个版本的异文处汇总做了一个表格,具体如表 1 所示:

表1　3个版本的异文处

手稿版	《译文》版(1935)	联华版(1936)
靠着一位	靠者一位	靠着一位
微笑着,說道	微笑着說道	微笑着說道
陀斯妥也夫斯基	杜斯退益夫斯基	陀斯妥也夫斯基
談話不到一點鐘	談話不到一點鐘	談不到一點鐘
您講罷!	您講罷!	您講罷。
貧窮的仕宦之家	貧窮的仕官之家	貧窮的仕宦之家
vous comprenez,(您明白的)	vow comprenez,(您明白的)	vous comprenez(您明白的),
出來了!	出來了!	出來了。
我急于	我急于	我急於
吻着她的手	吻着她的手	吻　她的手
拉斯可里涅珂夫	拉斯可里涅可夫	拉斯可里涅可夫
不是女性的! 于是……于是……	不是女性的! 于是……于是……	不是女性的。於是……於是……
自己犧牲,	自己犧牲,	自己犧牲。
我是覺得	我覺得	我覺得
	叫着汽笛,噴着蒸汽,	叫着汽笛噴着蒸汽,
	1883年原作	(1883年作)

从表1可以看到,这3个版本中最显眼的一处是一个译名的不同,《译文》初刊的《难解的性格》将俄国作家陀思妥耶夫斯基译为“杜斯退益夫斯基”,在鲁迅手稿和联华版中都译成“陀斯妥也夫斯基”,这不是常见的错字别字,而是换了一种译名,那显然手稿版与联华版应该是同一时间段,照这一点判断的话,这篇鲁迅手稿肯定不是最早的翻译文本,起码已经是在《译文》发表也就是

1935年4月之后了,很有可能是为联华书局出版单行本的誊清稿。但我们仔细研究手稿原件及校对汇总,发现事实并不如此。

首先观察这篇残稿本身,可以肯定它不是一篇誊清稿。它只有3页,文本上改动涂抹却多达16处,比如把“可怕”改为“吓人”,在“手镯近旁”插入“的手上”3字,也就是说这篇稿子是鲁迅一边翻译一边还在斟酌字句,如果它是作于《译文》版之后,那大可直接誊写《译文》版文本,然后在需要改动的地方再改,但事实是,手稿涂抹修改后的遣词用句与《译文》版及联华版一样,而手稿版与《译文》版的异文处,手稿版与联华版的异文处,在手稿原件上全都没有涂抹改动痕迹,所以这绝对不是一篇夹杂在《译文》版和联华版之间的手稿,而是翻译初次发表之前的手稿。

但如果是初次发表前的手稿,那它为何不用时间更早的初刊的“杜斯退益夫斯基”,而是用联华版的“陀斯妥也夫斯基”?那且让我们暂时放下第一个结论,来看异文处。如果只看残稿所涉及的内容,3个文本的异文有14处,手稿版与《译文》版有7处不同,6处相同;手稿版与联华版有11处不同,4处相同;《译文》版与联华版有11处不同,2处相同。《译文》版与联华版不同之处最多,说明初刊与初版之间经过了很多改动,只要看手稿版与《译文》版还是联华版哪个更接近,就可以判断手稿版是用于哪个版本的出版。如果照前文陀思妥耶夫斯基的译名来判断的话,手稿版应该更接近联华版,但事实是手稿版与联华版的异文比手稿版与《译文》版的异文要多4处,如果手稿版是在《译文》版之后,专门为联华版而作,这样的情况是非常奇怪的。

那么,会不会是《译文》月刊编辑校对质量比联华书局的好,而导致后者出现了较多的误差?

具体看这些异文的话,这个假设也是不成立的。手稿版与《译文版》的不同之处,“靠着”与“靠者”,“仕宦之家”与“仕官之家”,“vous comprenez”与“vow comprenez”,明显都是印刷制作时候的错别字,是排字工人的误排,实打实的异文其实只有4处。手稿版与联华版的异文,如“微笑着,說道”与“微笑着說道”,“我急于”与“我急於”等,与错别字无关,都是标点符号和与语意有直接关系的字,这11处异文应该基本是鲁迅本身意愿在手稿与单行本的体现。这意味着《译文》版的错别字看上去比联华版更多,《译文》的校对质量并没有比联华版更好,因此由于编辑质量而导致联华版与手稿异文较多的假说是站不住脚的。说到编辑问题,鲁迅本身对《译文》和联华书局都是有直接的掌控力。《译文》月刊虽然由生活书店出版发行,但1~3期都是由鲁迅负责编辑,黄源回忆鲁迅当初拿来《译文》月刊创刊号的稿件:“谈了一些时候,先生把带来的包袱解开,里面是创刊号的稿子,以及制插图用的各种画册木刻。先生把稿子和画册等都交给了我,稿子的次序已排定,每篇题名用几号字体,插图缩成多少大小,都已一一注明,总之差不多自前记以及后记,一切都编制定当。”⑨可见鲁迅的编辑工作非常细心。这些创刊号稿子鲁迅让黄源校对,他们合作了3期之后,鲁迅对黄源说:“下期起,我不编了,你编罢,你已经毕业了。”⑩显然鲁迅认可了黄源的校对,他们的合作是较为顺利的。此后的《译文》由黄源主编,相当于是鲁迅把编辑的位子让给了黄源,这是一种前后继承的关系,而不是把权力交给了生活书店,黄源尊重鲁迅,鲁迅自然对自己的稿件有相当大的掌控力。联华书局则更加是鲁迅的专属出版社,它的前身是鲁迅为躲避审查所用的皮包出版社三闲书屋和野草书屋,后来改名联华书局,虽然由费慎祥主持,但它的开创与维持,全靠鲁迅之力,鲁迅不仅为它的开创支付出版费用垫款,还将大量译著交给其出版,开始印书后的3年内,鲁迅又未收其稿费、版税。从资金来源和出版物来看,联华书局称为鲁迅专用毫不为过。⑪在这种形势下,鲁迅可以看《译文》版和联华版的校样,能够控制成品的质量,但如果脱离他的掌控,即使是他的稿件,质量也可能有大幅度的下降,这点从《波斯勋章》这篇就可以反映出来。《波斯勋章》发表在《大公报》上，报纸不可能出校样给鲁迅，它也不在鲁迅的掌控范围内，所以《大公报》初刊的《波斯勋章》质量特别差，联华版的“拉哈·海蘭”，《大公报》初刊写成“拉哈，海蘭”，标点一字之差，一个人变成了两个人；联华版的“波斯人”，《大公报》初刊写成“波人斯”，这是很明显的排版错误。

既然鲁迅能基本控制自己作品在《译文》版与联华版的质量，那么鲁迅手稿与这两个版本的差异大体能反映鲁迅的原意。《译文》版错别字多一些，联华版非错别字的异文多一些。如果把《译文》版的错别字忽略不计，手稿与《译文》版的区别只有“陀斯妥也夫斯基”与“杜斯退益夫斯基”，“拉斯可里涅珂夫”与“拉斯可里涅可夫”，“微笑着，說道”与“微笑着說道”，“我是覺得”与“我覺得”，除了关于陀思妥耶夫斯基的译名最为明显外，这篇手稿如果被认为是供《译文》发表的原稿，完全是说的过去的。但偏偏有关陀思妥耶夫斯基的译名，手稿与《译文》有如此大的差别，与联华版相同，这就使手稿无法判定为《译文》发表原稿。

是否可以从陀思妥耶夫斯基的译名入手来看时间先后？有关陀思妥耶夫斯基在中国译名的不同，查资料可以发现，“陀斯妥也夫斯基”与“杜斯退益夫斯基”的使用是并行的，《现代》1934 年 4 卷 4 期上有文章《关于陀斯妥也夫斯基氏之种种：陀氏肖像：[画图]》，《文学季刊（北平）》1934 年第 1 卷第 4 期有莫夫翻译岡泽秀虎的文章《杜斯退益夫斯基的方法》。到了 1940 年代，这两个译名都还在使用，《文讯》1948 年新 8 第 4 期上介绍耿济之翻译的《白痴》，原作者写的是陀斯妥也夫斯基，《人生杂志（上海 1947）》1949 年第 2 卷第 1 期则刊登了黎焚薰的《杜斯退益夫斯基底悲剧》。从以上可以看出，无论在北京还是上海，在 1930 年代还是 1940 年代，这两个译名都有在使用，没有谁统一了谁，也没有明显的先后之分。再来看鲁迅自己的用词，1934 年 8 月 1 日《文学》月刊第 3 卷第 2 期发表了鲁迅翻译高尔基的《我的文学修养》，用的是“陀斯妥也夫斯基”，1934年9月16日《译文》月刊第1卷第1期发表了鲁迅翻译日本立野信之的《果戈理私观》，用的也是“陀斯妥也夫斯基”，这两篇都是初刊，由于鲁迅手稿不存，不知道其原稿上写的是什么。至于“杜斯退益夫斯基”，只有《难解的性格》在《译文》月刊的初刊上出现过，在其余鲁迅作品中并没有发现。综合初刊和残稿看来，鲁迅较常用“陀斯妥也夫斯基”这个译名，在现存手稿中，未发现鲁迅用过“杜斯退益夫斯基”这个译名。

综上所述，除了“杜斯退益夫斯基”，这篇残稿从各种特点上来看就是初刊的原稿。那么，有没有可能是有人在印刷时，将鲁迅手稿上的“陀斯妥也夫斯基”改成了“杜斯退益夫斯基”呢？我们可以看到，在1934年《译文》创刊号上，鲁迅的《果戈理私观》中，用的是“陀斯妥也夫斯基”，但1935年《译文》2卷2期上，有沈起予的一篇文章《杜斯退益夫斯基的特质》，1934年《译文》1到3期是鲁迅编辑，从第4期开始，由黄源编辑，那么是否是黄源更习惯用“杜斯退益夫斯基”，而将《译文》月刊上的译名做了一个统一呢？黄源作为鲁迅的后辈，又被他一手提携为《译文》的主编，鲁迅对他有知遇之恩，他在编辑时肆意改动鲁迅的译文，似乎不合情理。有可能的情况是，黄源主编《译文》后，稿件中使用“杜斯退益夫斯基”译名之处较多，为了统一，他征得鲁迅同意，发表文章时将鲁迅手稿中的“陀斯妥也夫斯基”改成了“杜斯退益夫斯基”，而鲁迅习惯使用“陀斯妥也夫斯基”，在联华书局出版单行本时，仍然用了“陀斯妥也夫斯基”。如果这个推测正确的话，鲁迅的这篇残稿《难解的性格》就应该是1935年3月24日完成的。

以上是进行文本比对后的一家之言，还有请方家进行指正。

［本论文系国家社会科学基金重大招标项目“《鲁迅手稿全集》文献整理与研究（B卷）”（项目批准号：12&ZD167）的阶段性成果］

注释

①《鲁迅全集》第十卷,人民文学出版社 2005 年版,第 447 页。

②《鲁迅全集》第十卷,人民文学出版社 2005 年版,第 445 页。

③ 1934 年 9 月 16 日《译文》创刊号。

④《鲁迅全集》第十三卷,人民文学出版社 2005 年版,第 277 页。

⑤《鲁迅全集》第十卷,人民文学出版社 2005 年版,第 448 页。

⑥《鲁迅全集》第十卷,人民文学出版社 2005 年版,第 448 页。

⑦《鲁迅全集》第十六卷,人民文学出版社 2005 年版,第 523 页。

⑧《鲁迅全集》第十六卷,人民文学出版社 2005 年版,第 552 页。

⑨ 黄源:《鲁迅先生与〈译文〉》,《译文》1936 年新 2 卷第 3 期。

⑩ 黄源:《鲁迅先生与〈译文〉》,《译文》1936 年新 2 卷第 3 期。

⑪ 凌月麟:《与鲁迅有关系的上海部分书店(局)》,载《鲁迅生平史料汇编》第五辑(下),天津人民出版社 1986 年版,第 941—942 页。

鲁迅所译之《所谓怀疑主义者》

李　浩

在国家图书馆出版社2014年影印的《国家图书馆所藏鲁迅未刊翻译手稿》(六卷)中,收录鲁迅所译日本作家鹤见祐辅两文译稿:《说幽默》(收第二卷)和《所谓怀疑主义者》(收第六卷),此两文先后在1926年7月25日《莽原》半月刊第一卷第十四期和1927年1月10日《莽原》半月刊第二卷第一期上刊发后,两篇译文被收入1928年5月北新书局出版的鹤见祐辅随笔集《思想·山水·人物》中。本文就鲁迅翻译手稿《所谓怀疑主义者》作些考察。

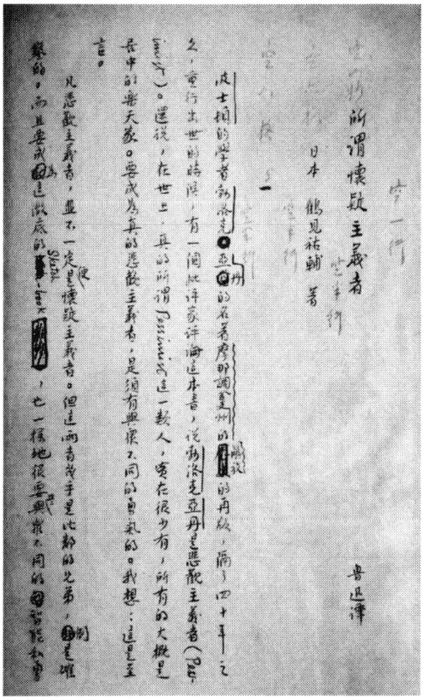
所謂懷疑主義者
日本 鶴見祐輔 著
魯迅譯

鲁迅翻译手稿《所谓怀疑主义者》之首页

鲁迅翻译手稿《所谓怀疑主义者》写于素竹纸上,共6页,[1]纸质因年代久远而泛黄;[2]手稿上有红笔手写排版批注,由此可以认为此译稿属于发排稿。手稿上多有修改,现将手稿修改情况罗列如下(原人名号及书名号保留,难以辨认之字以"□"示):

《国家图书馆所藏鲁迅未刊翻译手稿》第六卷:

第36页第1行(正文,下同):

1."勃洛克斯 亚当"改正为"勃洛克 亚丹"(下划线不连);

2."摩那调舍支州的历史"改正为"摩那调舍支州的解放"。

第36页第6行:

1."并不一定是"改正为"并不一定便是";

2."却是确"改正为"倒是确"。

第36页第7行:

1."而且要成就"改正为"而且要成为";

2."彻底的□-book 离□"改正为"彻底的Sketch-book";

3."很要与众不同的智智能和勇"改正为"很要些与众不同的智能和勇"。

第37页第3行:

1."格兰斯□"改正为"格兰斯顿"(本行两处,第四行同,不另注)。

第37页第4行:

1."等着近来"改正为"等待着逐渐近来";

2."名著□□罗"改正为"名著迪兑罗"。

第37页第5行:

1."他一面拿起"改正为"他拿起"。

第37页第6行:

1."便□现在"改正为"便是现在"。

第37页第10行:

1."□热心的"改为"由热心的"改正为"从热心的";

2."格兰斯顿□□,于□□几"改为"格兰斯顿而言,于□□几"改正为"格兰斯顿看来,他对于几"。

第37页第11行:

1."乎是几"改正为"乎是第"。

第38页第2行：

1.“已经引退了”改正为“已经引退”。

第38页第3行：

1.“含着我们的”改正为“含着我们”。

第38页第5行：

1.“都是将大”改正为“都是将伟大”；

2.“人类文化史”改正为“人类文化史上”。

第38页第6行：

1.“有论”改正为“有神论”。

第38页第7行：

1.“治世的天”改正为“治世的”。

第38页第9行：

1.“深深的”改正为“很深的”。

第39页第1行：

1.“几个”改正为“两三个”；

2.“他踌蹰”改正为“他正在踌蹰”（初刊“蹰”作“躇”）。

第39页第2行：

1.“说了□□”改正为“说了——”。

第39页第3行：

1.“碰着这样□”改正为“触着这样的”。

第39页第4行：

1.“耳边”改正为“耳朵边”。

第39页第5行：

1.“先前静地”改正为“先前安静地”。

第39页第10行：

1.“以弟”改正为“以门”。

第39页第12行：
1.“同一个(?)”改正为“同一”。

第40页第1行：
1.“有时不是”改正为“有时岂不是”。
第40页第4行：
1.“专制的”改正为“对人专制的”。
第40页第6行：
1.“起来□”改正为“起来,”；
2.“颤动”改正为“颤动着”；
3.“他接着说”改正为“他接续着”。
第40页第8行：
1.“我们□”改正为“我们”。
第40页第9行：
1.“是否是德”改正为“是否是道德”。
第40页第11行：
1.“这一世”改正为“在这一世”；
2.“我们看”改正为“我们就”。
第40页第12行：
1.“受苦”改正为“吃苦”；
2.“要有”改为“□有”改正为“是要有”。
第40页第13行：
1.“都建设于”改正为“都在疑惑”。

第41页第1行：
1.“受难发轫”改正为“受难出发”。
第41页第2行：
1.“信仰”改正为“信仰里”。

第 41 页第 3 行：

1. “求着”改正为“寻求着”。

第 41 页第 5 行：

1. “深底的”改正为“深的底里的”。

第 41 页第 6 行：

1. “□自己”改为“问自己”改正为“在自己”；

2. “路走”改正为“路上走”；

3. “所以多数□”改正为“所以，许多”；

4. “那□”改正为“如果”。

第 41 页第 7 行：

1. “么，”改正为“这样子，那么，”；

2. “信仰者”改正为“信仰之人”；

3. “却无”改正为“却反而”。

第 41 页第 9 行：

1. “三□□”改正为“三十日”。

尽管是用于发排的誊抄稿，鲁迅仍然在认真斟酌语句。从手稿痕迹来看，有些修改是在抄写过程中进行的，有些则是最后审读时修改的。尽管改得比较多，但大部分是语句修饰方面的修改。值得注意的是，其中有两个人和一本书名作了音读修改以及对“Sketch-book”的修改。

关于译文中的“Sketch-book”，《鲁迅译文集》第三卷中，在第一处“Sketch-book”之后加了“（小品集子）”，并作脚注“按应为：Skeptic（怀疑主义者）。——编者。”③鲁迅 1928 年 7 月 17 日在给钱君匋的信中提及此词，云：

《思想 · 山水 · 人物》中的 Sketch Book 一字，完全系我看错译错，最近出版的《一般》里有一篇文章（题目似系《论翻

> 译之难》)指摘得很对的。但那结论以翻译为冒险,我却以为不然。翻译似乎不能因为有人粗心或浅学,有了误译,便成冒险事业,于是反过来给误译的人辩护。④

《一般》杂志创刊于1926年9月,由立达学会编辑,开明书店出版。其创刊号上曾刊登周建人之《关于〈性史〉的几句话》,该文对张竞生的《性史》“忽略深沉的讨论,和科学的态度,而只用富于情绪的,小说的笔来描写”⑤进行了批评。鲁迅所提到的文章,载《一般》第四卷第四号(1928年4月5日发行)上,署名端先的《说翻译之难》,其文摘要如下:

> 在中国译述界,一个外国人名而有四五个译名者,真是数见不鲜,举几个最普通的例,譬如雨果就是嚣俄,就是Hugo,弥尔就是穆勒,就是穆黎(《莽原》合本第一卷页五六六),就是J.S.Mill。稍为特别一点的,狭斯丕尔(鲁迅《坟》页三十一)就是莎士比亚,就是Shakespeare,培得诃芬(同上)就是悲多汶,就是Beethoven。其他如歌德等于瞿提等于歌的,其次等于济慈之类,指不胜屈。……从英文译中文,比较的容易误解的地方少,从日本文译中文,就因为“同文”的关系而容易误会的地方多了。日本文中有许多汉字的名词,字同而义异,最普通的例如“无心”“勉强”“可怜”“多情”之类,不曾到过日本而翻译日文的,往往吃了这些名词的亏。在日文,“无心”二字作为动词的时候是“好玩忌惮地要求财物”的意思,“勉强”是“用功”或“努力”,“可怜”有“可爱”的意思,“多情”作“多淫”解的地方居多。
>
> 本来,一国的语言严格地说来是不能译为外国的。放开语气声调等项不说,就是名词一项,也有许多字是不能全译出来的。将Life译作“生活”,将Love译作“恋爱”,中间已经有

了相当的间隔,Sports 与"游戏"的距离更远。俄国文的 Toska(世界苦)译成英国的 Heartache 也不能完全表示出原文的意思。

大概因为这种原故,所以日本人喜欢用假名来译普通名词的音,正像广东人用"燕梳"来译 Insure,用"杯葛"来译 Boycott,乃至最近电影界用"拷贝"来译 Copy 一样。这种办法的好坏姑不具论,实际上因为日本人用这种办法,中国人之译日本文者,实在已经吃苦不少。加之,日本假名中 BV 的发音不分,所以有些地方更令你莫名其妙。鲁迅先生在《新罗马传奇》中发现了译者将希腊女诗人 Sappho 的名字译成"萨芷波",就知道了这本书是根据日文译本的重译(《坟》页二三三),但是在《所谓怀疑主义者》(日本鹤见祐辅著)的译文中,先生自己似乎也上了这种假名注音的当。(见《莽原》合本第一卷下,页五六五——页五七〇)……那篇文章中的 Sketch-book 似乎应该改为 Skeptic(怀疑主义者)的……因为 Skeptic 和 Sketch-book 的假名译音,确是非常相像,……不论谁也容易看错。

总之,译名的混乱,是现在译书的与看书的双方同样地痛苦的事情。不仅在文艺上,在其他一切科学哲学,想必也陷于同样的混乱……译书确是一种冒险,在现在的中国译书,更是一种困难而容易闹笑话的危险!

这篇文章的作者推测是沈端先,即夏衍。在这篇文章之前,《一般》上曾刊载端先所译的木村毅的《诗与散文的境界》和端先所撰之《芥川龙之介的绝笔》两文。在这篇《说翻译之难》中,端先主要指出了日文名词翻译,尤其是假名注音翻译的困难。从《所谓怀疑主义者》译稿中鲁迅对"Sketch-book"的修改来看,端先的说法并不是妄言——这个问题似乎到今天也存在的——鲁迅在给钱君匋的信中对此也作了确认。不过,鲁迅反对端先的“译书确是一种冒险”说法,以为这会“反过来给误译的人辩护”,而无法提高翻译质量。鲁迅在翻译问题上,他有自己的观点,如他后来谈到《死魂灵》的翻译时曾说:

> 动笔之前,就先得解决一个问题:竭力使它归化,还是尽量保存洋气呢?日本文的译者上田进君,是主张用前一法的。他以为讽刺作品的翻译,第一当求其易懂,愈易懂,效力也愈广大。所以他的译文,有时就化一句为数句,很近于解释。我的意见却两样的。只求易懂,不如创作,或者改作,将事改为中国事,人也化为中国人。如果还是翻译,那么,首先的目的,就在博览外国的作品,不但移情,也要益智,至少是知道何地何时,有这等事,和旅行外国,是很相像的:它必须有异国情调,就是所谓洋气。其实世界上也不会有完全归化的译文,倘有,就是貌合神离,从严辨别起来,它算不得翻译。凡是翻译,必须兼顾着两面,一当然力求其易解,一则保存着原作的丰姿,但这保存,却又常常和易懂相矛盾:看不惯了。不过它原是洋鬼子,当然谁也看不惯,为比较的顺眼起见,只能改换他的衣裳,却不该削低他的鼻子,剜掉他的眼睛。我是不主张削鼻剜眼的,所以有些地方,仍然宁可译得不顺口。只是文句的组织,无须科学理论似的精密了,就随随便便,但副词的“地”字,却还是使用的,因为我觉得现在看惯了这字的读者已经很不少。[6]

对于翻译,鲁迅并不仅仅重视翻译质量问题。由此,鲁迅在具体翻译问题上是十分认真的,时常如《〈思想·山水·人物〉题记》中最末所言“帮我搜集图画的几个朋友,我便顺手在此表明我的谢意,还有教给我所不解的原文的诸君”,[7]在翻译过程中求得别人的实质性帮助,以使译本更加完美。

在《所谓怀疑主义者》文本的校勘方面,孙用所著《〈鲁迅译文集〉校读记》中,以《莽原》初刊的文本与1958年人民文学出版社版《鲁迅译文集》第三卷所录的文本进行校勘,如下:

> 译③428 第5行:“以为勃洛克亚丹是悲观主义者”,原刊“以为”作“说”。
>
> 译③428 第15行:“静待着逐渐近来的死的时候”,原刊“静待”作“静静地等待”。
>
> 译③428 第15—16行:“走进他的屋子里去”,原刊“屋子里”作“房子”。
>
> 译③429 第9行:“而且觉得凄凉”,原刊“凄凉”作“孤寂”。
>
> 译③429 第12行:“对着去访他的朋友说的”,原刊“访”作“访问”。
>
> 译③431 第8—9行:“刀锋一般锐利的思索力的”,原刊无“一”字。
>
> 译③431 第13行:“在便宜的信仰里”,原刊“便宜”作“廉价”。
>
> 译③431 倒1行:“一九二四、六、三〇。”原刊作“(一九二四年六月三十日作。二六年七月十日译。)”[8]

目前,笔者还发现一处,用孙先生的体例,即“译③428 第14行:‘格兰斯敦’,原刊‘敦’作‘顿’”。

《说幽默》翻译手稿是誊抄在“语丝稿纸”上的,修改与《所谓怀疑主义者》相较稍少。其文末的说明,应该是讨论鲁迅与林语堂之间关系经常用到的:“将humour音译为‘幽默’,是语堂开首的。因为那两字中似乎含有意义,容易被误解为‘静默’‘幽静’等,所以我颇不赞成,一向没有采用。但想了几回,终于也想不出别的什么适当的字来，便还是用现成的完事。”[9]

据王彬彬研究，鹤见祐辅曾于1922年间逗留北京，由于鲁迅1922年日记遗失，无法查询相关信息。查周作人日记，1922年5月16日“清水君介绍鹤见、根本两君来访，又为转介绍于守常”，[10]所记的“鹤见”很可能是鹤见祐辅。周作人1922年5月21日记：“下午七时至北京饭店赴鹤见君约晚餐，陈惺侬、清水安三二君在坐，谈久，十二时半回家。”[11]根据周作人的日记，周作人似未将鹤见介绍给鲁迅。《思想·山水·人物》出版后，《创造月刊》刊载署名何大白的《文坛的五月——文艺时评》一文中云：“鲁迅和语丝派诸君所代表的倾向，分析下来，我们可以大胆地说，不过是以下几种的混合；就是：很多的趣味，相当的不平，些须的人道精神。他们有的一面抄着小说旧闻；一面可以把日本首鼠两端滑头政客鹤见祐辅的新自由主义介绍过来……。”[12]对于鹤见祐辅评价不高。而鲁迅在《〈思想·山水·人物〉题记》比较详细地回顾了该书的翻译过程以及翻译心态：“每当不想作文，或不能作文，而非作文不可之际，我一向就用一点译文来塞责，并且喜欢选取译者读者，两不费力的文章。”[13]鲁迅谈及，他的中译本是有筛选的，尽管如此，还有一些翻译过来的文章中的观点是鲁迅所同意的，他声明说：“我的译述和绍介，原不过想一部分读者知道或古或今有这样的事或这样的人，思想，言论；并非要大家拿来作言动的南针。世上还没有尽如人意的文章，所以我只要自己觉得其中有些有用，或有些有益，于不得已如前文所说时，便会开手来移译，但一经移译，则全篇中虽间有大背我意之处，也不加删节了。因为我的意思，是以为改变本相，不但对不起作者，也对不起读者的。”[14]不过，鲁迅还是盛赞鹤见祐辅的关于英美国民性以及人物等的评论“都很有明快切中的地方，滔滔然如瓶泻水，使人不觉终卷”[15]。关于《思想·山水·人物》的译本及相关情况，王彬彬的《鲁迅对鹤见鹤见祐辅〈思想·山水·人物〉的翻译》[16]一文，颇细致地考察了其翻译过程，并对其中被鲁迅舍弃未译的文章也作了罗列和介绍，有些文章不乏引人兴趣之处。若有大家再次全译《思想・山水・人物》并出版，届时，将之与鲁迅译本作比对研究，应该会有一些新的发现的。

注释

① 因未见原件，不知是 3 张 6 页，还是 6 张 6 页。

② 据李硕：《宣纸认识的误区及其危害》（《艺术科技》2014 年第 7 期）文云，真正宣纸不会泛黄，故推测《所谓怀疑主义者》译稿纸为竹纸。

③《鲁迅译文集》第三卷，人民文学出版社 1958 年版，第 428 页。

④《鲁迅全集》第十二卷，人民文学出版社 2005 年版，第 122 页。

⑤《一般》第 1 卷第 1 期，1926 年 9 月。

⑥《鲁迅全集》第六卷，人民文学出版社 2005 年版，第 364—365 页。

⑦《鲁迅全集》第十卷，人民文学出版社 2005 年版，第 301 页。

⑧《〈鲁迅译文集〉校读记》，湖南人民出版社 1986 年版，第 107—108 页。

⑨《国家图书馆所藏鲁迅未刊翻译手稿》第二卷，国家图书馆出版社 2014 年版，第 100 页。手稿与 2005 年人民文学出版社《鲁迅全集》第十卷第 303 页有差异，《鲁迅全集》中，“humour”后衍“这字，”；“我颇不赞成”中“颇不”作“不大”；“采用”作“沿用”。

⑩《鲁迅研究资料》第 18 辑，中国文联出版公司 1987 年版，第 97 页。

⑪《鲁迅研究资料》第 18 辑，中国文联出版公司 1987 年版，第 80 页。

⑫ 1928 年 8 月 10 日《创造月刊》第二卷第一期。

⑬《鲁迅全集》第十卷，人民文学出版社 2005 年版，第 299 页。

⑭《鲁迅全集》第十卷，人民文学出版社 2005 年版，第 300 页。

⑮《国家图书馆所藏鲁迅未刊翻译手稿》第二卷，国家图书馆出版社 2014 年版，第 100 页。

⑯《天津社会科学》2008 年第 3 期。

特稿

几部鲁迅手稿影印出版的缘起及其历程

叶淑穗

鲁迅逝世至今已83年了,多年来为弘扬鲁迅精神、研究鲁迅著作,将鲁迅手稿影印出版,这应当是保存鲁迅文物和提供鲁迅研究的最佳举措了。几十年来我们的先辈,我们鲁迅研究界和出版界的前辈们为影印出版鲁迅的手稿付出了艰辛劳动。初步统计已出版的约有近30部,如《鲁迅书简》《鲁迅日记》《鲁迅诗稿》《鲁迅手稿选集》《鲁迅墨迹》,更有《鲁迅辑校石刻手稿》《鲁迅辑校古籍手稿》《鲁迅手稿全集》《鲁迅著作手稿全集》《鲁迅手稿丛编》以至即将面市的具有更高规格、收集更加全面、编辑更加科学、印刷更加现代化、可以普及的大型的《鲁迅手稿全集》等,种类如此繁多,出版的水平不断提高。这正反映了我国鲁迅研究事业的发展、出版技术的日新月异,更体现了我国改革开放给中国经济的发展和文化事业的繁荣带来的实惠。能为一位作家影印出版这样多的手稿,古今中外可能也仅有鲁迅才享有如此殊荣,这在我国出版史上也是一个创举,更是一朵鲜艳的奇葩。因为鲁迅作为一代伟人,始终活在人们的心中。

现仅就我所了解的几部鲁迅手稿影印出版的成因及其具体发展的过程,作一简介,以兹纪念。

许广平是鲁迅手稿影印出版的首创者。她在鲁迅逝世以后,登报征集鲁迅书信，为了能保存这些书信，她又设法影印，以向世人展示。她在《鲁迅书简》编后记中写道："我们为了想保留他的手迹，最低限度这些种书都希望用影印以与世人相见。以前文化生活社吴朗西先生资助曾出过一本《鲁迅书简》影印本，那仅是选取几十位朋友的通讯，可以代表各种方面"，这就是中国第一部的鲁迅手稿影印本的诞生。

一、鲁 迅 书 简

这部鲁迅书简，是在我国抗日战争大规模爆发的前夕——1937 年 6 月由许广平主编，以"上海三闲书屋"的署名出版的，文化生活出版社为总代售。全书收入 1923 年 9 月—1936 年 10 月鲁迅致许寿裳、台静农、许钦文、郑振铎、黎烈文、曹靖华、姚克、内山完造、李桦、陈铁耕、金肇野、黄源等 54 位友人的信札共 69 封。装帧、印刷精美。分甲、乙、丙 3 种装帧。当时书信得来不易，出版影印则更加不易。许广平回忆道："记得在鲁迅先生刚逝世不久，曾经登报征求远近友好给我帮助，把以前鲁迅先生逐字写出，逐封寄出的信还给我拍照留底，以便将它影印成集"。许广平曾于 1937 年 1 月、4 月在《中流》杂志上分别发表了《许广平为征集鲁迅先生书信启事》和《许广平为征集鲁迅先生书信紧急启事》，从而征集到鲁迅书信 800 余封；为了能影印出版，先生又多方请求帮助，她回忆道："那时为寻求能担负起这全部影印出版者。环顾国内，则只有一商务印书馆能够胜任。因此恳请蔡元培先生代为介绍，订

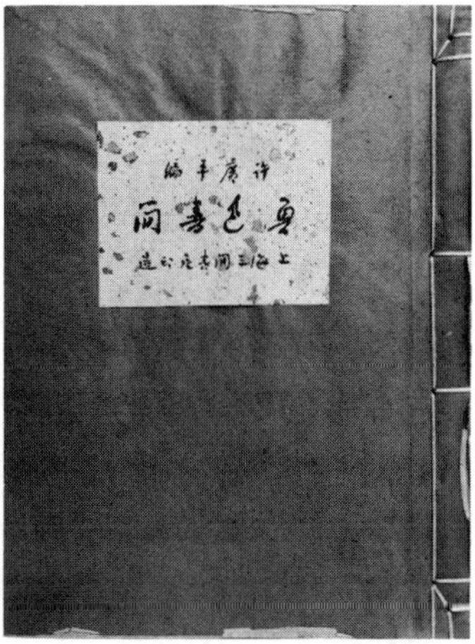

图 1

有严酷的契约,我们也不惜委曲求全,意思即在祈求影印部分的能以尽量从速实现。想不到一九三七年八月十三日,上海战事发生了,不但影印之议,付之虚建,就是拍照之后陆续退回。”这里记载了先生为影印出版鲁迅手稿而做的艰苦用心,在条件极为困难的情况下,许先生仍然渴望“自然还是希望将来有影印的可能”许广平深刻地认识到“影印”手稿的意义。并急切地渴望它的实现。

这是许广平的愿望,更是广大读者的愿望。这个愿望是在中华人民共和国建成以后才得以实现的。

二、鲁 迅 日 记

1951 年中华人民共和国成立后,百废待兴时,冯雪峰组织编辑出版《鲁迅日记》的影印本。雪峰在《鲁迅日记》影印《出版说明》中说:“我们影印出版这部日记,完全为保存文献和供研究上的需要。我们认为日记并非作者记录自己的思想的作品,所以当我们新的国家财力还有困难的现在,不必把它当作大众的读物来大量地印行;不过,这是研究鲁迅的最宝贵和最真实的史料之一,也是属于人民的重要文献之一,所以尽早地影印出来又是必要的,并且作为研究的材料,也是影印最能够免去铅印可能有的排校上的错误。这样,我们首先就须尽量做到保存原来的面目。”这里饱含着先生对影印手稿出版的心愿。

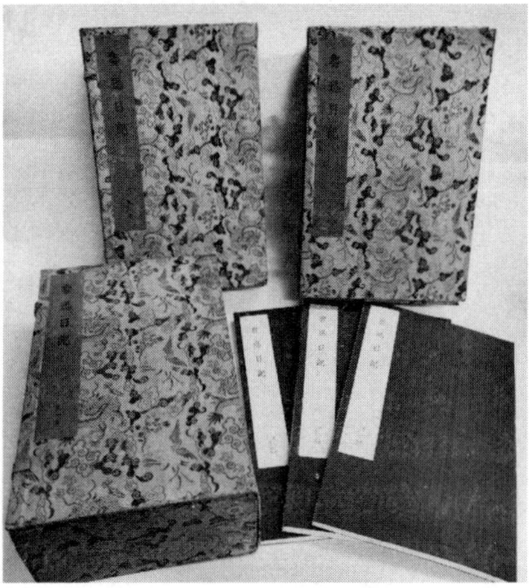
图 2

这部《鲁迅日记》收鲁迅 1912 年 5 月 5 日起至 1936 年 10 月 18 日全部日

记,每年1本,应为25本,但第11本,即1922年的一本,失落于日本帝国主义侵略中国时的1941年,所以现仅存24册。当时用的是橡皮版宣纸影印,分咖啡色封面和磁青色绫质封面两种,白绫签条。分为三函,最后一本版权页的上端右旁有竖印"公历1951年4月至5月影印1 050部"。下端方框内竖印"著者鲁迅,出版者上海出版公司,四川中路三四六号,电话一七一六三"。

但此书出版仅2个月就售罄。雪峰先生在《〈鲁迅日记〉再版说明》中写道:"《鲁迅日记》影印初版一千零五十部,因为要求者过多,出版后就不够分配,同时又有不少读者来信希望用次等纸出版廉价本,让他们也能够买到一部,根据这种情况我们就同许广平先生及上海出版公司商量,决定再版:一、再印精装本二百部,纸张、封面、函套等和初版本的相同;二、另印毛边纸本一千八百部,用纸封面,布函套,分装两函。两种共再版二千部。"此书于1951年7月由上海出版公司影印出版。

《鲁迅日记》的出版是在中国尚处于经济困难,人民生活并不富裕的情况下实现的,但出乎出版方的预料,社会需求很迫切。而后他们为满足读者的要求,不只决定再版。还考虑到一般读者的需求,多印简装本,使更多人买得起,并且仅用2个月的时间又加印了2 000部。这种全心全意为读者服务的精神,在雪峰先生的后记的记载中,在出版方的实际出版成果上完全显现,令人钦佩!

三、《俟堂专文杂集》

1956年鲁迅博物馆建馆以后,一些熟悉鲁迅的老先生向博物馆提出,鲁迅的《俟堂专文杂集》1924年已编就,但生前未能出版,希望博物馆能尽快安排它出版。承担此项出版任务的是文物出版社,责任编辑是一位精通金石古籍的赵希敏。此书的《后记》是鲁迅的学生——常惠所写。全书分为五集,是鲁迅在所收集的古砖拓本中选编的,计有汉魏六朝砖拓本170件,隋2件,唐1件。每

图 3

集前均有鲁迅编写的详细目录，书名为鲁迅所题写。在第一集目录后，有鲁迅写《题记》一则，记叙了他从八道湾搬出来时，周作人及其妻的百般阻挠的情景。鲁迅在 1924 年 6 月 11 日日记记有："下午往八道湾宅取书及什器，比进西厢，启孟及其妻突出骂詈殴打……然终取书器而出。"落款并取"宴之敖"为笔名（据许广平《欣慰的纪念》一文中所叙："先生说，我是被家里的日本女人逐出的。"），这在鲁迅一生中也是一件难忘的往事。所以作此《题记》并"聊集燹余，以为永念哉！"因此，书的出版意义就更不一般了。

当年文物出版社对此书的编辑极为认真，在编辑过程中，发现所编古砖拓本中原缺四五张，即有目无图，为了保持原样，未作添补。我以为这是对作者的尊重。此书于 1960 年 3 月出版，仅印了 500 部，出版后很快就销售一空。

直至 56 年后的 2016 年，由鲁迅博物馆编，西泠印社出版的《鲁迅藏拓本全集·砖文卷》出版。《俟堂专文杂集》才得以再次面市。使人感到遗憾的是，此《砖文卷》虽收了《俟堂专文杂集》，但该书的原貌已不见，只可以作为一份《俟堂专文杂集》的资料向人们展示。此部书鲁迅原已编妥，并将砖拓贴分为五集，每集前面都编排了目录，并亲自题写了书名和《题记》。为一部完整的书。而今在《砖文卷》中，却将鲁迅编在每集前面的目录共 10 页手稿剔出，另编为附录（二），与原拓本分开。《砖文集》中所列《俟堂专文集》拓本图录已与鲁迅原《俟堂专文杂集》拓本图录不同，因为已补齐原缺，改正了鲁迅的误植，（即《出版说明》中所说"讹误”)。本人以为如此处理不妥,应保持原作。补和改应另立,并应在《砖文集》的“目录”上加注说明,这才是对原作的尊重。

四、《鲁 迅 诗 稿》

影印出版鲁迅的诗稿,这在鲁迅手稿出版史上也是一个创举。1956 年上海鲁迅纪念馆建馆后,陈毅在参观鲁迅生平陈列时,对展出的鲁迅诗稿颇为欣赏,他对该馆的同志说:“你们应该将鲁迅诗稿收集起来,编成诗集。”在陈毅的启迪下,上海鲁迅纪念馆的工作人员着手搜集鲁迅的诗稿。并请陈毅为此诗稿题签,陈毅在接到请题字的公文当天,虽然公务繁忙,仍抽出时间在上海纪念馆的信笺上挥毫书写:“鲁迅诗稿陈毅题”7 个字,并钤上“陈毅”朱文印章。

图 4

收集鲁迅诗稿是有许多困难的。因为鲁迅当年书写的诗幅多为书赠友人的,而今分藏于各处,藏于上海鲁迅纪念馆和北京博物馆的有,藏于个人手中的也不少。我知道上海鲁迅纪念馆的朱嘉栋就曾为收集鲁迅诗稿而不畏辛劳的四处奔波。当年他来到北京鲁迅博物馆,曾向当时的馆领导表示上海馆要编鲁迅诗稿出版,请他提供馆藏鲁迅诗稿。那位馆领导并不支持,甚至对他有些刁难,迟迟不让我们提供。但朱嘉栋就耐心等待。这位领导在没有理由再拖下去的情况下,只得提供给他了。从个人手中征集鲁迅诗稿也并非容易的事。据我所知杨霁云就曾表示他藏有鲁迅书赠的诗稿字幅,但朱嘉栋多次前往拜访,杨先生始终未提供。虽然是困难重重,但上海鲁迅纪念馆在1961年纪念鲁迅诞辰80周年时,终于将它编辑完成。这是一本由上海人民美术出版社出版,第一版的《鲁迅诗稿》面世了。分线装本与普及本。线装本封面的洒金纸签条上,由陈毅题签,书内有1960年5月8日郭沫若为该诗集写的《序言》。序文对鲁迅诗稿作了高度评价。

这部《鲁迅诗稿》收入鲁迅诗稿40题45首,录古诗16幅,辑为附录,因受当时形势的制约,所收的诗稿除《自嘲》《答客诮》《悼杨铨》《亥年残秋偶作》等少数诗幅按原貌影印外,多数诗稿删去被赠者的姓名,还有的因征集不到题赠的诗幅,只得从鲁迅日记中,录出鲁迅原记录的诗句。从1959年至1991年的30余年间上海鲁迅纪念馆,对鲁迅诗稿进行多方面的搜集,百般努力,并在对外文委林先生与日本友人增田涉的帮助下,征得日本友人珍藏的鲁迅诗幅原件照片近10张,因而逐渐完善了这部鲁迅诗稿。这样,1991年为纪念鲁迅诞辰110周年,由上海人民美术出版社出版了新版《鲁迅诗稿》,收入鲁迅诗稿46题50首(包括新诗6首)64幅,录古诗27幅,辑为附录。装帧精美,亦分线装与平装,样式考究,清新雅致,别具一格。1998年又曾再版。《鲁迅诗稿》前后共出版了12版次,1991年版为收集鲁迅诗稿最全的一版,真正展现鲁迅诗稿影印出版的盛况。

五、鲁迅手稿选集

鲁迅手稿的影印是这样开始的:北京鲁迅博物馆建馆后,经常接到许多观众来信,希望能看看鲁迅的文稿。正如《鲁迅手稿选集》编者的话中所写的:“近年来,很多单位及不少知识青年向我馆多次提出要看鲁迅手稿,了解鲁迅是怎样创作和修改文章的,以便从中得到教益。而鲁迅生前在教导青年如何写作的时候,也提到应从一些大作家手稿中去寻找写作经验。”编者的话又写道:“但鲁迅手稿既作为珍贵文物保存起来,如果多次翻阅,必使手稿受到严重损害,为了满足社会上的这种需要,我们选了这部分手稿影印出版。”

图 5

《鲁迅手稿选集》1960 年 9 月由文物出版社出版,时任文化部部长齐燕铭为该书题签。书中收入 1926 年 9 月—1936 年 9 月鲁迅文稿 16 篇,其中有:《鲁迅自传》《从百草园到三味书屋》和《藤野先生》以及 1936 年 9 月 5 日写的《死》。《鲁迅手稿选集》分甲、乙两种装帧。甲种蓝绸面、玉扣纸、线装,白丝线装订、包角,乙种本分绿色和土黄色,纸封面,印上线装图案,实为简装。此书系由时任鲁迅博物馆副馆长弓濯之和杨宇主编,本人则是具体工作的人员，从事选材到提取文物送制版厂照相等工作。记得当时文物出版社为降低出版成本，采取的是锌版套色印刷。他们联系的是一家北京当时比较大的联合制版厂。由制版厂制成分色的锌版，经过修版，再送到出版社去印刷。此书印制的质量并不高，许多小字均不清晰（见《鲁迅自传》），但从当时条件考虑，为了能普及也只能如此了。就这样一个版本，在当时却受到广大读者的欢迎。博物馆纷纷接到读者来信，要求再出版一些鲁迅文稿，因而就有《鲁迅手稿续编》《鲁迅手稿三编》《鲁迅手稿四编》的出版。

《鲁迅手稿选集续编》于 1963 年 8 月由文物出版社出版，茅盾为该书题签，书中收入 1926 年 5 月—1936 年 10 月鲁迅的文稿 14 篇。其中有一篇是被国民党检查人员验证后不准刊登的，并在鲁迅手稿上画上红线的一篇《阿金》手稿，鲁迅则在付印的手稿上画上黑线，以示抗议。以及当年一位有心人顾家干先生，藏在地板下保存下来的鲁迅手稿《天上地下》。由于地板下潮湿，手稿上有霉点，因而此稿上有缺字，但可贵的是此手稿比已发表的该文多一小段，即 1931 年 5 月 19 日在《申报·自由谈》上发表该文后，鲁迅又于当日补写的一段，并署“十九夜补记”的手稿。此书的装帧与《鲁迅手稿选集》相同。

《鲁迅手稿选集三编》1973 年 4 月文物出版社出版，收入 1926 年 11 月—1936 年 10 月鲁迅杂文文稿 29 篇。

《鲁迅手稿选集四篇》1974 年 8 月文物出版社出版，本书收入 1932—1936 年鲁迅文稿 24 篇，均为后期杂文，其中最末一篇《当我加入自由大同盟时》一篇系 1949 年后从鲁迅遗物中发现的未发表的佚文。

《鲁迅手稿三编》和《鲁迅手稿四编》的书名题签为何人所书，已不可考。似乎记得出版社的编辑同志曾告诉过我，是请他们社里的一位书法高手所书。

本人还清楚记得当年为将鲁迅手稿送去拍照的一些往事，我与许羡苏（鲁迅的学生和同乡）师徒二人，每天护着一个装着鲁迅手稿的小皮箱，从阜成门——北京鲁迅博物馆走一站路到白塔寺，挤上7路公共汽车到新文化街，换乘10路公共汽车到佟麟阁路下车，到一个名为联合制版厂的单位，拍摄鲁迅手稿。到制版厂照相要服从他们的安排，让我们什么时间去，我们必须提前在那里等着，有时拍完手稿以后，就过了下班的时间，我们又必须挤着公共汽车回单位，点清手稿无误，将其入库。这个制版厂虽然是当年北京市比较大的制版厂，但设备还是很简陋，厂房光线不好，他们用的是大块玻璃板，为了清洗照相版，车间里到处都是水。就在这种环境下为鲁迅手稿照相，我们的精神也是很紧张的。按制版厂的安排，四五十张鲁迅手稿要拍一个多星期。如果遇见他们修版修掉了字，我们还必须将手稿再送去补照。最让我们感到麻烦的是：有一次在拍鲁迅手稿的过程中，突然赶上白塔寺到太平桥一段公路修路，不通车，而制版厂又不同意我们延期。这样我与60多岁的许羡苏，只得每天抱着那个装着鲁迅手稿的小皮箱行走三四个站，再倒车到制版厂。但是为了完成鲁迅手稿的拍摄工作，我们都坚持下来了，没有任何怨言。特别是我的老师许羡苏总是精神饱满的工作着，令人钦佩！

六、鲁迅《阿Q正传》日译本注释手稿

1975年7月5日香港《文汇报》，7月10日香港《大公报》和7月13日内地的《参考消息》（当时是内部发行的）均登有日本《读卖新闻》6月28日刊登的一条消息报道："日本发现《阿Q正传》日译本鲁迅亲笔注解。"事情经过是这样的：早在1931年2月日文《阿Q正传》的译者山上正义将他的译稿寄给鲁迅校阅，4天后鲁迅用日文复函并写了85条注释供译者参考。对此鲁迅在1931年2月27日和3月3日的日记上记有："二十七日晴……得山上正义信并《阿Q正传》日本文译稿一本"；"三日雨，午后校山上正义

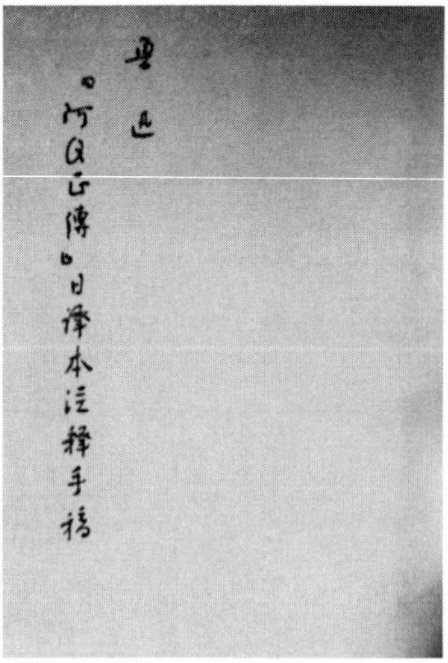

图6

所译《阿Q正传》讫，即以还之，并附一笺”。山上正义曾从事日本左翼文学活动。1926年10月以日本新闻联合通讯社社长的身份到广州与鲁迅联系。他所译的日文《阿Q正传》一书以林守仁的笔名，由东京四六书院出版。山上正义于1938年病逝。1975年东京大学教授丸上昇得知山上正义的长子山上晃一在富士电视台工作，便去横滨访问。山上正义的妻子山上俊子拿出她保存44年的鲁迅亲笔写的《阿Q正传》85条注释。这一发现在日本引起轰动。日本友人增田涉，通过日中文化交流协会，将这份珍贵的手稿复制本送交我国。1975年12月由文物出版社将其影印出版。并附李芒翻译的汉文译本。

七、鲁迅手稿全集

1975年10月28日周海婴上书毛泽东主席，就鲁迅书信的出版、鲁迅研究工作的进行等问题向毛泽东主席作了汇报与请示。信中的主要内容是：建议“将一九五八年下放北京市文化局的鲁迅博物馆重新划归文物局领导，在该馆增设鲁迅研究室，调集对鲁迅研究有相当基础的必要人员，并请一些对鲁迅生平了解的老同志作顾问，除和出版局共同负责鲁迅全集的注释外，专门负责鲁迅传记和年谱的编写工作，争取一九八一年鲁迅诞辰一百周年时能把上述几种（即全集注释本、年谱、传记）以及全部鲁迅手稿影印出齐”。3天后（即1975年11月1日）毛主席对周海婴的信作了

图 7

重要批示:"我赞成周海婴同志的意见,请将周信印发政治局,并讨论一次,作出决定,立即实行。"1975 年 12 月 16 日国家文物局就落实批示问题向中央办公厅作了报告。即根据毛主席的指示,国家文物局组织北京鲁迅博物馆和文物出版社成立了《鲁迅手稿全集》编辑委员会。具体执行此编辑任务的是北京鲁迅博物馆鲁迅研究室以吕福堂为组长的手稿组,和文物出版社以韩仲民为主任的革命文物编辑组。1976 年 2 月 21 日编辑委员会拟定了"《鲁迅手稿全集》编辑出版计划"(初稿)提出:"遵照毛主席、党中央已批准的国家文物局、国家出版局报告中规定的原则,《鲁迅手稿全集》均系手稿影印,不加注释"、"各类手稿原则上分类、按写作年代或时间顺序编次。其中经鲁迅生前编入文集者,按原文集的顺序编次"、定书名为"鲁迅手稿全集,全集收入现存全部鲁迅手稿,1981 年鲁迅诞辰一百周年时出齐","此外译文和古佚书、古诗文、古碑的辑录手稿,准备于 1981 年后陆续出版","编辑工作应以书信、杂文为重点,尽早发稿。为此,书信和《两地书》,拟在今年内发稿;杂文、日记拟于 1977 年底陆续发稿;小说、诗稿和《汉文学史纲要》三种的交稿工作则在此期间穿插进行，在 1978 年全部发齐”，“分甲、乙、丙三种版本，甲种本为宣纸珂罗版（套色），题签上印书名（拟集魏碑）；乙种本玉扣纸锌版（套色）；丙种本 60 克超级压光凸版纸锌版、胶版或凹版印刷，少数彩色插页，索线手装，全书分八函。（即文稿二函、书信三函、日记三函）”。这是鲁迅手稿全集出版的一个初步设想的计划。即工作开始的启动，但在实际的操作中，情况就有很大的改变。

《鲁迅手稿全集》的出版是中国出版史上的创举，在当时是作为全国出版工作的重点，得到全国各行各业的全力支持。首先在鲁迅手稿的收集上，得到全国 5 个鲁迅手稿的收藏单位：北京图书馆（现国家图书馆）、北京鲁迅博物馆、上海、绍兴、广州的鲁迅纪念馆，均全力提供鲁迅藏品照相，一些个人收藏者和在“文化大革命”中新发现的鲁迅手稿也都以各种形式提供原件照相，汇集到文物出版社编辑室，正如，鲁迅手稿全集《出版说明》所述：“本书编辑过程中新发现的书信有五十九封，其中一九〇四年致蒋抑厄信，即所谓仙台书简，是目前发现的鲁迅最早的一封信，致蔡元培的六封，致江绍原的七封，致曹聚仁的一封，致陈此生的一封，都是本人珍藏或家属捐赠的。致茅盾的九封信，是粉碎‘四人帮’以后，根据上海某厂技术员提供的线索，从姚文元处追查回来的，……致欧阳山、草明的两封，致周作人的八封，则是从有关单位的材料中发现的等（实际致周作人的八封信，则是从周作人被抄家的书信中发现的——笔者注）。有些手稿是外国友人提供的，例如捷克汉学家普实克将珍藏几十年的鲁迅为他所翻译的《呐喊》捷克文译本写的序言和两封信的手稿捐赠给我国。致增田涉的五十八封信，是增田涉生前通过日中文化交流协会向我国提供手稿照片。”“在美国还发现鲁迅和茅盾致伊罗生的几封信，是由哈佛大学燕京学社图书馆提供的复印件。”为了尽可能地将鲁迅手稿收全，革命文物编辑组主任韩仲民还想尽办法，从旧报纸、旧书刊上寻找失去原件的鲁迅手迹照片。因而这部《鲁迅手稿全集》从当时的历史情况来看，应当说他们搜集的鲁迅文稿、书信手稿是比较“全”的。

在掌握鲁迅手稿的全面情况以后，编辑委员会面临的最大的问题就是《鲁迅手稿全集》如何编。1977 年 2 月 11 日召开了编辑会议，据参加会议的王德厚、盛永华、陈漱渝几位先生回忆，在会议上争论最激烈的就是关于鲁迅致许广平的书信如何收入，一是对其中未发表的 7 封信；二是鲁迅致许广平的原信收不收。关于鲁迅致许广平的未发表的 7 封信，许广平在世时曾表示她生前请不要发表。李何林认为应尊重许先生的意见，还是不要发表；从事出版工作的同志认为已有《两地书》原稿了，鲁迅致许广平的原信再收就重复了等分歧。后来经过反复的讨论，大家取得一致意见，即未发表的 7 封信，许先生只是说她生前不要发表，但并未表示以后不能发表。关于鲁迅致许广平的原信，在收入《两地书》时鲁迅做了许多的修改，两者不能等同起来。与会者对此取得了一致的意见。因而在《鲁迅手稿全集》中不只收入了未发表鲁迅致许广平的 7 封信，还在书信中又加入鲁迅致许广平的原信。正如《鲁迅手稿全集·出版说明》中所述：“鲁迅致许广平信共七十八封。一九三二年鲁迅编《两地书》时，只收了六十七封半，而且根据当时的情况，作了一些增删修改，重新抄定。本书不仅收入经过鲁迅修改并重新抄定的《两地书》文稿，而且将原信包括未收入《两地书》的十封半（这之中包括未发表的七封信，另有当时未编入两地书中的三封半信——笔者注）。全部按写信的日期编入书信部分。”这一讨论的成果，致使人民文学出版社编辑出版的 2005 年版《鲁迅全集》在编辑上做了重大调整，采纳了这一编辑原则。

在这个编辑工作会议上，讨论修改了原在 1976 年 2 月和 6 月的制订的出版计划：制定了《〈鲁迅手稿全集〉编辑出版计划修订意见》，修订意见中：（1）否定了原来按杂文、小说、诗歌、散文、专著、书信、日记七类进行编辑的方法。以尊重鲁迅生前编订集子的原则,决定将全书分作文稿、书信、日记3个部分,文稿参照《鲁迅全集》(铅印本)编订的次序编排(即使文稿手稿仅有一页残稿,亦按集子编入)。(2)“原计划线装本分装八函,现根据手稿实有页数,定为六函,即文稿两函、书信两函、日记二函。每函约八至十二册,每册五十至八十页”;(3)“手稿全集线装本六函均印三百部,配套发行。为了便于不同读者需要,另印行诗稿、书信手稿等单行本”等。这就是《鲁迅手稿全集》出版计划的最后定稿,而后即按此计划实施的。

为了落实此计划,高质量地出版好这部《鲁迅手稿全集》,关键的是做好每件手稿的拍摄和印制的工作。对此本人曾采访了一些当年参加此项工作的老同志、老师傅。他们谈到当年王冶秋局长在传达毛主席的批文时说道,要用最好的摄影设备和最先进的印刷技术,以最高的制作工艺来完成这部《鲁迅手稿全集》的出版工作。据担任拍摄工作的孙之常师傅回忆:他对此项工作记忆犹新,他说,王冶秋召开的传达会议散会后,高履芳社长就亲自找到他指派他和周永昭、李贺仲成立摄影小组,他担任摄制组的组长(因为他是最年轻、技术最好的一位——笔者注)。孙之常说鲁迅手稿全集要进行珂罗版精印,所以对鲁迅手稿的照相的技术要求很高。原定3种版本,就要拍3套不同的照片。对每页手稿除了分色照相,还要求忠实于原稿,所以常常是一页手稿要拍多张照片。特别是彩色书信,一种颜色拍一张,并要对比原稿,专门调色,技术难度很高。他记得他每天早上7点上班。当时那部分书信手稿存中央档案馆,每天有专车送到故宫内的文物出版社,早上8时送来下午4时再送回,孙师傅等负责摄影的同志,要工作到晚上7点多才可以把当天照的片子处理好。这部分书信(计有1 500余页——笔者注)就拍了半年多。

珂罗版印制,这是此书出版的一大工程,珂罗版是中国传统工艺,工序极其复杂,一种颜色要制一个版,套色印刷,工艺要求严格。当时文物出版社是集合了全国最雄厚的出版技术能手，除文物出版社原有几位师傅外。还从上海调来老技师、从人民美术出版社、从新华印刷厂、从北京琉璃厂等单位调来顶级的制版师傅。他们是戴常宝、张德文、王福涛、尚春科、徐锦荣、王家骧等 20 余人。制版的彩色原料用的是中国最好的矿物原料，可以保证印制色彩的稳定而不褪色。珂罗版也有修版的工序，在这里修版的高级技师是周永昭师傅。就是这样一批国家顶级的师傅，从 1976 年 2 月—1986 年 10 月历时近 10 年，以高水平高质量的成绩完成了这部《鲁迅手稿全集》的出版任务。全书计有鲁迅文稿二函 16 册，收鲁迅文稿 301 篇；书信二函 20 册，收鲁迅书信 1 389 封；日记二函 24 册，收鲁迅 24 年日记，总计影印鲁迅手稿近 7 000 页。这是鲁迅手稿影印的创举，堪称鲁迅手稿影印出版史上的里程碑。

在 1985 年《鲁迅手稿全集》的《出版说明》中原计划就定有出版辑录和译文两部分，又写明“考虑到书信手稿大都没有发表过，读者要求比较迫切，所以决定先从中间的第三、四两函书信部分出起，并且根据实际情况，先出文稿、书信、日记三个部分，辑录和译文手稿以后续编”。虽然在出版说明中列有“辑录部分”和“译文部分”。实际在当年编制《鲁迅手稿全集》的“计划”中从一开始就写明“鲁迅的译文和古佚书，古诗文、古碑的辑录手迹，准备于 1981 年后陆续出版”。从未有过具体安排。特别是在 1986 年将上述三部分手稿出齐以后也没有再谈“陆续编印”的问题。

这是为什么呢？据我所知影印出版鲁迅文稿二函、鲁迅书信二函、鲁迅日记二函这三部分，对于当时的文物出版社来说，已经是一个沉重的负担了，甚至于已不堪重负了。他们已经没有能力再编辑下去了。首先是资金短缺，原定鲁迅文稿、鲁迅书信、鲁迅日记三部分手稿出齐以后再印简装本，结果只有鲁迅书信、鲁迅日记印了简装本，而鲁迅文稿就未能出版简装本。对此当年从事编辑的同志也感到非常遗憾；再有就是人员的变迁，在这 10 年间，参加编辑的陈正达、韩仲民都先后去世了。白浪、王永芳等资深的编辑也都到了退休的年龄了。致使这部文物出版社出版的《鲁迅手稿全集》就此完成了它的历史任务。

八、鲁迅辑校古籍手稿、鲁迅辑校石刻手稿、鲁迅重订《寰宇贞石图》

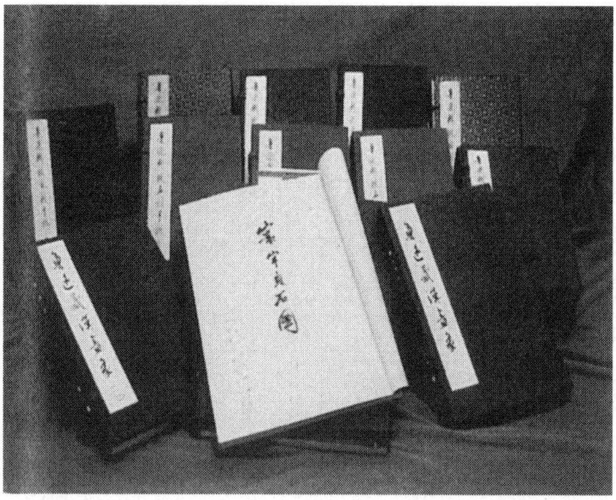

图 8

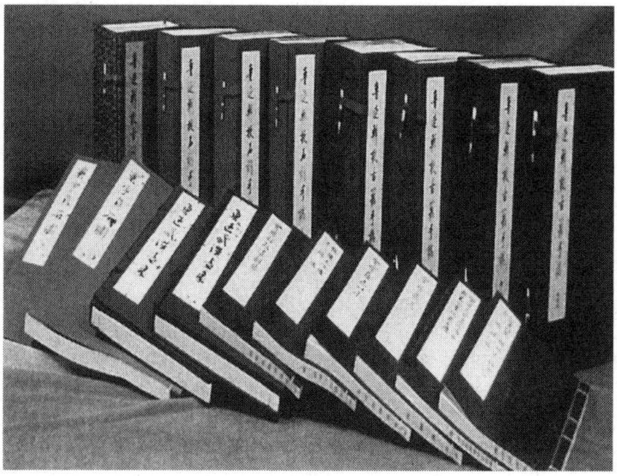

图 9

1984年在全国政协六届二次会议上，唐弢、宋振庭、单士元、严文井、邵宇、姜椿芳共同提出：为纪念鲁迅逝世50周年（1986年）建议影印出版鲁迅收藏的汉魏六朝碑刻、造像、墓志及亲笔抄校古籍。以推进学术研究，发扬民族艺术，提倡严谨学风，宣传爱国主义。（即434号提案）。

为落实此提案，在国家文物局的安排下，北京鲁迅博物馆与上海鲁迅纪念馆，联系上海人民美术出版社，成立了领导小组，于1984年5月21日拟编了首份《关于编辑影印出版鲁迅辑录古籍、金石编著、碑录、金石拓片计划》的（草案），出版内容拟包括五类：一、古籍手稿；二、金石编著手稿；三、抄录碑文手稿；四、其他有研究价值的手稿；五、金石拓片等，总计4 121种，手稿5 082页，并规定用珂罗版彩色影印、线装。以先易后难的进度从1986年起陆续出版，5年出齐。

由于拟影印出版手稿的数量很大，种类多，时间紧。主持此项工作的上海文管会主任方行认为一家出版社难于承担。为此方行和上海几家出版社联系，并与上海出版局协商。1984年7月7日上海市出版局党委书记宋原放主持召开讨论会。经研究商定：

（1）汉画像、六朝造像、汉砖交上海人民美术出版社出版。

（2）鲁迅收藏的古碑交上海书画出版社出版。

（3）鲁迅校勘辑录的古籍及校的碑均交上海古籍出版社出版。

并写明因数量甚多，要三社确保在鲁迅逝世50周年时先各出若干种，余者希望于二三年内出齐。

为切实具体落实政协434号提案的答复，于1985年1月28—31日由国家文物局邀请京沪专家启功、唐弢、林辰，上海文管会方行，上海文化局姚庆雄，上海人民美术出版社杨可扬、袁春荣，上海书画出版社沈培方、乐心龙，上海古籍出版社刘哲民、徐小蛮，上海鲁迅纪念馆凌月麟，北京鲁迅博物馆邹青、王德后、陈漱渝、李允经、赵淑英、叶淑穗等,在北京召开座谈会,商讨影印出版鲁迅辑录古籍手稿及收藏古代刻石事宜,会议由文物局谢辰生和上海文管会方行共同主持。会议对下列问题取得一致意见。并形成会议《纪要》:

(1)以北京鲁迅博物馆和上海鲁迅纪念馆名义编辑,由两馆委派专人组成人少、实干的编辑组,在顾问的指导下进行编辑工作。

(2)聘请方行、启功、杨仁凯、林辰、唐弢、顾廷龙、谢辰生、谢雅柳(按姓氏笔画为序)8位专家为顾问。顾问们按门类负责指导编辑出版工作。

(3)上海人民美术出版社负责影印出版鲁迅收藏的画像、造像(主要指图像)和已编就的《六朝造像目录》、《唐造像目录》等手稿。

上海书画出版社负责影印出版鲁迅重编的《寰宇贞图》《六朝墓志目录》等金石专著和经鲁迅批校的亲笔碑录以及部分经鲁迅批注印的碑刻、墓志、砖、瓦、镜、币等拓片。

上海古籍出版社负责影印鲁迅辑录、校订、手录的各种古籍手稿。

(4)在1986年8月底各出版若干种,以纪念鲁迅逝世50周年,力争5年出齐。

“书名一律用鲁迅亲笔。各部书籍一律不另撰序,加技术性的《出版说明》,除写明两馆编外,概不署名”等,还有经费开支及照相等规定。

还写明“为了支持出版,减少出版社经济负担,鲁迅博物馆按七五折订购纪念本100部,平装本100部,上海鲁迅纪念馆按七五折订购纪念本30部,平装本170部”等,均作了详细的规定。

对于这份《纪要》在实际操作中却出现了对具体问题处理的分歧。主要对此次影印鲁迅手稿的种类与数量的分歧,一种意见是以方行为代表的要多出，即“一网打尽”；以谢辰生、启功和顾廷龙、林辰等老先生的意见是选择有代表性的出。谢老在会上表示：“所说的一网打尽，说的是决心，并非不加区别的什么都印”；顾老则说“编印鲁迅的东西一定要严肃认真”，不要“示人以朴”，林辰则表示，“我们这次要印的只是辑录、校勘和手抄的古籍。前两项是应全部收入，至于抄写的一项，我以为选印比较完整（成部的），而书法又极精美的一部分即可”。关于辑录古籍收什么不收什么，对原《纪要》中对辑录古籍中的辑校和抄录稿的收录意向有不同看法。

1986年4月16日和7月22日在上海召开了有顾廷龙、谢雅柳、方行、谢辰生等参加的两次顾问会议上，经顾问们的反复研究确定，对鲁迅辑录校勘的古籍手稿仅仅是“录”的就基本不收了。如《易林》台州丛书中的《石屏集》等均不收了。还具体研究了收录项目。确定：

（1）“鲁迅抄校碑刻等一千七百余页手稿，将分为三部分编辑出版，即①碑铭约700余页；②造象约600余页；③墓志约400余页及‘碑文补正’（暂名）86页；总书名为《鲁迅辑校石刻手稿》”。

（2）《鲁迅辑录古籍手稿》的书名，将“辑录”改为“辑校”，等等。

在这两次会议上对于《鲁迅辑校古籍手稿》和《鲁迅辑校石刻手稿》以及鲁迅重订《寰宇贞石图》的编辑出版问题均作了定夺。

对于为鲁迅手稿拍照制版还有一段值得记叙的事情。鲁迅的录碑及抄校的古籍大部分均存北京图书馆（现国家图书馆），当时必须办理各级批准的函件，才可以借出。为了保证拍摄的质量又必须找到制版技术高的单位。当时就找到通县大中制版厂和台湖制版厂，一家是专拍彩色版的；另一家是专拍摄黑白版的。通县离市区很远，当时的公路还没有完全修好，车子行驶非常颠簸，因而不能将手稿当日拍完当日还。而且要拍摄的手稿数量很大。单位只得分组分批进驻通县这两个厂。每组至少派2位以上的同志，守护鲁迅手稿一刻也不能松懈，吃住在那两个厂子里。当时这两家厂子条件并不好，只有几排小平房。但技术很好，负责拍摄鲁迅录碑（1 700余页）的师傅，记得好像是姓刘，他是周恩来总理曾经接见过的高级技师，为拍摄这些手稿照片他一天要工作十几个小时，很辛苦。手稿照片快拍完的前两天他告诉我，他总觉着胸闷，喉咙总感到堵得很。说晚上睡觉总做梦，似乎有很多的人或鬼在拉扯他。我不懂医，但我直觉地感到他可能有冠心病的前兆，我多次劝他赶快去医院。但这位师傅坚持要等把这批照片拍完。等照片拍完的那一天，单位来车接我们回去。我想请师傅和我们一起走，把他送医院，但到处都找不到他。问那里的同志，他们告诉我们，是他的孩子把他接走了，送县医院去了。我们回到单位不久，就传来，这位师傅因心脏病医治无效而去世的消息。我们感到即震惊又痛心，为失去这样一位对工作无比尽职尽责的老师傅而感到十分悲痛，由衷地感激他为出好我们这部书而献出自己的最后的精力。

《鲁迅辑校石刻书稿》、《鲁迅古籍辑录手稿》《鲁迅重订〈寰宇贞石图〉》等3部书终于出版了。

《鲁迅辑校石刻手稿》于1987年7月由上海书画出版社出版，共三函18册，第一函为碑铭7册，第二函为造像6册；第三函为墓志和校文5册。此为鲁迅1915—1919年搜集两汉至隋唐的石刻拓本，并进行辑录和校勘达790余种。对石刻原文均依碑文字体摹写，对有些损泐处，间作校补。在碑文之后附有，辑录宋明以来金石著录及方志上的有关资料，间有眉批，夹注及标有“树案”的按语多处。“校文”则是鲁迅以石刻拓本94种，与王昶《金石萃编》、翁方纲《两汉金石记》、陆增祥《八琼室金石补正》等书所录的这些碑文进行校勘所做的校文，存手稿99页。

《鲁迅重订〈寰宇贞石图〉》,《寰宇贞图》原为清末学者杨守敬编著。1882 年初版问世。1915 年 8 月鲁迅由北京琉璃厂敦古谊贴店购得散叶一份。鲁迅在《寰宇贞石图》整理后记中写道:“乙卯春得于京师,大小四十余纸,又目录三纸,极草率。后见它本,又颇有出入,其目录亦时时改刻,莫可究竟。……审碑额阴侧,往往不具,又时集翻刻本,殊不足凭信。”鲁迅将其重订,“略加次弟,贴为五册”。全书收拓本 232 种,有鲁迅编辑的目录 16 页,于 1916 年 1 月编讫。生前未出版,此书稿原存于鲁迅旧居八道湾,1924 年 6 月 11 日鲁迅离开八道湾时未取出。此后周作人曾将此稿赠送江绍原。1961 年 10 月江绍原将此书稿通过许广平将其捐献给国家。在王永昌(许广平的秘书)的回忆文章中曾写道:“江绍原先生献出鲁迅所辑录《寰宇贞石图》及其序文,景宋先生邀王冶秋同志共同出面,在北海仿膳请他吃饭,以示谢忱。”这是在我国三年困难时期,为捐赠者所给予的盛宴。对于这部《寰宇贞石图》1962 年北京鲁迅博物馆曾拟付印,并请郭沫若为此书作序,但出版之事,亦未如愿。

《鲁迅辑校古籍手稿》1986 年 6 月　1993 年 3 月上海古籍出版社出版,共六函,收鲁迅辑录古籍 58 种。主要有《嵇康集》《唐宋传奇集》《岭表录异》《说郛录要》《谢承后汉事》《古小说钩沉》《云谷杂记》等,共 49 册。对我国历代存留下来古籍,鲁迅无比地珍爱,从他青年时代开始就搜集和抄录以至辑录校勘,直到他的晚年。如《嵇康集》他从 1913 年就开始用各种版本辑校,直到 1931 年近 20 年间都不厌其详的对此书进行辑校。《鲁迅辑校古籍手稿》收入的鲁迅辑校的古籍,鲁迅生前大部分均未出版过。这也是这部书的可贵之处。

在《关于影印出版鲁迅辑录古籍手稿及收藏古代刻石的会议纪要》中曾记有“为支持出版,减少出版社的经济负担”,鲁迅博物馆与上海鲁迅纪念馆各订购书若干部的情况。北京鲁迅博物馆订购了纪念本100部,平装本100部,《纪要》中还规定“书款每出一种交付一种”,这200部书鲁迅博物馆应付款40余万。对于这个款项鲁迅博物馆当年无法付出,曾向国家文物局打报告,申请向国家文物局暂借。31年过去了,这笔借款据了解鲁迅博物馆仍未能还清。

2014年,由上海交通大学牵头,国家图书馆和上海纪念馆合作申请国家社科基金重大项目“《鲁迅手稿全集》文献整理与研究项目”。该项目对各馆所藏的鲁迅手稿进行挖掘研究、整理。国家图书馆整理出版了《小约翰》等手稿共6卷,线装精印,纸质精良。上海鲁迅纪念馆整理,出版了鲁迅《毁灭》手稿。填补了1986年文物出版社出版的《鲁迅手稿全集》所缺的“译文手稿”缺项。

随着我国改革开放的深入,国家文化事业蓬勃发展,为重新出版《鲁迅手稿全集》创造了条件。2017年6月23日由文化部、国家文物局、国家图书馆组织召开的“《鲁迅手稿全集》编辑委员会暨专家委员会”,会议明确“《鲁迅手稿全集》编辑出版项目是由文化部会同国家文物局组织实施,委托国家图书馆具体承办的一项国家重大出版项目”。并说明编辑此书的重大意义:

> 鲁迅先生是20世纪中国的伟大作家,新文化运动的旗手,左翼文化运动的盟主,中国现代文学的开山巨匠。其作品包括杂文、短篇小说、评论、散文、翻印作品和书信等等,对于五四运动以后的中国文学产生了深刻的影响。鲁迅先生以其对恶势力不屈的斗争精神而被誉为民族脊梁,他的斗争精神和民族气节,曾得到毛泽东主席的大力赞誉和提倡。对于鲁迅作品及思想的价值,习近平总书记也多次谈到要从中汲取营养并加以继承和发扬。此次《鲁迅手稿全集》的出版,将进一步唤起社会对鲁迅精神的继承与重视,也对弘扬民族精神、传承民族优秀文化有着重要的现实意义。

并明确制定了《鲁迅手稿全集》出版实施方案，即根据方案，"《鲁迅手稿全集》将呈现以下几个特点：一是收录全，力争将海内外收藏机构和个人手中的鲁迅手稿全部纳入。编纂更科学，著录更专业；二是仿真度高，采用高清扫描，彩色印刷，最大程度还原手稿原貌；三是定价适当，采用普通纸精装，降低定价，便于传播推广；四是同时出版数据库，编制高质量手稿数据库，满足广大研究者和读者的快捷查阅需求"。计划于 2019 年 12 月完成《鲁迅手稿全集》评审验收工作，正式出版。这是一部具有空前规模、宏大的《鲁迅手稿全集》，它的出版将极大地丰富我国鲁迅研究的宝库，并将成为中国出版史上的一座丰碑。

参考书目

1.《许广平文集》，江苏文艺出版社 1998 年版。

2.《冯雪峰全集》第六卷，人民文学出版社 2016 年版。

3. 周国伟编：《鲁迅著译版本研究编目》，上海文艺出版社 1996 年版。

4.《上海鲁迅研究 · 鲁迅手稿研究专辑》，上海社会科学院出版社 2017 年版。

复古的心情:《摩罗诗力说》词汇在笺注学及符号学意义上的考释
——以“庄骚”为例(上)

刘 锐

一、纸背的心情:从《民报》社听讲与《会稽郡故书杂集》勾稽说起

木山英雄在一次座谈会上说到“鲁迅的回忆,不可信任”,因为“他的回忆,不是为回忆而回忆的,而是常常浓厚地反映着他写作时当下的想法和感情”。[①]这种看似较为随意甚至有点偏颇的话,实则是对我们过于相信鲁迅回忆文字的一种反拨。鲁迅晚年在写到乃师章太炎时,认为章氏是“有学问的革命家”,但末了不忘加上一句“先生的音容笑貌,还在目前,而所讲的《说文解字》,却一句也不记得了”。[②]像鲁迅这样的回忆文字所引发的,多是历来许多研究者将“章太炎”“鲁迅”“革命”三者进行一种较为主观的联系,在论述中直接把鲁迅与章太炎的师生关系置于“革命思想传承”的层面做出一种简单的阐释,而忽略了鲁迅《民报》社听讲的基本史实,因此也很难再探寻《民报》社听讲与革命的关系,或者说是鲁迅的文字学与革命之间的内在机理,以至于引发了让章太炎忠实拥护者的不满,[③]这些都是对鲁迅的回忆文字片面理

解的后果。通读鲁迅《关于太炎先生二三事》一文,即可知鲁迅首先是先入为主的,在他要刻意强调章太炎革命家身份的前提下,才淡化甚至想消除在与章太炎这层关系中关于跟章氏学习文字学的痕迹。但是,许多研究者在这个层面上把鲁迅的话当作基本史料来阐释,就会偏至。而且,从鲁迅后来行文用字的熨帖以及从其当年听讲的笔记来看,④似乎就文字学本身来讲意义同样很大。

其实周作人关于这一方面的回忆更加客观,但长期被忽略,即《民报》社听讲的初衷及最后所得就在于文字学,⑤这是一个最基本的事实,没有必要再放大到“革命思想”上面去讲。但是,强调文字学方面,也并不代表撇清了与革命的关系,与其用后来的观点框住历史,不如从最基本的史实出发,揭示出其内在的生发机制。所以,如果说鲁迅在《民报》社学《说文》是一种复古的话,那么这种复古背后的精神指向与革命的关系,才是阐释“章太炎”“鲁迅”“革命”三者关系之关键。而《民报》社听讲在作为一个基本史实被阐释的前提下,它也是鲁迅复古的一个表面现象。因此,在鲁迅这里,复古与革新并不是对立的。至于鲁迅被章太炎的古文所影响,从“文学复古”到“文学革命”之间的勾连,有学者已做出过精深的阐释,⑥这里不再赘述。

所以,鲁迅的革命起源于复古,这似乎是事实,而非章鲁之间单纯的思想传递那么简单。然而,鲁迅如何在复古中挣扎而以寻求进路,在不断以一种“无意识的存在主义”⑦的生命催逼式的探索下,他的这种举动到底掩藏着了一种怎样的心底波澜,从复古走向革命是在一种怎样的心境下促成的？这些似乎都有待进一步揭示和考察。

此外,求古以为新的本身还带有鲁迅自己的生命印记,并非突兀复古而突兀革命。如果说要寻找一种个人精神脉络上的联系,那么把视角再推到鲁迅东渡之前为《会稽郡故书杂集》所做的学术准备和归国后起手编辑此书,可算是鲁迅掩埋在故纸堆里的精神滥觞。后来《会稽郡故书杂集》付梓，鲁迅在序言里自述道：

> 幼时，尝见武威张澍所辑书，于凉土文献，撰集甚众，笃恭乡里，尚此之谓。而会稽故籍，零落至今，未闻后贤为之纲纪，乃创就所见书传，刺取遗篇，累为一帙。[8]

研究者每当论及这段，无非多是从张澍对鲁迅的影响或鲁迅所受的启发来谈，只是限于学术方法的层面，也有研究者归结为鲁迅"极朴素的乡土情结"[9]。其实就鲁迅从小的阅读取向来看，就明显有一种远离正统经史而渴望于野史杂记小说的自我选择，[10]而整理乡邦文献恰恰被那个奉科考至上的时代所不屑，这种非正统的阅读选择及学术旨趣，同样也可以看作是对以正统经史为代表的官方话语的一种叛逆与反抗。

应该补充说明的是，作为鲁迅《会稽郡故书杂集》摹习范本的《二酉堂丛书》及其编者张澍。张氏可以在清代江浙学术中兴而西北学术式微的大势下，于西北异军突起，被梁启超誉为甘肃百年一见的英才，[11]有此知名度，至少很大程度在于汇编了一部关陇乡邦文献《二酉堂丛书》（以下简称《丛书》）。作为张氏辑佚学代表性成果的《丛书》，不在本文评论的范畴，笔者亦无力评论，但是历史学家赵俪生所写的《丛书》书评，却可以在沟通鲁迅与故纸堆的内在精神联系上启发我们：

> 读此丛书，宛如近世纪历一场浩劫之后，收拾残箧，发现若干张往年成套、今已散乱之零乱卡片。对此一堆卡片，弃之痛心，存之自有可以使用之时候与场合。故有心人自会知晓对《丛书》之珍重也。[12]

这种颇具历史意味的对于辑佚丛书纸背心情的言说，或许同样是自小翻阅《丛书》的鲁迅的内心隐幽。于外是家国山河的零落，于内是乡邦文献的佚散，这不能不让鲁迅在平时治学时查阅唐代凉州籍诗人李益的相关材料之后，记下心中的感慨："益当时大有诗名，而今遗迹零落，清张澍曾裒辑为一卷，刻《二酉堂丛书》中，前有事辑，收罗李事甚备。"[13]正如在《丛书》之前，相关文献所经历的佚散浩劫一样，整个晚清时代也同样处于一种零落的状态，如何对一个充满浩劫的时代进行一番辑佚，也许是鲁迅早期面对传统的一种情感投射。在这种"本根剥丧，神气旁皇"[14]的文化飘零的浩劫中，在传统中攫取一种具有生命活力及变革力量的文化，而打破"寂漠"[15]之境，似乎是鲁迅在看似简单的复古中繁杂而挣扎的内心体现。这一种心情也一直延续到"摩罗诗人"的呼声中。

二、对《摩罗诗力说》中若干词语在笺注学及符号学意义上的考释

对于《摩罗诗力说》中鲁迅所借用的《庄子》词语，高远东这样认为："鲁迅留日时期确实借助庄子的一些概念、命题表达西方思想，但这只是借用而已，不宜把他它视为直接的构建性的影响。原因很简单，鲁迅对西方资源的接受是自觉的，对庄子词语的借用则是不自觉，并无价值利用的主观意愿。"[16]关于鲁迅对庄子有主观意愿的价值利用的论调，这固然是很好的反驳，我也认为，鲁迅早期自觉地将庄子作为其思想构建的一部分，这一说法有矫枉过正之嫌，所谓"矫枉"，即是对长期以来被掩埋在《摩罗诗力说》研究中所忽略的本土经验的揭示及强调，所谓"过正"，即是直接将揭示出的本土经验提高到了自觉的程度。可是，作为确实存在于鲁迅留日时期思想中的本土经验，把它拿出来作为一种间接性的构建和不自觉的利用，进行阐释，我以为还是有必要进行下去的。"直接"与"自觉"的外来经验有其挖掘与彰显的价值，同样，作为"间接"与"不自觉"的本土经验也有其存在与阐释的意义。

一直以来，我们都会注意到鲁迅在《破恶声论》中起首的一句——“本根剥丧，神气旁皇。”[17]可以说，鲁迅在对以日本为中介的西方经验的体悟中，以此为参照，在感知到一种巨大异质的存在时，迅速而准确地摸准了中国的脉象，看清了危机之所在，即“民族内部所发生的某种根本性精神衰弱和崩溃”[18]。当然，在如何找回或者唤醒这种已经丢失的根性精神时，很明显，鲁迅有意地借助了他在“日本中介”基础上感受到的西方异质经验这种外力，来改造国民性，以期待找出原有的那种根性精神的面目，可说起来这也终究是“改造”，因为其间所缠绕的外来经验，注定其改造所得又不会是那种本来存在于民族内部中而后来“剥丧”并“旁皇”的根性精神。

因此，我认为鲁迅在有意识地借用外来经验力图再造“本根”的时候（注意，我这里用了“再造”一词，还是想不遗余力地强调其结果并非那个“剥丧”前的原貌），其实在无意识当中也存在对“本根”的追寻，似乎这才是对原有精神的召唤，虽然显得那么捉摸不定与渺茫无期。但是，这种无意识地追寻所直面的目标才是民族内部的根性精神，它的崛起不假于外力，而是凭借对承载中国根性精神的文化的唤醒来实现，所以，它从一开始就没有对域外经验的借鉴那样来得明晰和引人注目，进而也并没有特别适合的方法来将这一切呈现。我想，当面对鲁迅不自觉地选择时我们企图用一套自觉的方法来使其显现，无非就是上述那种“矫枉过正”的情况，可是如果我们同样选择一套无意识的阐发系统，不夸大不凸显，似乎借此可以呈现鲁迅这种不自觉的精神构建以及揣摩其内心的隐幽。

鲁迅在《摩罗诗力说》中力图从外国诗人中择取一支“摩罗诗派”作为反抗衰靡的中兴力量，但同时作为译述载体的古文，似乎又隐藏着鲁迅对于传统的一种更为恒定的赏鉴或者说是选择。那么，如果要从传统经验方面切入文本的话，对《摩罗诗力说》中的词语进行笺注以及如何笺注,将是很重要的前提。

笺注之学是随着中国古书的产生而产生的。通过历朝历代不断对古书的笺注,笺注本身也在被笺注的主体之外取得了相对独立的地位,成为一门专门的学问。在笺注传统中,一个词语在最初的原典中被赋予了一种经典含义之后,就会不断被人学习、模仿、引用,在此过程中使这个含义得以加固,并获得一种相对的恒定性。比较典型的如“月”字,后人诗文中一旦出现,注家势必会在注释中引出前人关于“月”的经典诗句加以参照,以拓宽读者的视野,此时就会发现,这个词的内在含义并没有脱离从古至今形成的一条“含义链”,也就是说一提到“月”,背后可能有一种含义就指向了思乡,套用西方符号学意义,也就相当于一个具有稳定性含义的符号。从语言学上来看,有点像索绪尔所说的“话语”和“语言”的关系,“在由言语活动联系起来的每个个人当中,会建立起一种平均数:每个人都在复制(当然不是很确切地,而只是近似地)与相同的概念结合在一起的相同的符号”,[19]也就是说,这种符号是在不同个体话语叠加后显现出的共同部分。

当然了,对所谓“语言”与“符号”的讨论,从笺注学上看,属于文学接受的角度,但是,如果从创作的角度反向来看,也是如此。叶嘉莹曾以索绪尔将语言区分的两个轴线(即语序轴和联想轴)为方法,对古典诗词的创作进行过阐释。她认为“要想了解一个字或一个语汇的全面意义,除了这个字或这个语汇在语序轴中出现的与其他字或其他语汇之关系所构成的意义以外,还应该注意到这个字或这个语汇在联想轴中所可能有关的一系列的语谱(paradigm)”,并举例说:“即如我们要写一个美丽的女子,我们可以用‘美人’,可以用‘佳人’,可以用‘红粉’,可以用‘蛾眉’,有一系列语汇可以选择。在选择此一语汇不用彼一语汇之时,就此一语汇作为符号而言,在选择间就已经传送了一种信息。而且每一语汇在联想轴中,更可以引出不同的联想,即如‘美人’可使人联想到屈原《离骚》中的‘美人’或李白《长相思》中的‘美人’;‘佳人’可使人联想到曹植《杂诗》之‘南国有佳人’或阮籍《咏怀》之‘西方有佳人’之类,遂可以引发多种不同的理解和诠释。”[20]

所以,一方面一个词语在历史的笺注过程中获得一种稳定的含义以后,这个含义越稳定,越牢不可破,那么这种具有符号意义的词语就越会对后来的写作者形成一种巨大的牵制和影响,这样一来,写作者一旦操作这一套系统,不论是呈现与这套系统多么不相符的内容,终是难以摆脱这套系统中符号意义所带来的波及。鲁迅《摩罗诗力说》就是一例,他在使用古文进行译述的时候,本身就会被这些词语在千百年来形成的符号意义所影响,哪怕是不自觉的。

另一方面,从一个词语联想轴的所谓“语谱”上着眼,本身可能含有作者的一种自觉心态,在作者选择一个词语的同时,就会存在着对“语谱”中词语的内心指向的选择。就以鲁迅那一代人的旧学功底而言,当他们在古代经典中选择词语时,本身就在进行着一种内在的表达。

所以,以下就选取若干词语,对它们进行在笺注学及符号学意义上的考释,以此来揣摩鲁迅在以这种复古方式进行表达时的心情。

将《摩罗诗力说》中的一些词语置于中国传统笺注学中所形成的相对恒定的经典含义之下进行考察,大体上可以以典籍为单位,这样既观照到词语在历时性笺注中形成的稳定内蕴,又考虑到词语所处典籍中的特殊含义。从词语出现的频繁度来看,《摩罗诗力说》所涉及的传统典籍,其中具有代表性意义的是《庄子》《离骚》《文心雕龙》等 3 部,此外还有其他典籍的一些较为零碎的词语,这里不再讨论。[21]

“庄骚”与鲁迅的关系,历来研究者多有涉及,而且通过《摩罗诗力说》进一步论及鲁迅与两部经典的联系,也不乏其人。[22]但是真正要对鲁迅《摩罗诗力说》所引“庄骚”词语背后所隐藏的特定文化含义进行考察，并讨论鲁迅在行文过程中所受到的这些词语在经典中锻造而形成的恒定意义的影响，就必须对其中的词语做一定程度的纂笺，以结合其经典意义与文本意义进一步考释。

综观鲁迅在《离骚》词汇中所引的“上征”“高丘无女”“谗谄”“侘傺”等，以及在《庄子》词汇中所引的“澡雪”“砉然”“冻冱”“曼衍”“夭阏”等，即可发现其中隐隐包含着鲁迅在传统中的一种有意或无意的文化选择。

三、对《摩罗诗力说》中所引《离骚》词语的逐条考释

“上征”一词在《摩罗诗力说》中的出现较为频繁，共 5 次，其文本意义可以直解为“向前”或“前进”，主语都是以“文明”“国民”“人类”等词来充当的。它出自《离骚》中“驷玉虬以乘鹥兮，溘埃风余上征”一句，“上征”可训为“上升”。此中的“埃”与“风”是关键，王逸《楚辞章句》中说“掩尘埃而上征”，洪兴祖《楚辞补注》中又说“言忽然风起，而余上征”，可见“上征”的前提条件是掩尘和凭风，目的在于王逸讲的“去离世俗，远群小也”[23]。虽然不能等同于薛宝钗咏絮的“好风频借力，送我上青云”[24]，但外在形态相符。不能不说，鲁迅在选用“上征”一词时，背后的文化心态，并没有完全跳出屈原所划定的范畴，甚至是在屈原的基础上进行架构的。不同于屈原的“忠君”，鲁迅的“上征”为的是走向现代意义上的民族或国家，尘埃也并不只是群小，而是更为广阔的未被启蒙民众。但是，似乎有一点是贯通的，即一个民族在衰颓中所真正需要的那股涤荡的清气和上升时的凭借。如屈原还说过“掩浮云而上征”(《远游》)，后来的文人不论是寄意于宏图(王延寿《鲁灵光殿赋》:“飞陛揭孽，缘云上征。”)，还是怀才而不遇(乌斯道《泽畔》诗:“上征天无风，远游囊无金。”)，在向上的欲望中都充斥着一股气力。到鲁迅这里，虽然是前行，但他所使用的“上征”里也有同

样的一种文化构架，而那股雄强之力，则被摩罗的反抗之声所替代。其实，本土与域外两种经验并不冲突，甚至可以说本土经验在某些地方，与鲁迅有意识借助于外来文化所开展的这场文艺运动的自身设置具有同构性，两者处于一个相对融洽的状态，正如将此时的鲁迅看作是“文化上的民族主义”的研究者所说的，“鲁迅竭力设法要在民族之魂中找出不容易找到的变革中国的主题（能够接受‘外来的新声’，通过变革自身而得以成为变革中国的主体）”，[25]当然，我这里是借用这一说法，已并非指这些研究者所说的“迷信”“神思”“白心”等概念，只是想说在鲁迅对本土经验的探寻中，并不存在排他性，而是相对于在自觉借助于域外经验的同时，又具有强大的兼容性。

“高丘无女”出自《离骚》“哀高丘之无女”一语，在《摩罗诗力说》中分属上下两个半句，即“返顾高丘，哀其无女”。这是鲁迅在文中对“放言无惮”[26]的屈原的描述。王逸《楚辞章句》说“楚有高丘之山”，故而“高丘”代指楚国，又说“女以喻臣”，“犹复顾念楚国无有贤臣，心为之悲而流涕也”。[27]而朱熹《楚辞集注》中说“女”是“以比贤君也”。[28]洪兴祖《楚辞补注》赞同王逸的说法，认为“《离骚》多以女喻臣”，[29]但不论是君是臣，“女”的基本特性里都会具有“贤”的因子，这应该是鲁迅使用这个词所难以摒弃的，而且在他介绍的“放言无惮”的屈原那里，“高丘”和“女”的意义在原来的基础上都有了变化和提升，成了“国家民族”与“反常俗者”[30]的代称。一个国家、民族，就应该有此种敢于放言的反抗心声出现。传统的“贤”的核心意义被“敢于放言”的“反常俗”所取代，突破了“君臣”概念的框架，将“高丘”与“女”这样具有传统诗学含义的词语引入了现代意义的范畴中。所以，后来这个典故被鲁迅屡屡活用不爽，或吟“高丘寂寞竦中夜”以忧国，[31]或写“可怜无女耀高丘”以悼才。[32]

“谗谄”一词原出司马迁《史记·屈原贾生列传》中“屈平疾王

听之不聪也，谗谄之蔽明也，邪曲之害公也，方正之不容也”一句，在《摩罗诗力说》中位于介绍拜伦的部分（第四章）。文中介绍拜伦《海盗》中的主人公康拉德，说他“为人，初非元恶，内秉高尚纯洁之想，尝欲尽其心力，以致益于人间；比见细人蔽明，谗谄害聪，凡人营营，多猜忌中伤之性，则渐冷淡，则渐坚凝，则渐嫌厌；终乃以受自或人之怨毒，举而报之全群，利剑轻舟，无间人神，所向无不抗战”。[33]北冈正子在将原文与材源比勘后，认为“鲁迅所说‘比见细人蔽明，谗谄害聪，凡人营营’，《海盗》一书里没有完全恰当的语句。似乎多少掺有鲁迅自己的见解”。[34]可以说北冈正子的感觉是准确的，在这样一大段被日化的西方材源中突然插入这么一句看似极具中国传统经验的话语，不能不让人联想到是“鲁迅自己的见解”。但是，对于鲁迅本身来讲，有这种传统渊源也是理所当然的。对比司马迁在《屈原贾生列传》中对屈原的描述和鲁迅在《摩罗诗力说》中对康德垃的描述，从“谗谄”“蔽明”“害”等重复使用的词语上，显然可以将两者勾连起来，甚至可以说鲁迅直接借用了司马迁的词汇。再往前追溯，串联起作为传主的屈原以及其作品《离骚》，基本上可以认定鲁迅的直接经验就来自屈原和他的《离骚》，语出“荃不察余之中情兮，反信谗而齌怒”一句，王逸《楚辞章句》释为，“言怀王不徐徐察我忠信之情，反信谗言而齌怒己也”。[35]这里，鲁迅将中国传统士大夫的情怀引入了摩罗精神的构建中，不同在于屈原受谄而投江，康拉德受谄而反抗。历来中国知识分子在被佞人谄陷或怀才不遇时，都是以屈原情节作为寄托，以此砥砺自己的精神。[36]这种传统的“士”的精神虽然没有摩罗诗人的反抗精神那么激烈，但是这种隐忍式的反抗被鲁迅引入后，便汇入了其中的决绝与韧性，实则是在复古中对传统中最有精气的文化进行了一种择取，最后不自觉又悄无声息地灌注到了“摩罗精神”之中。

而且，鲁迅在无法规避中国传统经典中词语的恒定含义影响自己书写的同时，对屈原经验进行了一种现代性的转换。对这一词汇再稍加梳理，也可以看到鲁迅自身思想在传统中转换的过程。作于1903年[37]的断发题照诗《自题小像》，其中有“寄意寒星荃不察”一句，后来的许多注家将“荃”训为“人民”，[38]这其实是上文提到的以后来的观点诠释历史的做法。在1903年的鲁迅，并不见得完全对清朝失去信心，[39]而是抱有一定的希望（这也是当时留日学生整体的思想倾向），故而这里的“荃”是屈原《离骚》中所赋予的经典含义，即“君主”。直至1907年在《摩罗诗力说》中，意义才发生了转换，怀疑并不理解康拉德的并不是“君”，而是有待被启蒙的“民”，这里有疑与被谤的双方从传统的君臣，变成了麻木的民众和启蒙的先驱，这一意义被一直延续到了新文化运动之后的鲁迅那里。[40]

“侘傺”一词出《离骚》中“忳郁邑予侘傺兮，吾独穷困乎此时也”一句，在《摩罗诗力说》中位于以下一段：

> 盖古民曼衍播迁，其为争抗劬劳，纵不厉于今，而视今必无所减；特历时既永，史乘无存，汗迹血腥，泯灭都尽，则追而思之，似其时为至足乐耳。傥使置身当时，与古民同其忧患，则颓唐侘傺，复远念盘古未生，斧凿未经之世，又事之所必有者已。[41]

历来人们多是处于对当下及后代不满的情绪中，所以时有九斤老太之叹——“一代不如一代。”每一代人都觉得下一代人不如自己，自己又不断沉浸在上一代人的光辉中，直至追思、叹息而不知求变，这也是缺少改革动力的原因之一。而那种“侘傺”之状，似乎是每一个王朝末期的颓靡不堪的时代所共有的特征。又，屈原《九章·惜诵》云“心郁邑予侘傺兮”，王逸《楚辞章句》曰“楚人谓失志怅然住立为侘傺也。”[42]屈原在困境中的怅然若失，自然是包含有一种想喷薄而不能的潜在力量,只能叹一句"吾独穷困乎此时也"。作为立志要"我以我血荐轩辕"[43]的鲁迅,当初不会没有踌躇而失意过,但是又何尝没有屈原那种想为而不可为的潜在动力呢?所以,当具有摩罗精神的自我意识凸显的现代性在中国知识分子身上产生影响并使他们发生改变后,就为千百年来掩藏在士人阶层那种怅然踌躇背后的潜在力量,找到了一个喷发口,在这个层面之下,"侘傺"完全成了古民的颓状,这似乎是此词置于鲁迅的背景中更为隐幽的文化意义。

注释

① 陈平原主编:《现代中国》第 6 辑,北京大学出版社 2005 年版,第 263 页。

②《鲁迅全集》第六卷,人民文学出版社 2005 年版,第 566 页。

③ 朱季海晚年说,"太炎先生讲《说文解字》是一个字一个字地讲,每课必到的就是鲁迅和朱希祖,鲁迅还做了笔记,现在就放在鲁迅纪念馆里,他后来却说'一句也不记得了',这是不够实事求是的。"(陈涛、冯睿:《章太炎弟子朱季海:人世间淡入淡出》,《三月风》2007 年第 3 期。)

④ 鲁迅的听课笔记,后来会同钱玄同、朱希祖的笔记,被整理出版,即《章太炎说文解字授课笔记》一书(中华书局,2010 年 1 月)。

⑤ 周作人《知堂回忆录》中提及民报社听讲之事,并未将此与革命思想联系在一起,只是平铺直叙,说了听讲的缘起、内容及后来的影响。我认为这是对此事最为客观的叙述态度。(详见《知堂回忆录 · 八〇 · 民报社听讲》,《周作人自编集 · 知堂回忆录》(止庵校订),北京十月文艺出版社 2011 年版,第 276—278 页)

⑥ 在木山英雄《文学复古与文学革命》、汪晖《声之善恶》等著作中对这个问题都有所论及。

⑦ 参见山田敬三著,秦刚译:《鲁迅:无意识的存在主义》,北京大学出版社 2012 年版。

⑧《鲁迅全集》第十卷,人民文学出版社 2005 年版,第 35 页。

⑨ 山田敬三著,秦刚译:《鲁迅:无意识的存在主义》,北京大学出版社 2012 年版,第 198 页。

⑩ 正如周作人所说,“词章一方面他排斥历来的‘正统派’”(周作人:《鲁迅的青年时代·鲁迅的文学修养》,《周作人自编集·鲁迅的青年时代》,北京十月文艺出版社2013年版,第63页)。关于鲁迅阅读趣味的养成,详见周作人:《鲁迅的青年时代》《鲁迅的故家》等书。

⑪ 梁启超曾评价自己在清华国学院的甘肃籍学生冯国瑞时说,“此才在今日,求诸中原,亦不可多觏。百年以来,甘、凉学者,武威张氏二酉堂之外,殆未或能先也”(邓明:《冯国瑞藏梁启超手札考释》,2003年2月22日《兰州晨报》)。

⑫《赵俪生文集》第四卷,兰州大学出版社2002年版,第422页。

⑬《鲁迅全集》第十卷,人民文学出版社2005年版,第103页。

⑭《鲁迅全集》第八卷,人民文学出版社2005年版,第25页。

⑮《鲁迅全集》第八卷,人民文学出版社2005年版,第25页。

⑯ 高远东《现代如何“拿来”——鲁迅的思想与文学论集》,复旦大学出版社2009年版,第48页。

⑰《鲁迅全集》第八卷,人民文学出版社2005年版,第25页。

⑱ 伊藤虎丸著,李冬木译:《鲁迅与终末论:近代现实主义的成立》,生活·读书·新知三联书店2008年版,第65页。

⑲ 索绪尔著,高名凯译:《普通语言学教程》,商务印书馆2011年版,第21页。

⑳ 叶嘉莹:《词学新诠》,北京大学出版社2008年版,第20页。

㉑ 根据周作人的回忆(《周作人自编集·知堂回忆录》,止庵校订,北京十月文艺出版社2011年版),当年听章太炎授课,从1908—1909年间持续了一年的时间,讲授的内容除了《说文解字》之外,还有《庄子》,而鲁迅于1909年6月回国,对此,查检《钱玄同日记(整理本)》(杨天石主编,北京大学出版社2014年版)和《朱希祖日记》(朱元曙、朱乐川整理,中华书局2012年版),可知章太炎在1908—1909年讲授的内容,不论是大成中学的大班授课,还是《明报》社的小班授课(钱、朱二人的日记对这两个地点的记录许多时候是省略的,而周作人提供的具体时间是每周日上午,其中一部分可以得到印证,其余的多是无法区分),从时间上排列授课内容,依次是《说文解字》《庄子》《楚辞》《尔雅》《汉书》《文心雕龙》等。本文提到的

3部经典亦包括其中，虽说鲁迅跟章太炎学习的时间晚于《摩罗诗力说》的成文时间，两者看似无直接关系，但要考虑到章太炎此前就在留学生中巨大影响，故而不能否定他对经典的选择和认知就不会通过别的渠道对鲁迅造成影响。

㉒ 1941年4月20日重庆《中苏文化》上发表了郭沫若《庄子与鲁迅》一文，在《摩罗诗力说》的研究史上，第一次讨论了《摩罗诗力说》的本土资源。郭沫若从梳理词语入手，找出《摩罗诗力说》所引用的《庄子》中"曼衍""夭阏""砉然"等词，将"早年的文字和晚年的文字并起来看，可以知道鲁迅在早年实在是熟读《庄子》的人，所以词汇和语法，都留下了明显的痕迹"。又，20世纪50年代，李拓之是从《摩罗诗力说》谈到其中说及的屈原，并以此就中国传统诗歌脉络中"摩罗诗宗的色素"进一步挖掘，虽有偏离鲁迅本意之嫌，但不能不说在这一方面是对《摩罗诗力说》研究的拓展(李拓之：《鲁迅的小诗》，《厦门大学学报》(社会科学版)1956年第5期)。

㉓ 王逸、洪兴祖：《楚辞章句补注》，《楚辞章句补注·楚辞集注》(王逸注，洪兴祖补注，朱熹集注)，岳麓书社2013年版，第25页。

㉔ 曹雪芹：《红楼梦》，岳麓书社2004年版，第503页。

㉕ 伊藤虎丸著，李冬木译：《鲁迅与终末论：近代现实主义的成立》，生活·读书·新知三联书店2008年版，第310页。

㉖《鲁迅全集》第一卷，人民文学出版社2005年版，第71页。

㉗ 王逸、洪兴祖：《楚辞章句补注》，《楚辞章句补注·楚辞集注》(王逸注，洪兴祖补注，朱熹集注)，岳麓书社2013年版，第30页。

㉘ 朱熹：《楚辞集注》，《楚辞章句补注·楚辞集注》(王逸注，洪兴祖补注，朱熹集注)，岳麓书社2013年版，第17页。

㉙ 王逸、洪兴祖：《楚辞章句补注》，《楚辞章句补注·楚辞集注》(王逸注，洪兴祖补注，朱熹集注)，岳麓书社2013年版，第30页。

㉚《鲁迅全集》第一卷，人民文学出版社2005年版，第71页。

㉛《鲁迅全集》第七卷，人民文学出版社2005年版，第150页。

㉜《鲁迅全集》第七卷，人民文学出版社2005年版，第159页。

㉝《鲁迅全集》第一卷，人民文学出版社2005年版，第78页。

㉞ 北冈正子著，何乃英译，陈秋帆校：《摩罗诗力说材源考》，北京师范大学出

版社 1983 年版,第 12 页。

㉟ 王逸、洪兴祖:《楚辞章句补注》,《楚辞章句补注·楚辞集注》(王逸注,洪兴祖补注,朱熹集注),岳麓书社 2013 年版,第 9 页。

㊱ 贺铸:《怀寄周元翁十首》:“周郎有史才,班马可并驱。纷纷谗谄人,畏君笔削诛。”王冕《寓意十首次敬助韵·其三》:“忠义在草莽,谗谄分提封。”

㊲ 对于《自题小像》的创作时间,历来说法很多,主要有“1901 年”说(于值元:《〈鲁迅诗本事〉质疑》、吴海发:《“二十一岁”等年龄与“风雨如磐”的“故事”》)、“1902 年”说(张向天:《鲁迅旧诗笺注》、吴奔星:《鲁迅旧诗新探》)、“1904 年”说(曹礼吾:《鲁迅旧体诗臆说》)、“1906 年”说(锡金:《鲁迅诗本事》),最多的是“1903 年”说(许寿裳:《亡友鲁迅印象记》、周振甫:《鲁迅诗歌注》、山田敬三:《鲁迅旧体诗〈自题小像〉的成立》等),这里姑且遵从“1903 年”说。

㊳ 如倪墨炎:《鲁迅旧体诗浅说》、周振甫:《鲁迅诗歌注》、曹礼吾:《鲁迅旧体诗臆说》、刘杨烈和刘建芬:《鲁迅诗歌简论》、郑心伶《鲁迅诗浅析》等都作如此解释。

㊴ 详参顾农:《鲁迅的〈自题小像〉诗》一文(收入顾农《与鲁迅有关》,凤凰出版社 2014 年版)。

㊵ 如《药》中的夏瑜与华家的关系。

㊶《鲁迅全集》第一卷,人民文学出版社 2005 年版,第 69 页。

㊷《楚辞章句补注·楚辞集注》(王逸注,洪兴祖补注,朱熹集注),岳麓书社 2013 年版,第 120 页。

㊸《鲁迅全集》第七卷,人民文学出版社 2005 年版,第 447 页。

从七论“文人相轻”看鲁迅的文坛观

陆懿婷

鲁迅在上海时期，达到了他个人杂文创作的高峰。鲁迅的杂文创作无所不包，对文坛的观察与评价自然也包括在内。鲁迅在观察文坛时有非同寻常的视角，因而会产生独到的感想与评价。“七论‘文人相轻’”就是一组体现鲁迅对文坛观察与评价的典型文章。

“七论‘文人相轻’”指的是鲁迅于1935年4—9月在上海创作、发表于《文学》月刊上的7篇以讨论“文人相轻”为主题的杂文。鲁迅一生都在文人的圈子里生活，当然会对文人之间的关系投以格外的关注。但是在仅仅不到半年时间，即就“文人相轻”这一问题连发七论，甚至其中两次有两论在一天内写成（1935年8月14日与9月12日），如此高强度的关注确实引人瞩目。

在七论“文人相轻”中，鲁迅较为全面而系统地阐发了对文坛风气的见解。他从客观上分析了论争的必要性和正当批评的意义，并且强调了文人需要承担的社会责任。具体到论争批评的原则，甚至读者对文坛的反推作用，他也都提出了精练而深刻的主张。

一、七论“文人相轻”的创作背景与契机

鲁迅一生笔战不辍，生命的最后10年更是论争不断。1927年，刚刚移居上海的他就陷入了一场与创造社、太阳社的革命文学

论战。面对自己所关心的年轻“革命文学家”的误解与诋毁，一直寻求与进步的革命文艺团体合作的鲁迅十分失望。这场论争对鲁迅影响很深，而后来的京海论争等文坛碰撞更进一步促使鲁迅对论争产生了独到的看法。

（一）20 世纪 30 年代的文坛背景

20 世纪 30 年代的中国文坛，因社会的大变动，左翼文学、自由主义、民族主义文学等诸多文艺思潮并存，文学创作呈现出多元发展的趋向，并因而衍生出了百家争鸣的文坛景观。

这一时期的文坛中批评论争此起彼伏，其中“京海论争”可以说是规模相对较大的一次。围绕这场论争又展开了无数笔战，这些交锋往往通过在报纸刊物上所发表的杂文实现。值得一提的是，这些论争往往可能会夹杂个人意气，乃至流于谩骂和人身攻击。鲁迅常常出现在论争的风口浪尖，也就常常成为被攻击的标靶。1933 年 7 月，鲁迅在给黎烈文的信中，表达了对此的深切愤慨：“造谣生事，害人卖友，几乎视若当然，而最可怕的是动辄要你性命。”①

对于鲁迅而言，除了外界的谣言和谩骂，他在自己营垒内部也承受着颇多压力。1931 年 8 月，鲁迅在左翼刊物上发表了题为《上海文艺之一瞥》的稿件，对创造社进行了批评。立即引起左翼内部许多人的不满，郭沫若就发表了《创造十年》来反驳鲁迅，将鲁迅对于创造社的评论称为抹煞和歪曲，田汉亦曾化名“绍伯”，在《大晚报》副刊《火炬》上攻击鲁迅同变节者杨邨人搞“调和”。另外，廖沫沙也曾因《倒提》一文的误会，化名“林默”发表《论“花边文学”》一文，说鲁迅的文章“往往渗有毒汁，散布了妖言”。这些批评已经化为知识分子之间的相互排斥，更包含人格的侮辱。鲁迅在 1934 年 12 月 18 日致杨霁云的信中，就说道：“最可怕的确是口是心非的所谓‘战友’……为了防后方，我就得横站，不能正对敌人，而且瞻前顾后，格外费力。”②鲁迅受这一类型的攻击颇多,因而对论争又有自己特为切身的体会与见解。

在1930年代的文坛,鲁迅的经历绝非个例,当时文学批评中有两种风气极盛,一是知识界无原则的缠斗;二则是企图以“文人相轻”、“私骂”等理由作为幌子,来消弭文坛正当的论争行为。面对如此环境,文人们自然会就论争批评这一行为本身阐述自己的看法,而又形成围绕论争观而展开“文坛观”的争论。鲁迅的七论“文人相轻”就是在这场碰撞中诞生的。

通过考察七论“文人相轻”的创作背景,并分析这组文章内容间的联系与呼应,我们可以探寻鲁迅对于论争、批评、文人责任以及文坛风气的看法,亦即鲁迅的文坛观。

(二)刺激创作的契机

鲁迅作第一篇《“文人相轻”》的导火索,是林语堂于1935年1月在《论语》第57期所发表的《做文与做人》一文。鲁迅与林语堂的关系几起几落,林语堂自己在《悼鲁迅》中说:“鲁迅与我相得者二次,疏离者二次。”[③]1929年8月28日,曾经有过两人在饭桌上不悦的“南云楼风波”;进入20世纪30年代,林语堂主张的“幽默”“闲适”“抒写性灵”的小品文受到了鲁迅的批评。在“七论‘文人相轻’”诞生前后,鲁迅与林语堂的关系已经相当僵化,两人在文学见解上分歧弥深。

林语堂此文并非主要谈论文艺批评,而是阐述了社会上对“文人”的一些看法,但在行文中,论及“我们想起文人,总是一副穷形极像”的原因,林语堂将文人的互相指摘列入其中。他简单地将当时文坛的各类论争贬为“文人相轻”——“文人好相轻……于是白话派骂文言派,文言派骂白话派,民族文学骂普罗,普罗骂第三种人,大家争相对垒,成群结党……原其心理,都是大家要取媚于世。”[④]

平心而论,当时的文坛论争,确实有部分并不一定能“凡所指摘,仅限于制作的范围”。但林语堂将所有文坛论争统称为“文人相轻”,则明显不妥。故而在林语堂此文刊出后,曹聚仁于1935年4月9—11日在《申报·自由谈》上发表了《论“文人相轻”》一文以作驳斥。他在此文中追本溯源,从“文人相轻”这一典故的来历与含义入手,提出了对中国文坛应当养成健全有力的批评空气的期望。

一生注重知识分子批判的鲁迅,对林语堂将论争通指为“文人相轻”也无法认同。他在1935年5月《文学》月刊第4卷第5号上发表的《“文人相轻”》一文中,开篇就说明了文章的缘起:“在所谓文坛上……今年又出了新口号,叫作‘文人相轻’。”证明了林语堂的《做文与做人》正是鲁迅创作《“文人相轻”》的直接原因。而在1935年6月《文学》月刊第4卷第6号上发表的《再论“文人相轻”》中,他明确指出:“今年的所谓‘文人相轻’,不但是混淆黑白的口号,掩护着文坛的昏暗,也在给一些人‘挂羊头卖狗肉’的。”⑤再次点出了这一系列杂文的创作起因,是林语堂的“文人相轻”论所产生的负面影响。

(三)“文人”何为

在七论“文人相轻”中,鲁迅对文坛论争中导致乱象的各类文人都展开了批判。“文人”本身对鲁迅而言意味复杂。一方面,鲁迅对文人理应担负的社会责任存有期待。他在《圣武》中说:“……再翻一本文人的评传,便更能明白别国著作里写出的性情,作者的思想,几乎全不是中国所有。”⑥侧面印证鲁迅认为文人能影响国民性格的塑造。但另一方面,鲁迅又对当时中国的大多数文人怒其不争。纵观《鲁迅全集》,使用“文人”一词的多达几百处,但大部分都怀有略微的贬义或嘲讽。在《匪笔三篇》的前言中,鲁迅直言匪徒的通告在他眼中“价值却并不在文人学者的名文之下。”⑦这显然出于鲁迅对于当时文人的失望。在乱世中,中国的文人学士大多却仍在“教人要安本分”,使中国的文明,成了“破坏了又修补,破坏了又修补的疲乏伤残可怜的东西”。⑧这与鲁迅对文人之期许完全背道而驰。

因此在“七论”中,鲁迅最鲜明的观点就是不能回避论争。而回避论争的文人又分作两大派别:一是模糊“论争”与“私骂”的界限;二是没有明确的判断标准,将作品以外的背景因素一并计算入文学批评之中。这两种做法实际都会令文坛本身成为藏污纳垢之所。

对于前一种观点,林语堂的《做人与做文》自然成为了首当其冲的批评对象。在《“文人相轻”》中,鲁迅就将矛头直指这一论调,指出如果把制作范围以外的攻击形体与文艺批评一概而论,是“混淆黑白”“增加了文坛的黑暗的”。而对“被今年新出的‘文人相轻’这一个模模糊糊的恶名所吓昏”,“一律拱手低眉,不敢说或不屑说”的文人,他一针见血地阐明——“这才是非被‘轻’不可的”。

与林语堂相似,沈从文在《谈谈上海的刊物》一文中,也抨击了当时一些刊物上的“争斗”现象,将一切论争的参与者都称为丑角,同时还质疑这种“对骂”只会对读者产生消极影响。由此可见,沈从文的论争观是全盘否定论争的。[9]对于这种看法,鲁迅在《七论“文人相轻”(两伤)》作了辩驳,他认为文坛论争自有是非曲直,读者也并不只会看热闹,因而批评论争具备越辩越明、启迪思考的作用。

对于后一种看法,鲁迅在第一篇《“文人相轻”》中就毫不留情地驳斥了以施蛰存为典型的“此亦一是非,彼亦一是非”。他从《庄子》的典故出处和喜欢引用这种格言的人实际精神层次的差距,阐明了这种模糊是非的做法“只可暂时口说,难以永远实行”。

“七论‘文人相轻’”的批判对象还不止于此。鲁迅同时对为“交道”而产生的“文人相轻”进行了抨击,批评了魏金枝“与麻风病菌为伍……也比被实际上做着骗子屠夫的有所脔割,较为心愿”的说法。他指出,骗子屠夫互相之间也称朋友,而“不妨害骗局”“不拆穿戏法”的朋友,实际正是骗子屠夫的同党。鲁迅揭穿了所谓的"交道",实际是以利聚合的本质。更对杨邨人等人组织星火文艺社,一面大叫"朋友",一面要交钱才能在"自己的园地"上发表文章的"交道",作了辛辣的讽刺。

此外,在论争中使用"自轻""自高""匿名"等手段以期达成目的的"文人";对非制作范围内的其他因素进行奚落的"文人",以及使用"籍贯、诬赖、造谣等攻击形体"的"文人",也都是鲁迅在"七论'文人相轻'"中的批评对象。

二、七篇杂文的内在逻辑

"七论'文人相轻'"是一组表达鲁迅文坛观的杂文,鲁迅创作时,在内容侧重上显然有构思安排。最初的3篇主要涉及了批评的必要与意义。而《四论》《五论》《六论》3篇,则主要强调了正当批评的原则,揭露和批判文坛批评与论争中的乱象。《七论》则涉及了文坛论争对于读者与社会的作用。整组杂文逻辑斐然,明晰清楚地表达了鲁迅对论争、对文人、对读者、对创作的种种看法。

(一)批评的必要与意义

鲁迅在《门外文谈》里曾说:"由历史所指示,凡有改革,最初,总是觉悟的智识者的任务,但这些智识者,却必须有研究,能思索,有决断,而且有毅力。"[⑩]如果智识者因囿于"文人相轻"的桎梏而无法正当阐发意见,那文坛也就丧失了活力,更罔谈"改革"了。

因此,鲁迅在七论"文人相轻"中,最强调的就是文坛论争批评的必要。他在《"文人相轻"》中,就旗帜鲜明地提出:"凡批评家的对于文人或文人们的互相评论……一定得有明确的是非,有热烈的好恶。"[⑪]在《再论"文人相轻"》中,他继续强调:"文学的修养,决不能使人变成木石……遇见所是和所爱的,他就拥抱,遇见所非和所憎的,他就反拨。……单用了笼统的'文人相轻'这句话,是不能抹杀的……谁是谁非,孰存孰亡,都无不明明白白。"[⑫]一针见血地阐明了文坛的批评不仅具有必然性,更具有必要性。

针对鲁迅的《再论“文人相轻”》，魏金枝在1935年第8期的《芒种》发表了《分明的是非和热烈的好恶》一文，提出“文人应更有分明的是非和更热烈的好恶，这也是不错的。”[13]在原则上赞成文坛论争，但言及实际时，又说是非难定，于是爱憎就为难。面对这样的观点，鲁迅在《三论“文人相轻”》中阐明，对于论争中的是非标准，绝不能用“取其大，略其细”的方法。是非既然能被相较而论，文人即可表达爱憎。从而驳斥了魏金枝“文既无长短可言，道又无是非之分”的结论。

魏金枝在结语时，说“已而已而，手无寸铁的人呵”，意即文人都是弱者，不应互相攻击。鲁迅对此亦有见解，他指出文人的“文”即是手中的“铁”，正是有战斗的功效。而魏金枝正是因为想要将结论归进“无是非”的论调，却又不肯明说，才感觉到了“手无寸铁”的难。鲁迅又借此进一步批判了身处论战的文人以示弱的手段来推脱的尝试。

鲁迅不仅认为身处论战之中的文人不应选择回避，同时也批判了持“看客”心态的文人。在他看来，作为文人“就该放弃了‘看热闹’的情趣”，如此文坛才会有生气，道理才能越辩越明，而不至于使论争成为茶前饭后的消遣。

“七论‘文人相轻’”中多是逐条驳斥论争对象的文字，但也不乏有力的正面论述。在《七论“文人相轻”——两伤》中，鲁迅提出“在现在这‘可怜’”的时代，能杀才能生，能憎才能爱，能生与爱，才能文。”[14]强调了正当批评不仅是文人所必须拥有的素质，也能激发文艺创造力。

（二）正当批评的原则

鲁迅提倡文坛的相互论争，但这种相争是有原则的。在《“文人相轻”》中，鲁迅就指明正当的文坛批评应当具备明确标准。在文坛相争中，言辞不妨尖刻。鲁迅在1934年所作的《谩骂》一文中就提出：“假使指着一个人，说道，这是婊子！如果他是良家，那就是漫骂,假使他实在是做卖笑生涯的就并不是漫骂,倒是说了真实。”[15]但这尖刻必须建立在合理的基础上,无事生非或者强词夺理都不可取。

在《“文人相轻”》中,鲁迅虽然将重心落在反对以“文人相轻”的帽子扼杀论争上,但他同时也对文人间真正的“相轻”表现出厌恶。鲁迅明确地区分了这种“相轻”和正当的文学批评。他指出:“一切别的攻击形体……以至施蛰存先生式的‘他自己也是这样的呀’,或魏金枝先生式的‘他的亲戚也和我一样了呀。’”[16]这类,都不能算作是文坛的相互批评。

在这组七论“文人相轻”的文章中,《四论》《五论》《六论》3篇,主要就侧重在揭露文坛批评与论争中的乱象。在《五论“文人相轻”——明术》一文中,鲁迅对几种丑态展开了讥砭入骨的批评:一是自己先躺在垃圾里,然后来拖敌人,说“我是畜生,但是我叫你爹爹,你既是畜生的爹爹,可见你也是畜生了”[17]的自卑相轻术。二是“一面把不利于自己的批评,统统谓之为‘谩骂’,一面又极力宣扬自己的好处,准备跨过别人的”[18]的自高术。三是自己连名字也不抛头露面,只用匿名或由“朋友”给敌人以批评[19],以诨号的法子。

鲁迅在1935年8月15日致黄源的信中,以戏谑的口吻称《五论“文人相轻”——明术》是“一点战斗的秘诀”[20]在此文中,鲁迅指出由私怨而生的攻击,往往会因观察不精、选题不确而“不切帖”,这解释了当时文坛为何充斥扣帽子的论争手段。他嘲讽这种因利聚合的“文人”互相攻讦的丑态,点出这种诞生原因不“文”的批评难以具备真正的力度。

《六论“文人相轻”——两卖》在系列杂文中显得较为与众不同,因为它不仅展现了鲁迅的论争观。此文以太阳社、创作社等文学团体及杨邨人等文人在与鲁迅论战时攻击年龄,影射他“倚老卖老”作为引子。鲁迅在讽刺这种非正当论争范围内攻击的同时,也批评了当时文坛乐于以作品外的噱头来吸引读者的风气。这种做法并不能增加作品本身的价值,因为无论是“卖老”还是“卖俏”都并非正途,最重要的仍然是“文”的本身。鲁迅对这一点的探讨,就已经让本文从对论争的看法延展到了对作品创作态度的见解了。

(三)读者与文艺批评

这场“文人相轻”之争的主战场在报纸刊物上。晚清以报刊为主的现代传媒革命充当了时代变革的先锋角色,在经济、政治、文化各个方面,全方位地影响、塑造着中国社会。[21]曹聚仁曾指出,中国的文坛与报坛是表姊妹,血缘是密切的。这种密切所造成的标志性结果之一就是受众群体的大众化。

报纸刊物将这场论争从文人间的意见碰撞转化为普通民众参与共享的文化资源。这就使得对论争观的探讨中,需要将读者也一并纳入讨论范围。而在这场论争中,对读者与文艺批评之间关系探讨最多的就是《七论“文人相轻”(两伤)》。

1935 年 8 月 18 日,沈从文以炯之的笔名在天津《大公报》上发表《谈谈上海的刊物》一文,抨击了某些刊物的“争斗”现象,称“凡骂人的被骂的一股脑儿变成丑角……除了读者养成一种‘看热闹’的情趣以外,别无所有。把读者养成欢喜看‘戏’,不欢喜看‘书’的习气[22]。”沈从文这一论调显然无视了论争中是非曲直的存在,同时还认为论争会对读者产生负面影响。

京派本就重视实绩,而自 20 世纪 20 年代中期的《语丝》和现代评论派的论争、新月派不堪左翼批评界攻击锋芒之后,更有意回避论争。20 世纪 40 年代时,朱光潜回顾 1934 年的京海论争,以仿佛局外人的口气评说:“京派海派……每派人都站在一个‘圈子’里,那圈子就是他们的‘天下’。”[23]在这样的大背景下,沈从文作为典型的京派文人,完全否定一些论争也不令人奇怪。

对于沈从文的看法,鲁迅于同年 10 月发表了《七论“文人相轻”(两伤)》以作辩驳,他承认《太白》《论语》《文学》《人间世》上,几年来“骂”是有的,只“看热闹”的读者,大约一定也有的。[24]但鲁迅认为即使“试看路上两人相打,他们何尝没有是非曲直之分”。而读者也并不全是混沌,有些事有自己的判断的。在作品面前,读者“虽说被养成一种‘看热闹的情趣’,但有辨别力的也不少,而且还在多起来”。[25]因而批评与论争具备越辩越明,启迪社会思考的作用。

三、七论“文人相轻”的文学史意义

论争是鲁迅文坛生活的重要部分,甚至可以被称为是鲁迅文学支持自身的食粮。鲁迅通过论争进行文艺批评,而他的文艺批评又与社会文化环境的变动息息相关。七论“文人相轻”源自鲁迅大半生的论争经验,以一组杂文的形式较为完整与全面地表述了鲁迅的文坛观。因而无论在当时还是现代,都对文坛乃至社会有重大的意义。

(一)当时的反响

20 世纪 30 年代特殊的社会文化背景,使得各文学阵营的观念不可避免地受到了政治倾向的影响。在某种意义上,1930 年代的文学论争中,各方所持的观点往往是从自身的政治立场、态度出发,针对自身对当时社会文化形势的理解而采取的某种文学策略。[26]这就使得论争中为了“交道”而抱群,甚至采用不入流手段的现象屡见不鲜。

当时的文人对于论争的不满,除了源于这些乱象,也颇多受到京派“重视实绩”“不事论争”的观念影响。但当这种不满与批判上升为对论争的全面否定时,就会走向另一种极端。鲁迅创作“七论‘文人相轻’”,正是看到了这两种倾向的危险性。在这一系列杂文中,鲁迅旗帜鲜明地提出了“倡导相争,反对相轻”的观点。

论争对于鲁迅本人来说有非比寻常的意义。许多人质疑鲁迅后期的论争与杂文写作是不务正业。然而鲁迅正是通过论争来不断修正与坚定自身的精神内核。鲁迅是为表白痛苦而寻求论争的对手,他所抗争的对象其实并非论争的对手,而正是他自身所感受的这种痛苦。他把那种痛苦从自己身上取出,放在对手身上,从而再对这被对象化了的痛苦施加打击。[27]论争是鲁迅"战士身"之顽强恪守的必然出口,是他的"终生之余业"。他让自己和时代对阵,以"挣扎"来涤荡自己;涤荡之后,再把自己从里面拉将出来。[28]这样的鲁迅,是难以接受那些企图消弭论争、埋首书斋的论调的。

新文化要人做"活人","敢说,敢笑,敢哭,敢怒,敢骂,敢打,在这可诅咒的地方击退了可诅咒的时代"[29],如果以"文人相轻"之名,全盘否定论争、逃避批评,那么文坛与社会便立即失去生命的活力而成"死相"。因而"七论'文人相轻'"中,最为强调的就是不能为了惧怕"相轻"、"对骂"的恶名而唯唯诺诺、低手拱眉,不敢说或不屑说。

鲁迅要求先觉的个人必须要保有生命的活力,"必须敢于正视,这才可望敢想,敢说,敢作,敢当"[30]。这种直面现实的品格对当时的文坛产生一定的影响。"能杀才能生,能憎才能爱,能生与爱,才能文",点出了正当的论争与批评对文学创作的反作用。而批评的原则必须建立在"明确的是非与分明的好恶"之上,要因"文"本身而发表意见等论争的方法论,对于 20 世纪 30 年代的中国文坛论争,也可以说是具正本清源之功。

(二)对后世文坛的意义

20 世纪中国文学的发展中的许多问题与症结,都可以从 20 世纪 30 年代找到源头。[31]20 世纪 30 年代的文学批评,基本确立了文学批评在 20 世纪作为思想文化批评存在的基本形态。这一时期的现代文学批评,几乎每一次都会引发有关文化环境的讨论,甚至有可能引起社会政治问题。而鲁迅的"七论'文人相轻'"作为一组反映鲁迅论争观、批评观的杂文,对后世文坛自然意义重大。

鲁迅一生的文艺评论几乎与“五四”时期至20世纪30年代所有重要的文艺论争联系在一起。鲁迅是以文艺批评参与文艺论争的,他在《看书琐记(三)》中曾说过,“批评如果不对了,就得用批评来抗争,这才能够使文艺和批评一同前进”,[32]在《〈出关〉的“关”》中,他又指出,“批评者有从作品来批判作者的权利,作者也有从批评来批判批评者的权利”[33]。

鲁迅的批评大多是在辩驳和论战中完成的,他借因作家作品以及某种文学现象所引发的感想来发表关于社会文化的评论。鲁迅在进行批评的过程中,也在提出并试图解决中国现代文化所存在的问题,从而促进现代文化的发展。可以说,鲁迅直接以自己的文艺批评参与了现代中国文化的发展进程。

改造落后的国民性,是鲁迅毕生奋斗的目标,鲁迅对知识分子的“倡导相争”“禁忌相轻”“反对旁观”,也是为此。对于文坛甚至整个知识界,鲁迅都十分看重其社会责任感。他一直倡导一种知识分子的担当,一种启蒙普罗大众,拯救民族于危亡之际的自觉。这种将文学与社会思想紧密相连的倾向,在中国文坛具有源远流长的影响。

在鲁迅看来,知识分子应当拥有自己独特的思想和见解。他所一再提倡的“文人相争”,正是一种建立于思想独立之上的相争。唯有如此,文人才能对整个文艺环境、对文学社会问题产生自己的见解,从而引发整个大环境的讨论与思考。对于任何时代的文人而言,都应当拥有独立思考的自由,能发自本心地去辩论与探索,有创造和批评的自由,能够表达、坚持、保留自己的意见。

在“七论‘文人相轻’”中,鲁迅在肯定论争批评必要性的同时,也批判了当时论争中的种种乱象。但鲁迅在20世纪30年代所论述的“文人相轻”以及其背后的种种顽症并没有自此消失,而是在现实的文坛中改头换面地出现。在学术研究中,嫉贤妒能,互相拆台,相互攻讦,恶语中伤等不正当的批评现象依然屡见不鲜。

而自视清高,相互封锁等不利于文坛共同进步的症状,也依然有容身之地。这些根深蒂固的问题,在如今的时代,是应当被知识界共同拒之门外的。

四、结　　论

鲁迅的“七论‘文人相轻’”中,主要体现了他的论争观:“倡导相争”“禁忌相轻”“反对旁观”。他所支持的论争“仅限于制作的范围内”。在鲁迅看来,文人应有“明确的是非,有热烈的好恶”。正如鲁迅在《再论“文人相轻”》中说:“文人处处顺从……这固然对自己有利,但做文人做到这种地步,不是很有些几乎婊子么?”[34]在重大的是非面前,文人如果默默地避开,那么没有争议的文学世界也必定是一潭死水,社会也不免成为散发腐臭的大墓了。

“七论‘文人相轻’”强调了论争批评的重要性,对文人的社会责任有明确的要求。对论争批评的方法伦理也有颇多见解——反对采用“自卑”“自高”、匿名或找“朋友”来批评敌人的琐屑手段,批评必须“切帖”,而不可被“文”以外的因素主控,这都是鲁迅文坛观的一部分。

令人感慨的是,许多当年被鲁迅批评的问题依然存在于当今文坛,“七论”至今读来仍有切中时弊、振聋发聩之效。

(上海交通大学媒体与传播学院)

注释

① 《鲁迅全集》第十二卷,人民文学出版社 2005 年版,第 415 页。

② 《鲁迅全集》第十三卷,人民文学出版社 2005 年版,第 301 页。

③ 林语堂:《鲁迅之死》,《林语堂经典名著》第 17 卷,台湾金兰文化出版社 1986 年版,第 6 页。

④ 林语堂:《做文与做人》,《做文与做人》,上海书店出版社 1995 年版,第

6页。

⑤ 鲁迅:《且介亭杂文二集·再论“文人相轻”》,《鲁迅全集》第六卷,人民文学出版社2005年版,第347页。

⑥ 鲁迅:《热风·“圣武”》,《鲁迅全集》第一卷,人民文学出版社2005年版,第371页。

⑦ 鲁迅:《三闲集·匪笔三篇》,《鲁迅全集》第四卷,人民文学出版社2005年版,第43页。

⑧ 鲁迅:《华盖集·续篇记谈话》,《鲁迅全集》第三卷,北京;人民文学出版社2005年版,第377页。

⑨ 梁伟、张菁:《“文人相轻”:一场关于“论争”的论争——兼议鲁迅与京派之论争观》,《安徽文学》2011年第9期(下半月)。

⑩ 鲁迅:《且介亭杂文·门外文谈》,《鲁迅全集》第六卷,人民文学出版社2005年版,第104页。

⑪ 鲁迅:《且介亭杂文二集·“文人相轻”》,《鲁迅全集》第六卷,第309页。

⑫ 鲁迅:《且介亭杂文二集·再论“文人相轻”》,《鲁迅全集》第六卷,第347—348页。

⑬ 魏金枝:《分明的是非和热烈的好恶》,《鲁迅全集》第六卷,第387页。

⑭ 鲁迅:《且介亭杂文二集·七论“文人相轻”——两伤》,《鲁迅全集》第六卷,第419页。

⑮ 鲁迅:《花边文学·谩骂》,《鲁迅全集》第五卷,人民文学出版社2005年版,第451页。

⑯ 鲁迅:《且介亭杂文二集·“文人相轻”》,《鲁迅全集》第六卷,第308页。

⑰ 鲁迅:《且介亭杂文二集·五论“文人相轻”——明术》,《鲁迅全集》第六卷,第393页。

⑱ 鲁迅:《且介亭杂文二集·五论“文人相轻”——明术》,《鲁迅全集》第六卷,第393页。

⑲ 鲁迅:《且介亭杂文二集·五论“文人相轻”——明术》,《鲁迅全集》第六卷,第394页。

⑳《鲁迅全集》第十三卷,第520页。

㉑ 靳新来:《鲁迅:在现代传媒中开辟言说空间》,《天津师范大学学报》(社

会科学版)2013 年第 4 期。

㉒ 沈从文:《谈谈上海的刊物》,《沈从文全集》第十七卷,北岳文艺出版社 2002 版,第 92 页。

㉓ 梁伟、张菁:《“文人相轻”:一场关于“论争”的论争——兼议鲁迅与京派之论争观》,《安徽文学》2011 年第 9 期(下半月)。

㉔ 鲁迅:《且介亭杂文二集·七论“文人相轻”——两伤》,《鲁迅全集》第六卷,第 418 页。

㉕ 鲁迅:《且介亭杂文二集·六论“文人相轻”——两卖》,《鲁迅全集》第六卷,第 414 页。

㉖ 朱晓进:《政治化角度与中国 20 世纪 30 年代文学论争》,《南京师大学报》(社会科学版)2002 年第 4 期。

㉗ [日]竹内好著,孙歌编,李冬木、赵京华、孙歌译:《近代的超克》,生活·读书·新知三联书店 2005 年版,第 108 页。

㉘ [日]竹内好著,孙歌编,李冬木、赵京华、孙歌译:《近代的超克》,第 11 页。

㉙ 鲁迅:《华盖集·忽然想到(五至六)》,《鲁迅全集》第三卷,第 45 页。

㉚ 鲁迅:《坟·论睁了眼看》,《鲁迅全集》第一卷,第 251 页。

㉛ 朱晓进:《政治化角度与中国 20 世纪 30 年代文学论争》,《南京师大学报》(社会科学版)2002 年第 4 期。

㉜ 鲁迅:《花边文学·看书琐记(三)》,《鲁迅全集》第五卷,第 580 页。

㉝ 鲁迅:《且介亭杂文末编〈出关〉的“关”》,《鲁迅全集》第六卷,第 536 页。

㉞ 鲁迅:《且介亭杂文二集·再论“文人相轻”》,《鲁迅全集》第六卷,第 348 页。

去或不去
——从空间视角谈鲁迅与现代公园

顾宇玥

“公园”是现代城市公共空间的重要组成部分。长期寓居城市的鲁迅，其一生与公园有着不解之缘。据笔者对《鲁迅日记》及相关史料的统计，鲁迅身居北京期间，踏访公园不下 60 次，尤其集中于 1924—1926 年，其寓京期间所创作的小说、杂文也多次提及公园。然而 1927 年迁居上海之后，鲁迅却几乎不再踏足公园，其文章谈及公园的态度也发生了较为明显的转变。这一现象是值得关注和进一步分析的。

目前学界对鲁迅和公园关系的专章研究较少，大都以公园为研究主体，鲁迅仅作为行走其间的文化名人而作简要介绍。[①]将鲁迅作为问题研究主体，则以吴美华《鲁迅与公园》一文最为代表。此文史料收集翔实，亦涉及鲁迅在京沪两地对公园态度的巨大反差。但只将公园作为单纯的个体活动空间，就忽略了“公园”作为现代城市公共空间所具有的独特内涵，更加缺失了对鲁迅文本中“公园”的进一步阐释。[②]

空间理论认为“空间已不再是简单的时间与运动的参照物，而是与历史、文化、政治、种族、性别、权力、心理、甚至时间等多种因素紧紧地纠缠于一体，空间已被视为叙事中可能涉及的多重因素的交织”，[③]文化地理学者迈克·克朗也指出：“文学作品不能被视为地理景观的简单描述，许多时候是文学作品帮助塑造了这些景观。……城市不仅是故事发生的场地，对城市地理景观的描述同样表达了对社会和生活的认识。”④

由此看来，公园不仅仅是个简单的日常活动场所，作为现代城市公共空间的一个标志性区域，其自身便蕴含了某种内涵或者价值，从而构成一个特殊的“场域”。鲁迅不再是简单地身处其间，而是与这一“场域”形成了一种隐性的“对话”，而这一“对话”在文本中即形成一种显性的表达，哪怕只是反复出现“公园”一词，也构成了鲁迅在创作中认知现代城市生活以及社会问题的一个维度，公园有了其“符号”的意义而不仅是一个实在的地点。因此，“公园”或许能为我们考察鲁迅社会活动和创作提供一个新的视角。

一

首先我们需要尝试着去分析，“公园”究竟蕴含着什么？鲁迅起初对于“公园”这一现代城市的产物有着怎样的认知？

现代城市“公园”的概念最早诞生于欧洲，中国近代第一个公园则是1868年修建于上海的外滩公园。20世纪初期，由于政府的大力倡导，全国渐兴修建公园之风，各地民众，上至文人政客，下至平民百姓，都对“公园”这一新鲜事物表现出极大的兴趣与热情。“公园”这一域外产物，随着西方文明的渐次影响，也同样成为近代中国城市公共空间的一个重要组成部分。

有趣的是，“公园”这一名词并非舶来品。早在魏晋南北朝时期的史书中便有记载，《魏书·任城王传》：“表减公园之地以给无业贫口”⑤，同时也出现了有关“园林”的记述，尤以杨衒之的《洛阳伽蓝记》所记载的寺庙、园池冠绝。可见“公园”即是“官家的园囿”，而“园林”则是“私家的园圃”。也就是说本土所产生的“公园”一词实则是“私园”，是某一阶层所特有的，与现代意义上的公共花园有着云泥之别。但更为有趣的是，西方所产生的现代城市概念上的“公园”,实则也是从皇家园林转变而来,著名的海德公园本是英国王室的狩猎场。这种由“私”—“公”性质的转变,使得公园的开放不仅仅是一种形式上的开放,将以往贵族生活休闲的场所转变为大众的、平民的娱乐之地,这便形成了一种观念与价值上开放,公园的“公共性”由此而来。

鲁迅作品中第一次论及公园是在1913年《儗播布美术意见书》[⑥]一文,共有两处提及:

(1) 奏乐堂当就公园或公地,设立奏乐之处,定日演奏新乐,不更参以旧乐;惟必先以小书说明,俾听者咸能领会。

(2) 其他若史上著名之地,或名人故居,祠宇,坟墓等,亦当令地方议定,施以爱护,或加修饰,为国人观瞻游步之所。……林野当审察各地优美林野,加以保护,禁绝剪伐;或相度地势,辟为公园。其美丽之动植物亦然。

本文是鲁迅任职教育部期间,在借鉴西方文明的基础之上,对于缘何要在中国推行“美术”,如何在国内推行“美术”所提请的一些意见,其中就包括保护名胜古迹、新建公园以及在公园内演奏音乐等建议。从时间上看,这一观念在国内是较为超前的,北京第一个真正意义上的现代公园——中央公园,开放于1914年,鲁迅这一提案略早于中央公园的修建,且在观念上与中央公园“依坛造景”的设计理念不谋而合[⑦]。从内容上看,鲁迅提出:修建公园的目的,不仅在于可以给市民提供观瞻游步、休闲娱乐的场所,更能够发挥:展现民族精魂,提高国民道德素养,培养审美趣味、陶冶情操的社会功效。

由此可见,现代城市公园的产生意味着其占有的一片城市土地,性质由“私”转为“公”,而其间就包蕴了观念与价值的转变。鲁迅1913年所提出的造园建议,又符合其早年学习西方先进文化以改良中国社会的一贯态度。这样一来，鲁迅在京沪两地对公园态度转变就更值得一探究竟。

二

据笔者对《鲁迅日记》及相关史料记载的统计，鲁迅在北京期间涉足公园不下 60 次，1924—1926 年间曾频繁前往中央公园；分别为 1924 年 8 次，1925 年 7 次，1926 年 7—8 月间更是几乎每日来园。许钦文晚年在《〈鲁迅日记〉中的我》一书中，曾深情回忆了鲁迅在中央公园的“来今雨轩”茶座中指导、奖掖其创作的往事。⑧可见，公园是鲁迅在京期间频繁涉足的重要公共场所。

鲁迅缘何格外关注并钟爱这一空间？这与北京公园象征的特殊文化“符号”有着密不可分的联系。

上文中已经提到，现代公园是“西风东渐”的产物，20 世纪初期，北洋政府出于学习西方、改善城市环境、改良社会风气等目的，在北京先后兴建了中央公园、城南公园、天坛公园、北海公园、京兆公园等多个公园供民众参观游览。这些公园的共同点在于：它们都是由前代的皇家园林或皇家祭坛改建而成。例如：中央公园原为明清社稷坛、城南公园原为先农坛、京兆公园原为地坛、北海公园则更是从金代大定六年（1166）起就一直作为皇帝游幸避暑的皇家御苑。从“皇室私家园林”到“现代公共花园”，北京公园的修建实则被赋予了由“私”—“公”，由“封建”—“民主”的双重积极内涵。

以中央公园为例，在其建成以前，北京的园林无外乎皇家园林和私家花园两种性质，除了园林的主人之外，其他人若想进入这一场所，则必须与主人相识并受到邀请，而普通民众自然无法一窥园内风景。无论“皇家”还是“私家”，本质上都是服务于少数权贵的、封闭的私人空间。中央公园建成之后，任何人只需要支付一定的门票，就可以自由进入公园之中。不仅游览者的身份与学识不受限制，公园之中的游客间也不必互相认识，进出更是遵从己便，这就形成了一种公共的、相对自由开放的活动空间。

此外，中央公园的前身——社稷坛，在明清时期是朝拜社稷的场所，象征着封建皇权的无上和禁佑。除了祭祀活动外，此处平日是一块禁地，民众无法涉足，这就更增加了这一场所的神秘色彩。改建为公园后，市民百姓成为这里的“顾客”。当昔日皇家祭祀禁地成为自由赏玩之所，除了满足最初的“窥奇”心理，封建皇权的神秘和权威性也相应会随之消解。同时，新建的公共设施则构建并传播了现代文明的秩序与观念：对于普通市民而言，游览的过程其实也是接受现代思想影响的过程；对于知识分子而言，效仿西方而建的公园，其内开放、平等、自由的氛围，与他们学习西方思想、追求“民主、平等、自由”的理念也是一致的。

鲁迅早年撰文提倡在北京兴建公园，而建成之后又身体力行，频繁进入这一场所，这就证明北京公园的氛围和功用与鲁迅早年的设想是较为吻合的。公园之于鲁迅，不仅仅是一个简单的活动场所，更是包蕴着先进现代理念的重要文化空间，他也因此格外钟情于这片场域。

三

除了观念上的认同以及日常频繁地涉足，1912—1926 年，鲁迅小说和杂文中“公园”也多次出现。“我们不能把地理景观仅仅看作物质地貌，而应该把它当作可解读的‘文本’。”⑨依此，试看以下 4 篇文章中的具体内容：

(1) 假如憎恶孩子要到公园去的时候，取来一翻，看见上面有一条道，“我想到中央公园去”，那就即刻心平气和了。别的事也一样。⑩(《娜拉走后怎样》)

(2) 尤其是因为压抑性欲之故，所以于别人的性底事件就敏感,多疑;欣羡,因而妒嫉。……见一封信,疑心是情书了;闻一声笑,以为是怀春了;只要男人来访,就是情夫;为什么上公园呢,总该是赴密约。[11](《寡妇主义》)

(3) 据说,教育当局因为公共娱乐场中常常发生有伤风化情事,所以令行各校,禁止女学生往游艺场和公园;……似乎有志于圣贤者,便是自己的家里也应该看作游艺场和公园。……未有游艺场和公园以前,闺秀不出门,小家女也逛庙会,看祭赛,谁能说"有伤风化"情事,比高门大族为多呢?[12](《坚壁清野主义》)

(4) 我们这时才在路上同行,也到过几回公园,最多的是寻住所。我觉得在路上时时遇到探索,讥笑,猥亵和轻蔑的眼光……天气的冷和神情的冷,逼迫我不能在家庭中安身。但是,往那里去呢?大道上,公园里,虽然没有冰冷的神情,冷风究竟也刺得人皮肤欲裂。我终于在通俗图书馆里觅得了我的天堂。[13](《伤逝》)

仔细分析后不难发现,与公园同时出现的两个论述主体分别是女性和儿童,换言之,鲁迅作品中女性、儿童与现代公园之间似乎存在着某种关联。"地理景观的形成反映并强化了某一社会群体的构成——谁被包括在内?谁被排除在外?"[14]成年男性独自出现在公园,是不会受到非议和指责的,包括鲁迅自己在公园里游览、喝茶,也从未遭受白眼。然而,女性一旦去到公园就会被某些有心人指认为"有伤风化"的罪魁祸首,与男子同游更会遭受"探索,讥笑,猥亵和轻蔑的眼光"。同样,儿童想要去公园玩耍,也时常要遭受家长的憎恶。这就表明在旧观念的影响下,女性与儿童是被公园所代表的公共空间自然排除在外的。

众所周知,在古代社会,女子特别是大家闺秀的活动范围多在闺阁之中,最多止步于家中的后花园;人际交往上,连与父兄见面都要避讳,更不提与其他男子会面。同样,中国古代和近代社会缺乏对儿童的准确认识,认为其不过是“缩小的成人”,因而对其喜爱玩乐的天性,也是不屑一顾,甚至严加斥责的。底层贫苦的百姓,衣食尚不能温饱,又何谈儿童玩耍嬉戏的空间呢?而鲁迅、萧红笔下的“百草园”“后花园”则是家境殷实的孩子才能拥有的一片宝贵乐土。但深究起来,不过是家里一个半被弃置的院子,其间无穷的野趣,也多半是依靠孩子的天真和想象构建起来的。

由此回到文本,鲁迅斥责当局禁止女学生游公园的禁令,希望父母能多带孩子去公园游玩,说明在其看来,现代公园也应属于现代女性和儿童。换言之,现代公园的内涵与解放妇女儿童,塑造现代公民的理念是相一致的。上文谈到,北京公园的修建蕴含破除封建而实现“民主、平等、自由”的现代理念,公园里的活动不应存在性别、长幼、尊卑的限制。

公园的另一个特点在于“所展示的是一个陌生人的世界”[15],它提供了一个巨大而开放的交际空间,因而可以产生复杂而多样的社会关系,女性不仅可以在这里游园、会友、恋爱,甚至可以与陌生人交往互动,从“走不出的后花园”到“可以四处游览的公园”,女性的活动和交际范围都有了极大的扩展,这也更加符合鲁迅所肯定的青年人“天真烂漫……有朝气,敢作为”的天性。因此得以塑造新时代更具有社会属性的新女性,而避免落入《寡妇主义》中所痛斥的“贤妻良母”式“婉顺”的陷阱中。

而在《我们现在怎样做父亲》等文章中,鲁迅则反复强调应当解放子女,顺应儿童的天性[16]。对于儿童而言,公园中开阔的环境和优美的景观都让他们得以亲近自然、陶冶性情,而暂时远离逼仄、脏乱的生活环境。此外,一些公园的游乐设施和体育场专为儿童建造,某种意义上也意味着现代“儿童的发现”,儿童在公园里不再被认为是“缩小的成人”,他们可以拥有自己独立的活动空间,这更有利于儿童身心的成长和健全。因此,在此时鲁迅的观念中，公园一定意义上承载了现代社会追求更加开放、平等、合理的理念和内涵，也对于解放妇女、儿童有着积极的功用。

对于此时寓居北京的鲁迅而言，公园不仅是休闲放松的实在场所，更是承载着现代文明理念的重要文化空间，因而他由衷地喜爱北京的公园。

四

而在 1927 年底迁居上海之后，鲁迅对于公园的态度却发生了很大的变化。

据《鲁迅日记》记录，从 1927—1936 年，鲁迅去往上海的公园不过寥寥 2 次。分别是 1929 年 4 月 9 日："午后同柔石、真吾及广平往六三公园看樱花，又至一点心店吃粥，又至内山书店看书。"[17] 1932 年 10 月 9 日："上午同广平海婴往篠崎医院诊，付泉八元六角，并游儿童公园。"[18]萧红在《回忆鲁迅先生》一文中这样描述了晚年鲁迅与公园的关系："鲁迅先生不游公园，住在上海十年，兆丰公园没有进过。虹口公园这么近也没有进过。……鲁迅先生说：'公园的样子我知道的……一进门分做两条路，一条通左边，一条通右边，沿着路种着点柳树什么树的，树下摆着几张长椅子，再远一点有个水池子。'"[19]

由这段叙述可以看出，鲁迅在上海期间不去公园，并不是因为距离远或是路途不便等客观因素，而是本身对公园兴趣乏乏。这就与鲁迅寓京期间频繁踏足公园形成了巨大的反差。同样是当时青年人的回忆，川岛《大师和园丁》一文就回忆了鲁迅 1926 年在北京与几个年轻人骑驴同游钓鱼台的趣事，并认为："如果鲁迅先生没有青年人的这种性情，鲁迅先生也不会和我们一道去的。"[20]那么，究竟是什么让鲁迅在短短几年的时间内就失掉了"青年的性情"，而不再愿意踏足公园了呢？

早在 1903 年，鲁迅和二弟周作人从绍兴途经上海前去日本时，就曾路过上海的公园，而周作人在日记中，就以《公园之感情》为题，不无愤慨的记录下当日的所见所感："途中经公园，地甚敞，青葱满目，白人游息其中者无不有自得之意，惟中国人不得入。门悬金字牌一，大书'犬与华人不得入'七字。哀我华人与犬为伍。园之四围皆铁栅，环而窥者甚多，无一不平者，奈何竟血冷至此。"[21]白人在公园之内休憩游览，得意洋洋；而华人被屈辱的匾额隔绝在外，无动于衷，甚至麻木地窥伺其间。如此强烈而具有冲击力的画面对比，想必也让早年鲁迅印象深刻，我们甚至可以大胆推测，鲁迅对上海公园疏离的态度，最初就是与这段屈辱的民族记忆紧密相连的。

事实上，上海的公园与北京的公园，在性质上存在着巨大的差异。

上文中提到，北京的公园大多以皇家园林、祭坛改建而成，由政府或民间人士自主自发筹款修建，以供市民休闲娱乐，因此其自身就带有破除封建而实现"民主、平等、自由"的现代理念。而上海的公园最初是则伴随着西方的殖民入侵而被引入中国的，其中许多公园由西方列强主持修建，其受众主要是寓居中国的西方人。诚如上文中周作人的记载，华人甚至在一开始都不被允许进入园内。萧红在《回忆鲁迅先生》一文中所提到的虹口公园和兆丰花园，都是由英国人设计建造的英式公园，且地处公共租界之中，直到 1928 年才对华人开放。

不仅如此，上海租界的公园之内，通过建筑、布局、纪念活动所渗透的殖民主义思想更是无所不在[22]。也就是说，上海的公园虽然命名为"公家花园"，但其"公"所指涉的对象却以种族作为限制的，洋人成为"公"的实体，而广大华人却是被排斥在"公"的范围之外。如果说，北京的公园试图打破封建阶层的限制，通过开放皇家园林，实现由"私"—"公"的转变；那么，上海的公园实际构成了假"公"实"私"的一种存在，种族限制和殖民思想成为了公园中一道新的门槛。

鲁迅晚年居沪期间,“先后有过三个寓所,即景云里 23 号、拉摩斯公寓和大陆新村 9 号,均属于真正意义上的租界化区域,包括后来避难之所也均是租界和半租界”[23]。对于租界内的殖民文化和市民生活,鲁迅是有着深切体察的。其曾持续撰写《电影的教训》《推》《踢》《“民族主义文学”的任务和运命》等文章,对帝国主义列强们所秉持的殖民思想,洋人及其走狗们的嚣张行径给予严厉的斥责和辛辣的讽刺。而面对充斥着种族霸权思想,流露着民族耻辱痕迹的公园,鲁迅自然也感到了厌恶和排斥。就算公园近在咫尺,鲁迅也不愿意前去!

近现代西方文明在影响中国的过程中,其表现出的性质是复杂的,公园的构建可以被视为一种缩影。北京的公园是国人在学习西方过程中自主修建而成,因而更多呈现出西方文明中进步、开化的一面,也为鲁迅等一批现代知识分子所认同和推崇;而上海公园则是在特殊的历史背景下被动建造而成,更多暴露了西方文化在传入中国过程中殖民和霸权的一面。

就这样,两地的公园有着两样的意涵,有着两种看似“同”实则“异”的性质。对鲁迅而言,西方文明曾是其抨击传统封建思想的有力武器;而居沪之后,又使他对其警惕和批判。京沪两地鲁迅对于公园态度的变化,实则反映出鲁迅思想由学习西方到反思西方的一种转向,这也体现出鲁迅敏锐的洞察力以及对改革社会问题的深入思索。

五

尽管在现实中几乎不踏足公园,但这一时期鲁迅杂文中依然多次出现了公园,这就更加证明鲁迅不去并不是无意识的忽略。而此时的文本中,“公园”的内涵发生了也明显发生了转变,试看以下三个文本:

(1) 在上海生活,穿时髦衣服的比土气的便宜。如果一身旧衣服,公共电车的车掌会不照你的话停车,公园看守会格外认真的检查入门券,大宅子或大客寓的门丁会不许你走正门。㉔(《上海的少女》)

(2) 上海越界筑路的北四川路一带,因为打仗,去年冷落了大半年,今年依然热闹了,店铺从法租界搬回,电影院早经开始,公园左近也常见携手同行的爱侣,这是去年夏天所没有的。㉕(《上海的儿童》)

(3) 公园里面,外国孩子聚沙成为圆堆,横插上两条短树干,这明明是在创造铁甲炮车了,而中国孩子是青白的,瘦瘦的脸,躲在大人的背后,羞怯的,惊异的看着,身上穿着一件斯文之极的长衫。㉖(《玩具》)

与公园同时出现的论述主体依旧是女性和儿童,但其内涵却发生了巨大的变化。首先来看《玩具》一篇,这里的公园里呈现出中国孩子和外国孩子的鲜明对比。相较于1924年"想到中央公园去"而未成行,此时的中国孩子已经进入公园之中,但他们依旧是怯弱和委顿的。公园与之背后所承载的现代西方文明,并没有像鲁迅在北京时所期望的,给中国孩子们带来健全的身心,而在公园里真正茁壮成长的,是外国孩子。细节对比同样折射出鲁迅对于西方文明更深层次的思考:以殖民形式出现的西方文明并不能真正拯救中国的儿童,甚至使他们还未完全挣脱封建的束缚(穿着长衫),就又遁入了下一个殖民的陷阱之中(玩着外国的玩具)。因而只有"以坚强的自信和质朴的才能与文明的玩具争"㉗,只有真正实现了国家和民族的自强独立,才能切实保障儿童的健全成长。

再看《上海的少女》《上海的儿童》两篇涉及女性问题的论述。青年男女在公园内携手漫步,在《伤逝》等20世纪20年代的文本之中，被当作描绘冲破封建家庭束缚而追求自由婚恋的一个重要表征；而在这里“公园左近也常见携手同行的爱侣”则颇带有“商女不知亡国恨”的讽刺意味，鲁迅在后文中也对此作了进一步阐释“我们的新人物，讲恋爱，讲小家庭，讲自立，讲享乐了，但很少有人为儿女提出家庭教育的问题，学校教育的问题，社会改革的问题。……只顾现在，不想将来，‘任儿孙作马牛’”。[28]

“任儿孙作马牛”自己现在当然也是马牛，是被资本和享乐主义所腐化而不自知的马牛。当恋爱不再意味着女性的解放和独立，而成为享乐和摩登的托词时，为恋爱提供场所的公园自然也成了资本和堕落的象征。同样的，公园等现代公共空间也不再是公众的乐土，而以资本和阶层作为准入的门槛。当女性将身体作为资本而换取公园的入门券时，她们的精神也不可避免地坠入堕落的罗网中。在后期杂文中，对公园中的女性和儿童的书写，实则反映了鲁迅对于殖民和资本的忧虑和斥责，这一思想也与其晚年受到马克思主义影响是一致的。

当我们将“公园”作为现代城市公共空间中一种特殊的“符号”和“文本”进行解读时，“公园”就由简单的地理空间，转变为带有社会文化内涵的特殊“场域”。“公园”既有可能构建现代文明，发挥教化民众的社会功效；亦有可能充斥殖民思想，背负民族耻辱的烙印。而京沪两地的公园，就在这种剧烈的反差中同存于中国的土地。鲁迅在北京与在上海，对公园态度的巨大转变，不仅反映出鲁迅对两地公园性质差异的深刻洞察，同时也反映出鲁迅对于社会问题以及西方文明反思的不断深入。以“公园”为发现的窗口，借此能为我们关照鲁迅社会生活、解读其思想创作，提供一种新的视角。

（南京师范大学文学院）

注释

① 注:此类文章、论著主要有:刘媛、姜秉辰、杨宇辰:《民国时期北京中山公园社会功能初探》,《北京档案》2015 年第 4 期;王炜、闫虹编著:《老北京公园开放记》,学苑出版社 2008 年版。

② 吴美华:《鲁迅与公园》,《纪念鲁迅定居上海 80 周年学术研讨会论文集》,上海社会科学院出版社 2009 年版。

③ 方英:《理解空间:文学空间叙事研究的前提》,《湘潭大学学报》(哲学社会科学版)2013 年第 2 期。

④ [英]迈克·克朗著,杨淑华、宋慧敏译:《文化地理学》,南京大学出版社 2003 年版,第 55、63 页。

⑤〔北齐〕魏收:《魏书·景穆十二王·任城王传》,《魏书》,中华书局 2017 年版。

⑥ 鲁迅:《集外集拾遗补编·儗播布美术意见书》,《鲁迅全集》第八卷,人民文学出版社 2005 年版,第 50—55 页。

⑦ 注:"依坛造景"即在保留原社稷坛的格局和古建筑情况下,以外坛的古柏为基点开辟新的景观、修筑道路,以此建成新的中央公园;这与鲁迅保护古迹、自然植被来建设公园的观念不谋而合。

⑧ 许钦文:《来今雨轩》,《〈鲁迅日记〉中的我》,浙江人民出版社 1979 年版,第 28—39 页。

⑨ [英]迈克·克朗著,杨淑华、宋慧敏译:《文化地理学》,南京大学出版社 2003 年版,第 51 页。

⑩ 鲁迅:《坟·娜拉走后怎样》,《鲁迅全集》第一卷,人民文学出版社 2005 年版,第 168—169 页。

⑪ 鲁迅:《坟·寡妇主义》,《鲁迅全集》第一卷,人民文学出版社 2005 年版,第 278—283 页。

⑫ 鲁迅:《坟·坚壁清野主义》,《鲁迅全集》第一卷,人民文学出版社 2005 年版,第 272—274 页。

⑬ 鲁迅:《彷徨·伤逝》,《鲁迅全集》第二卷,人民文学出版社 2005 年版,第 117 页。

⑭ [英]迈克·克朗著,杨淑华、宋慧敏译:《文化地理学》,南京大学出版社

2003 年版,第 50 页。

⑮ 胡俊修、李勇军:《近代城市公共活动空间与市民生活——以汉口中山公园(1929—1949)为表述中心》,《甘肃社会科学》2009 年第 1 期。

⑯ 鲁迅:《坟 · 我们现在怎样做父亲》,《鲁迅全集》第一卷,人民文学出版社 2005 年版,第 134—145 页。

⑰ 鲁迅:《日记 · 1929 年 4 月 9 日》,《鲁迅全集》第十六卷,人民文学出版社 2005 年版,第 129 页。

⑱ 鲁迅:《日记 · 1932 年 10 月 9 日》,《鲁迅全集》第十六卷,人民文学出版社 2005 年版,第 329 页。

⑲ 萧红:《回忆鲁迅先生》,《萧红全集》,哈尔滨出版社 1998 年版,第 950 页。

⑳ 川岛:《大师和园丁》,《北京文艺》1956 年第 18 期。

㉑ 周作人:《周作人日记》(影印本)(上册),大象出版社 1996 年版,第 395 页。

㉒ 陈蕴茜:《日常生活中殖民主义与民族主义的冲突——以中国近代公园为中心的考察》,《南京大学学报》(哲学、人文科学、社会科学版)2005 年第 5 期。

㉓ 丁颖:《殖民体验与都市书写——以鲁迅上海十年的创作为中心》,《中南大学学报》(社会科学版)2008 年第 14 卷第 3 期。

㉔ 鲁迅:《南腔北调集 · 上海的少女》,《鲁迅全集》第四卷,人民文学出版社 2005 年版,第 578 页。

㉕ 鲁迅:《南腔北调集 · 上海的儿童》,《鲁迅全集》第四卷,人民文学出版社 2005 年版,第 580—581 页。

㉖ 鲁迅:《花边文学 · 玩具》,《鲁迅全集》第五卷,人民文学出版社 2005 年版,第 523—524 页。

㉗ 鲁迅:《花边文学 · 玩具》,《鲁迅全集》第五卷,人民文学出版社 2005 年版,第 524 页。

㉘ 鲁迅:《南腔北调集 · 上海的儿童》,《鲁迅全集》第四卷,人民文学出版社 2005 年版,第 580—581 页。

略谈鲁迅在上海所看电影类型

丁佳园

上海在鲁迅到来后的几年里,电影业得到大发展。鲁迅也将他热爱书籍的热情投向了电影,在他的晚年看电影的频率越来越高,是他来上海以后在生活和兴趣上的一大转变。本文将鲁迅在上海看过的电影做一个统计,试用数据来分析鲁迅在上海的观影情况,从中一窥鲁迅爱看的电影类型。

根据《鲁迅日记》记载,鲁迅自己记录下到上海后共计观看电影 151 场次,其中有 5 部电影看了 2 遍,1 部电影看了 3 遍,1 部动画片去不同的电影院看了 4 次,因内容为不重复的短片或合集,故而算作 4 部不同的电影;6 部因日记未记载片名或影院名而不可查,假设这 6 部电影没有与鲁迅所看的其他电影重复,那么从电影的剧目上来说,可以说鲁迅在上海一共看了 144 部不同的电影。

鲁迅在上海所看电影涵盖了电影的各种分类,其中比较多的是剧情片,占了约 19%,其次是冒险类型,占了约 14%,喜剧类和动作类型并列第三,各占 8%,纪录片和浪漫类型的电影紧随其后各占 6%,其他按占比相对较多的依次排列分别是:历史、探险、犯罪、恐怖、战争、西部、爱情、音乐、科幻、奇幻、传记,类型的覆盖面非常广泛,可以说鲁迅几乎对各种类型的电影都有所涉猎(见图 1)。

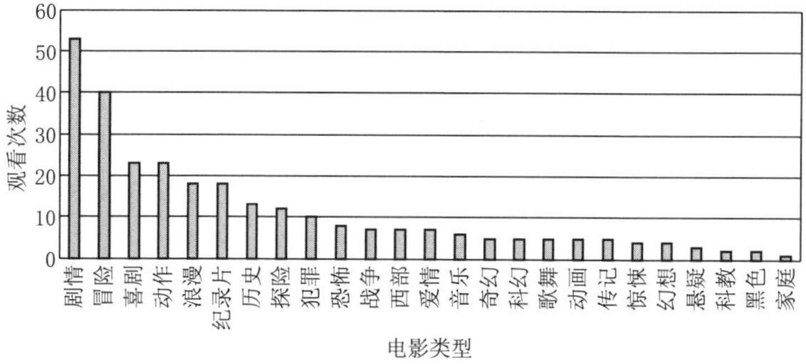

图 1　鲁迅在上海所观电影类型统计

从图 1 可知,鲁迅最爱看的电影类型是剧情片。因剧情片故事情节性强,卖点主要是其剧情,而不同于动作片的精彩打斗,场面的宏大,爱情片的缠绵,喜剧片的搞笑。通常指运用现实生活中常常真实存在但往往不被大多数人所注意的事件而改编的故事性电影。剧情片常常引人深省,耐人寻味。

以鲁迅到上海所看第一部电影为例:这部电影名叫《剪发奇缘》(Curlytop),就是一部剧情加浪漫的电影,因此在统计中这两种类型各记一点。

这部电影鲁迅是在“晚邀小峰、云章、锦琴、伏园、三弟及广平饮于言茂源,语堂亦至”饭毕一起去百星戏院看的,故事情节较强又看起来较轻松的浪漫剧情片比较适合与友人一起观赏。

第二天即 1927 年 10 月 8 日,鲁迅又去百星看电影,“夜同三弟、广平往中有天饭,饭讫至百新戏院观影戏”。看的又是剧情片,这次放的电影叫《党人魂》(*The Volga Boatman*),一部以俄国革命为背景的剧情、爱情片,根据罗马尼亚籍小说家康拉德 · 贝尔科维奇(Konrad Bercovici)的同名小说改编。

鲁迅看得最多的电影是剧情片,和鲁迅在日记和给友人的书信里提到看电影是为了娱乐而印证。1927 年 10 月 21 日,在给廖立峨的信中说:“我到上海已十多天,因为熟人太多,一直静不下,几乎日日喝酒,看电影。”[①]后来又写道:“去年到上海来,才又得到消遣无聊的处所,那便是看电影。”[②]作为文学家的鲁迅先生消遣无聊时看得最多的电影是剧情类电影就不奇怪了。除了上述两部鲁迅到上海看的第一、第二部电影,其他较出名的剧情电影有《四骑士》《古城末日记》《摩洛哥》《哥萨克》《西线无战事》《民族精神》《爱斯基摩》《城市之光》《黄金湖》《铁血将军》,以及鲁迅生前看的最后一部电影《复仇艳遇》(《杜布罗夫斯基》)亦是剧情片。其中《哥萨克》和《复仇艳遇》这两部电影是鲁迅给出明确评价说“甚佳”的两部电影,它们都属于纯剧情片类型,《哥萨克》这部电影鲁迅还去看了第二遍,《复仇艳遇》也是一再向他人推荐,据黄源回忆,鲁迅在病中还要去看电影:“双十节他去上海大戏院看了改名为《复仇艳遇》的普式庚原作的《杜布罗夫斯基》,当晚写信给我:‘觉得很好,快去看一看吧。’”[③]

看得第二多的电影类型是冒险类。一个原因是,根据许广平的回忆:“他选择片子并不苛刻,是多少带着实地参观的情绪去的,譬如北极爱斯基摩的实生活映演,非洲内地情形的片子等等,是当做看风土记的心情去的,因自己总不见得会到那些地方去。”[④]另一个原因是鲁迅带着儿子周海婴去看电影,他在给母亲的信中写道:“海婴很好,每日上学,不大赖学了,但新添了一样花头,是礼拜天要看电影。”[⑤]可见鲁迅经常带儿子去看电影,养成了习惯,那么给海婴看什么的电影呢?除了动画片,鲁迅选的最多的并不是家庭片或者喜剧片,而是冒险和战争类电影。因为“我这里的海婴男士,却是个怎么也不肯学习的懒汉,不读书,总爱模仿士兵。我以为让他看看残酷的战争影片,可以吓他一下,多少会安静下来,不料上星期带他看了以后,闹得更起劲了”。[⑥]“海婴的顽皮颇有进步,最近看了电影,就想上非洲去,旅费已经积蓄了两角来钱。”[⑦]

鲁迅看过的较有名的冒险类电影有:《非洲猎怪》《暹罗野史》《兽世界》《洪荒历险记》《泰山之王》《万兽之王》《虎魔王》《泰山情侣》《金刚之子》《兽国漫游记》《珍珠岛》《漫游兽国记》《兽国古城》《非洲战争》《泰山之子》《古城末日记》《剑侠狄伯卢》等。其中动作兼爱情的冒险类电影《泰山情侣》是唯一一部鲁迅去看了3次的电影,分别于1934年9月22日、23日连续两天去南京电影院看这部电影,第一天是与许广平和三弟一家两口,第二天是与友人内山先生的家人及客人,可见是鲁迅看了觉得好,又带朋友一起再去看。1935年2月16日看到位于北京西路的、从未去过的丽都大戏院要放映该片,又和许广平带着海婴特意去看了第三次,可见对这部电影的喜爱。

这些冒险电影多数还有一个共同的标签,被称为兽片。“这些影片中动物被赋予了人的情感,却又比人更纯粹、更直接、更团结、更友爱、更有力量,当然也更具备‘兽性’。”[8]这“兽性”正是鲁迅认为中国人所缺失和应借鉴的,因为还带着年幼的儿子同去观看。鲁迅看过的“兽片”中影响较大的是‘泰山’系列和‘金刚’系列,鲁迅共计看过6部。

鲁迅对于电影有自己的取舍,在《拿来主义》一文中说过:“但我们被“送来”的东西吓怕了。先有英国的鸦片,德国的废枪炮,后有法国的香粉,美国的电影,日本的印着“完全国货”的各种小东西。于是连清醒的青年们,也对于洋货发生了恐怖。其实,这正是因为那是‘送来’的,而不是‘拿来’的缘故。”[9]所以虽然鲁迅看的电影多数是“美国的电影”,但却是自己拿来的,去看认为值得一看的电影,报上大肆刊登广告鼓吹精彩的影片并不轻信。如看完《倾国倾城》后对友人信中评论到“但并非广告上说的那么好的电影”[10];还有看完根据杰克·伦敦最负盛名的小说《野性的呼声》改编的电影,鲁迅在日记中写道“与原作甚不合”。[11]在给友人的信中写道:“大吃一惊,与原著迥然不同。今后对于名著改编的电影再不敢领教了。”[12]

话虽如此,但是他还是去看了由名著改编的苏联电影《复仇艳遇》,这是因为鲁迅对苏联电影是十分爱看的。据许广平回忆鲁迅“至于苏联片子,是每张都不肯错过的,比较上最使他满意的了”[13]鲁迅看过的苏联电影一共有9部,其中属于剧情片的有6部,其他还包括传记、历史、纪录片,都是鲁迅较为感兴趣的电影类型。

许广平还回忆鲁迅“战争片子或航海、航空演习片,也喜欢去看,原因觉得自己未必亲自参战,或难得机会去看实际的飞机、兵舰之类罢”[14]。根据王蕴如的回忆:“鲁迅喜欢看电影,喜欢看纪录片,看各地的风土人情。因为他认为这些地方不可能去游览,但可以借助于电影了解那里的风光。他也看一些名著改编的电影。有时候邀请我们一同去看……。”[15]基于这些原因,鲁迅也爱看动作、探险、冒险、战争类的电影和纪录片。

与动作类并列第三的喜剧类。在鲁迅来到上海的前几年中看的电影并不多,因此喜剧片看得也不多,基本上每年看1—2部喜剧,直到1934年开始鲁迅每年都看为数众多的电影,喜剧片的观看量也就相应提高,例如1934年共看电影37部,喜剧题材占了7部。鲁迅看过由劳莱、哈台主演的喜剧片《玩意世界》《从军乐》以及滑稽短片《搬运钢琴》,也看过卓别林的《城市之光》。其中《城市之光》第一次去由于满座没有看成,1932年1月4日日记记载“午后邀蕴如、三弟及广平往上海大戏院观《城市之光》,已满座”[16],过了几天1月10日再次“午后邀蕴如、三弟及广平往上海大戏院观《城市之光》”[17]。

另外几部喜剧如《锦绣天》《云裳艳曲》《四十二号街》都是歌舞浪漫电影,放在今天可以说是时尚剧,鲁迅都是带了女性家属同往,如许广平、三弟周建人的妻子王蕴如及其小女儿阿玉、阿菩,说明鲁迅不仅爱看剧情和动作类影片,其实也爱看歌舞喜剧片,这也是工作之余的一种放松。

鲁迅还看过4次卡通片。王蕴如曾回忆:“他看过的电影中认为适合儿童看的片子,就拿了钱来让孩子们去看”[18]根据鲁迅日记记载1933年12月“二十三日午后同广平邀冯太太及其女儿并携海婴往光陆大戏院观儿童电影《米老鼠》及《神猫艳语》。……赠阿玉及阿菩泉五,俾明日可看儿童电影”。[19]这就是说鲁迅自己看过了觉得适合儿童看的片子,就请三弟的两个孩子也去看。而且后来又一再带孩子去看这类《米老鼠》动画片合集。据《鲁迅日记》1935年4月“二十日午后蕴如携阿菩来,遂邀之并同广平携海婴往光陆大戏院观米老鼠儿童影片”。[20]1935年6月“二十九日下午邀蕴如及阿玉、阿菩并同广平携海婴往光陆大戏院观米老鼠影片凡十种”。[21]

鲁迅喜爱看剧情、冒险、动作、喜剧类电影作为休闲娱乐,也喜欢看纪录片、探险片、传记片、历史片和战争片来了解更多未知的世界,更喜欢将好看的电影与家人朋友分享。难怪说鲁迅爱看电影众所周知,通过上文的数据整理和分析,我们更加清楚鲁迅爱看什么样的电影。

注释

① 1927年10月21日致廖立峨,《鲁迅全集》第十二卷,人民文学出版社2005年版,第81页。

② 鲁迅:《花边文学·朋友》,《鲁迅全集》第五卷,人民文学出版社2005年版,第481页。

③ 黄源:《鲁迅先生》,《回忆鲁迅在上海》,上海书店出版社2017年版,第636页。

④ 许广平:《鲁迅先生的娱乐》,《回忆鲁迅在上海》,上海书店出版社2017年版,第203页。

⑤《书信·360507致母亲》,《鲁迅全集》第十四卷,人民文学出版社2005年版,第92页。

⑥《书信·350206致增田涉》,《鲁迅全集》第十四卷,人民文学出版社2005年版,第344页。

⑦《书信·350227致增田涉》,《鲁迅全集》第十四卷,人民文学出版社2005年版,第348页。

⑧ 乐融:《电影——鲁迅洞察社会的另一窗口》,《上海鲁迅研究·鲁迅与上海》,上海社会科学院出版社2018年版,第8页。

⑨《且介亭杂文·拿来主义》,《鲁迅全集》第六卷,人民文学出版社2005年版,第39页。

⑩ 1935年1月4日致山本初枝,《鲁迅全集》第十四卷,人民文学出版社2005年版,第335页。

⑪《鲁迅全集》第十六卷,人民文学出版社2005年版,第509页。

⑫ 1935年12月3日致山本初枝,《鲁迅全集》十四卷,人民文学出版社2005年版,第376页。

⑬ 许广平:《鲁迅先生的娱乐》,《回忆鲁迅在上海》,上海书店出版社2017年版,第203页。

⑭ 许广平:《鲁迅先生的娱乐》,《回忆鲁迅在上海》,上海书店出版社2017年版,第203页。

⑮ 王蕴如:《回忆鲁迅在上海的片段》,《高山仰止》,上海文艺出版社1986年版,第91页。

⑯《鲁迅全集》第十六卷,人民文学出版社2005年版,第295页。

⑰《鲁迅全集》第十六卷,人民文学出版社2005年版,第295页。

⑱ 王蕴如:《回忆鲁迅在上海的片段》,《高山仰止》,上海文艺出版社1986年版,第91页。

⑲《鲁迅全集》第十六卷,人民文学出版社2005年版,第414页。

⑳《鲁迅全集》第十六卷,人民文学出版社2005年版,第528页。

㉑《鲁迅全集》第十六卷,人民文学出版社2005年版,第539页。

鲁迅同时代人研究

执着追求

——追忆父亲李霁野

李方仲

父亲李霁野文集的出版给了我一个更全面了解他的绝好机会。在整理文稿的过程中,常常会有一种情景浮现在眼前:我上小学时,作文常常感到不好收尾,最后一句话总是"这是值得我们学习的";有的时候还切题,但更多地却总是有些驴唇不对马嘴;父亲看了,对这种俗套的写法往往只是微微一笑,并没有过多的指责。现在,当我完成了书稿的整理、输入电脑,文集就要问世的时候,这种回忆倒时常引起我扪心自问:通过这样大量的阅读,我到底应该从父亲漫长的一生中学到些什么呢?

我感觉特别值得我终生效仿的,是他的执着:追求理想的执着,学业上奋进的执着,保持健康体格的执着。

一、追求理想的执着

回顾父亲走过的道路可以看出,贯穿了他一生的一条红线就是对光明未来的追求。20 世纪 20 年代初,他在刚刚踏进社会时,就通过同乡好友韦素园读到了《共产党宣言》,接触到了"前所未闻的新思想",引起了"很大的激动";而后又通过恽代英的长信得到了如何做人和读书的教诲,驱散了生活中的迷茫;在鲁迅先生的指导下凑足资金、办起未名社时，更是接触到了不少有志于革命的青年，自己也毫无避讳地掩护过地下党员，因此遭受过反动派的迫害。在抗战的艰苦年代，他曾设想以译书为职业，全力以赴翻译了120万字巨著《战争与和平》，以此表达自己对抗战必胜的坚定信念。所以可以说，他的前半生虽然没有参加多少实际的革命斗争，也没有在组织上加入中国共产党或者党所领导的文艺组织，但他的所作所为一直是沿着中国共产党所指引的轨迹发展的，他的心一直是和中国革命联系在一起的。他是在1956年入党的。当时对他触动最大、终于使他下决心加入党组织的，是一位领导同志的话："霁野同志早就该归队了。"因为这句话道出了他的心声，也可以说这是对他前半生在政治上的执着追求的一个最好总结。

在对理想的执着追求中，他是通过不断修正的自己的追求目标而达到思想境界的新高度的。他在翻译《往星中》时，处于"心理上的矛盾和苦闷"中。也就是在那种思想境界里，他又继而翻译了该书作者安德烈夫的另一部剧作《黑假面人》并且经过了韦素园和鲁迅先生的校改。可以看出，当时安德烈夫的厌世悲观在他的心里曾引起了共鸣。尽管这本译作包含了他自己、好友和特别是鲁迅的艰辛劳作，如他所说，"幸而《外套》和《黑假面人》译稿在解放后检视尚完整，还可以从此稍见鲁迅先生的苦心。这些对我来说，是非常亲切的纪念物"，尽管当时有些读者也曾因买不到这部译作而感到惋惜，希望有读到的机会，但在当时只印了1 000余册，以后也没有再版，而在晚年出文集时，他还是毅然决定不收，我想，这主要就是他自己的思想转变所致，正如他自己在《未名社出版的书籍和期刊》一文中所说的那样：

"鲁迅先生说，未名社的人缺乏笑影，这是实情。那时候外有帝国主义欺凌侵略，内有军阀混战割据，社会政治漆黑一团，因而紧紧咬着青年们的心的，是苦闷和绝望，怎样也挣脱不了；投身实际革命斗争的青年，自然是例外。先生谈到缺陷之美，特别谈到英国诗人勃朗宁的健康乐观的人生观，再读文章，就觉得启发特别大。我觉得像雨后新晴一样，心里明朗爽快多了，精神为之一振。我决定不再版安特列夫的《黑假面人》，就是一个具体的表现。玛修·亚诺德所说的‘凝视人生而看见了全圆’，我虽然那时候并不完全了解其意义，却认为应该是自己努力的目标。说这是我的人生观的一大改变，也未尝不可吧。”①

入党后，他一直是把自己看作一个普通党员，努力用手中的笔为党工作。一方面，他曾和鲁迅先生有过交往，可以说是在鲁迅先生的指引和鼓励下走上了文学道路，所以，他一生都以宣传和捍卫鲁迅作为自己责无旁贷的义务，虽然他也说，自己并不是研究鲁迅先生的专家，但凡有机会，他都要写文章宣传鲁迅，结合当前的实际，教诲后人学习鲁迅先生的精神。另一方面，他也时时记得鲁迅先生对他的期望，从不敢怠慢，总是努力紧跟党的政策，结合发展变化的形势，不断写诗著文，配合党开展各项工作。他的文集里收入的《马前集》中的散文，也仅仅是这一类“遵命文学”作品的一部分。他自己也明白，这种文字往往会随着局势的演变而很快被忘却，但他在后半生里执着地这样坚持了下来，恐怕更多考虑的是党的事业的需要。有一个细节可以反衬出他的这种心态，那就是在“文化大革命”期间，他被扣上多顶“反革命”帽子时的思索。处于当时的环境，他对许多做法不能理解，但也只能是哀叹。这时他还不断试图在自己身上找原因。这时他早已被从专为教授建造的、在当时可以算是“上乘”的两层小楼里赶出来，“流放”到学校戏称“西伯利亚村”的一间工人住的小屋里住下。

恐怕也正是由于这种对党的无比信任，在“文化大革命”中，当有人硬把他在抗战时期写给我母亲的旧诗拿来当作新作批判，把他对抗战胜利的期盼说成是指望反动派卷土重来的时候，他认真地写了十几万字的小字报，一一加以解释、辩驳，不仅拿出自己珍藏的、带有当年邮戳的信封作为证据，交给“革命派”去审查，希望能得到群众的理解,而且自己还到现场去观察群众对自己的小字报的反应,往往会因为在谩骂声中可以看到对他鼓励的只言片语而感到极大的欣慰。2014 年 4 月,在他诞辰 110 周年时,北京、天津和上海分别为他举办了纪念活动。这时,我的弟弟李方庆交给我一些父亲生前托他妥为保存的文字材料,其中就有他自己一字一句抄下的旧诗《今夕集》的复写本,可以见证他当时的认真态度。

在谈到父亲对理想追求上的执着时,有两点情况时常引起我的思考。一是希望我能到大学教书和搞学问。我还记得,在我读大学的时候,他就曾经问过我,他自己是不是有些清高。第二种情况是,他好像总是希望能够顺其自然,做到水到渠成。所以在他自己入党后也从来没有主动鼓励我们积极创造条件,好好表现,争取入党。母亲在学校里一直工作出色,也提出过入党要求。父亲也是既支持又不催促。我的哥哥在上中学时政治上要求进步的劲头很足,但后来有一段时间身体不好,恢复后虽然一直认真工作,但迟迟没有提出入党要求。当我问到他时,他自己表示,如果提出入党申请,就得全力以赴地工作,但自己的身体条件不大可能允许他这样做。父亲表示理解这种实事求是的做法,也没有多劝他。

我觉得,父亲的这种表现绝不是一种消极态度,而是从中可以看出他的一种信念,那就是对理想的追求应该是发自内心的,纯粹的,不能带有任何私心杂念,更不能把这种追求作为达到某种私利的手段。我记得,在当年自己争取入党时,流行一种说法,不仅要争取在组织上入党,而且要争取在思想上入党。说白了,也就是要真正做到一辈子与党同心同德。回想起来,父亲的这种想法和做法不就是体现出了这种要求吗?

二、学业奋进的执着

正像父亲反复说过的,他一生更希望过的是在书斋里著书立说的平静生活;对英国作家乔治·吉辛的《四季随笔》情有独钟,似乎可以说是他的这种心态的真实写照。他因为年轻时家境贫寒，家累繁重，没有能系统地读过书，总觉得是很大的遗憾，很想能有机会补救；即便是当年的军阀混战、抗日的战火以及解放后的一场接一场的政治运动，都没有能打消他的这种念头。当我们这些后辈选择自己的人生道路时，他也是希望我们能效仿他。

我觉得，他翻译托尔斯泰的巨著《战争与和平》是他的翻译生涯中不可忽略的一件大事。2014 年 9 月的一天，我的女婿发来一条消息，中国国家博物馆和俄罗斯亚斯纳雅波良纳庄园博物馆当日在北京举办“列夫·托尔斯泰与他的时代”展览，其中提到了托翁的许多著作都有了中译本，《战争与和平》当然也在其列。这勾起了我对父亲翻译托翁的这部巨著的回忆，觉得是一件憾事，因为他虽然在抗日战争开始后的艰苦岁月里花费了整整四年半的时间，于他一生尊重的鲁迅先生逝世 5 周年前夕，最终完成了这项艰巨的工作，但书稿在寄往香港出版时失踪了，所以他的译本还没有与读者见面就夭折了。我随手查阅了网上的一些资料，发现如果不是这种情况的话，他的这部全文译本很可能就像他在这之前翻译的《简·爱》一样，可以成为这部巨著最早的中文全译本之一了。

应该说，这件憾事对他是一个不小的打击。但他经受住了。据母亲回忆，父亲当时就说，“在战争中损失的生命财产文物多着了，这不过是沧海一粟。从个人说，译文是从英文译的，恐怕质量也不佳，不印成倒是好事。这样伟大的著作，将来会有人从原文直译的，但帝国主义战争罪恶深重，即使没有这点损失，我们也应当尽力加以反对”。②

父亲并没有因为这次打击而心灰意懒，在后来的岁月里又不断做出了新的成绩。不过，他的这种期待平静的书斋生活的愿望和现实生活不断发生冲撞。特别是在 1949 年后，他被加上了许多“官衔”，不得不到处抛头露面、迎来送往，忙于各种琐事，根本无法静下心来从事著译。“风光”的生活和他对宁静的书斋生活的追求之间的矛盾很让他苦恼，但是，我看，对党的事业的责任感使他不能选择逃避。当他在80岁时回首往事时，自己作了这样的总结：“除了动乱10年外，有20多年时间，我所做的实际工作很有限，我觉得十分惭愧，……我一向不喜欢参加宴会，每天有散步的习惯，会多宴会多，我的生活势必要随着改变，对中年人来说是不容易适应的。可以勉强自慰的是我并无反感和抱怨情绪，总愿尽力将党交给我的工作做好。”③这可能就是他执着的政治责任心的一种表现吧。这里说到“实际工作”，让我不由得想起了与父亲交往的一个小插曲。有一次，他在和我谈到自己的思想转变时曾说过，很长一段时间，他总认为做学问才是实际工作，开会对他来说是浪费时间。后来记不清是哪位领导对他说了“开会也是工作”，他才渐渐转过弯子来。就是在这种矛盾的思想状态下，他也还是完成了不少著译。只是到了晚年，当他卸去了大部分职务后，才得以全身心地投入到难以割舍的著译中去，他的这种创作上的执着追求才有了实现的可能。

母亲的回忆录里曾提到，父亲的一个特点是“能够科学地分配时间”④，这让我也回忆起，在我还不大懂事的时候，也正是父亲经常在外忙碌的那段时间，他每次回家后，只要还有二三十分钟才开饭，他就会坐下来看一会儿报纸或书籍；每次外出，他都要给自己定下一定的任务，比如译抒情诗，写古体诗或看书，在会余时间完成。他翻译的英国抒情诗集《妙意曲》，很大部分就是在外出开会和参观的闲暇时间抽空一点一滴完成的。我只是长大后才理解，这实际上是他的一种忙里偷闲的治学办法。记得父亲曾不止一次对我说过，自己要设定一段时间内的一定计划，不要等到有了空闲时间才去想该干什么，这样可以节省很多时间。

在20世纪80年代的10年里，尽管父亲已经七八十岁了，还是在已经散落的书稿中苦苦搜寻，就像是在一座废墟上要重建一座大厦一样，整理出了约有450万字的16卷文集文稿，同时陆续出版了重新校正和新编写的9本书，其中《唐宋词启蒙》一本于1993年问世时，他已经由于患上了白内障而不得不放下了手中的笔。

其实，在此之前，他一直在掐算着自己能活多久，还不断想出要实现的夙愿，比如选注从《诗经》到晚清的中国抒情诗，翻译一些他最爱读但译起来十分艰难的英国随笔。为此，他曾购置了不少书籍，为实现自己的宏伟志愿做准备。可能他这样做是因为他曾听信了著名心脏外科专家刘震华先生的预言，因为在全国政协和民进党开会时，他们俩总是同住，闲暇时经常交谈。刘大夫经过对父亲饮食起居的细心观察认为，他可以活到120岁。我想，如果不是白内障作怪，让他不得不终止午后散步的习惯，这也许并不是不可实现的梦想。

在我看来，父亲在文学创作和翻译上能执着一生，主要有三个原因：

（一）生活所迫

父亲虽说不是生在一个赤贫的家庭，但他很小时就得考虑如何自立并承担家庭的负担。如果说他刚到北京时年轻气盛，还能为当一件衣服和同伴们打打牙祭而沾沾自喜，久久不能忘却的话，那么，当他真正开始以文学翻译时，许多情况下都是以此作为解决生计的来源。翻译《被侮辱与损害的》是为了还清未名社欠下的债务；翻译《简·爱》解决了他赴欧的川资；翻译《战争与和平》则是为了解决一家人在抗战时期的开销。他从很早就开始了一面教课、一面翻译的生活方式，不能不说解决大家庭的困境是一个重要考虑。但这恐怕不是他如此执着的唯一原因。

（二）对文学创作和翻译的热爱

这一点在他写作旧体诗和翻译抒情诗上表现得尤为突出。现在大家看到的《今夕集》中涉及1949年前生活的那部分，是他在和小家分离、只身处在大西南时写的，原本并没有想到要发表，只是他离家时的真实感情的流露，一直留存在他和母亲的通信里；他所写的《初恋》也是这种情况。英文抒情诗是他早年就开始翻译的，后来在每次外出开会时又断断续续翻译积累起来。他所译的《俄默绝句集》也是如此，后来封存了许久。所以，可以说，这些诗歌的创作和翻译是他生活中一个不可分割的组成部分，所以他能坚持下来，后来发展到写了两本中国古诗启蒙的集子。他还打算把他所喜爱的从《诗经》开始的中国抒情诗再编成一部集子，这都是一脉相承的对诗歌，尤其是对抒情诗的钟爱所致。

（三）一生牢记鲁迅先生的教诲

鲁迅先生离开北平后，未名社实际上是由父亲在支撑着。后来也是由于生活所迫，他到天津河北女子师范学院教书去了。他在《悼念冯雪峰同志》一文中提到，“我因为初教书备课忙，一时很少时间译作，也有 1 年 8 个月中断了与鲁迅先生通信，先生以为我做了教授，不再努力译作了，很失望不满，同雪峰谈话时提到了。雪峰写信给我，转达了鲁迅先生的意见，我立即写信给先生，报告我已开始翻译长篇小说《简·爱》，先生以后总把他的译著寄给我”[⑤]。

鲁迅先生提出的意见，父亲是很看重并牢记一生的，因为在以后的日子里，他一直在坚持翻译，虽然有过历经四年半译完巨作《战争与和平》但被日本侵略军毁于一旦的经历，虽然在他的帮助下母亲译了哈德生的《绿色的宅第》但译稿失散[⑥]，虽然他在抗战时期翻译的《俄默绝句集》和在 1949 年后写的长篇叙事诗《史湾赵平》也在“文化大革命”时期被造反派掠去而不见踪影，但他的翻译和创作始终没有中断，而且他在接近 80 岁时还经过认真校正后，重新出版了《简·爱》译本，并特别注明献给鲁迅先生诞辰 100 周年。我看，这说明他在创作和翻译上如此执着，实际上是在告慰先生，自己一直牢记着先生的嘱托。

三、强身健体的执着

我感触最深的是，他的治学上成绩多是在身体状况并不很好的情况下取得的。他年轻的时候很瘦弱，有大夫曾预言他只能活40岁；1982年，他在南方走了好几个地方，回来后就因心梗发作而住进了医院。当时医生告诉我们，父亲的病情随时可能发生意外，但是父亲不仅活过来了，而且在随后用5年时间整理出了16卷、450万字的文集；最后一部作品问世的时候，他已经90岁了；他辞世时是94岁。他能在这样漫长的岁月里一直保持着这样旺盛的创作精力，主要原因就是他有着一个明确的长寿观。他曾向来访的记者表示："活着不一定就是好，长寿更不等于就是幸福。……长寿者的幸福是以健康——自身的健康和亲朋的健康——为前提的；……在无术回天而又自己痛苦、家人受累的情况下，我是赞成安乐死的。"[⑦]正是基于这种认识，他十分清楚，健康是实现追求的基础，平时非常注意劳逸结合，始终保持乐观态度，而且能够持之以恒。

他并没有特殊的体育爱好，游泳、滑冰、打球或者现在时髦的保龄球、高尔夫，他全不会，也不喜欢，甚至连骑自行车也不会。他喜欢划船，但他的经济状况也决定了不可能以此作为锻炼的经常手段。于是不用花钱的散步成为了他的首选，而且一直坚持到了80多岁。在他87岁时，《祝您健康》杂志的记者来访，他对自己的散步习惯做出了这样的描述："我没有别的养生方法，我终身坚持的就是每天散步。从1928年起。我每天坚持快步50—60分钟，冬天要走到冒汗。譬如1930年我在天津河北女子师范学院教书，从天纬路走到宁园，在园中绕一圈，再回到天纬路，这一趟走下来正好1小时。后来到北京辅仁大学教书，学校离北海很近，我也每天去散步，登白塔，上五龙亭，同样走得很快，走得冒汗。晚上睡前也要在白米斜街的住房院内走它20分钟。抗战时期在四川，生活很苦，营养不足，脚下又净是山路，出门就要爬坡，但我仍未放弃散步的习惯。抗战胜利后由重庆回到天津，仍是每天散步 1 小时。我想，几十年来坚持散步，是我基本保持自身健康的方法"⑧。这种坚持确实让他获益匪浅。年轻时，他的同乡韦丛芜得了肺病，是他照顾的。当时他就和韦丛芜同住一屋，防止感染的办法也就是打开窗户通风而已，即便是在寒冷的冬季也是如此。可能就在这时，他曾被感染，但没有发现，直到 20 世纪五六十年代的一次例行体检时，才发现他的肺部有钙化点。帮助他逃过这一关的，很可能就是坚持不懈的散步。

写到这里，我的脑海里不由得浮出了一个久违的画面。那是在 20 世纪 50 年代。当时我们住在南开大学北院，也就是文学院。如果把它算作一个大院的话，那它是被一个大湖（和平湖）分成了两部分。我们家在湖南面的两栋小楼中的一栋里，占了这栋楼的一半。住所紧靠着湖，东面隔着墙子河是马路，西面连着稻田。住所外就是一个足球场。下课后，我和小伙伴们经常在那里踢足球，父亲就在跑道上快步走，夏天有时还光着膀子。我还想起网上曾经有过文章，在《那位坐在楼前的老人……》标题下讲述道，"做邻居几十年，李霁野是肖先生'最熟悉的陌生人'，肖先生说李老晚年时每天晚饭后都要出门散步，每个黄昏的大理道，都能看到一个耄耋老人拄着拐杖在那里缓缓步行，夕阳下的影子被拉得很长"。这样的回忆还是很有诗意的。

说到劳逸结合，我最突出的印象是，平时看他做事总是四平八稳的。写文章也是如此。因为他一直遵循鲁迅先生有关"遵命文学"的教导，甘愿承担应景的突击任务，所以经常有人来约稿，而且往往都是要求一两天就交稿。但我从没有见过他手忙脚乱，更没有见过他加夜班，甚至也不曾见过他打乱自己的生活节奏，心里总觉得有些奇怪。后来他告诉我，他已经养成了一种习惯，就是在接到任务时，常常是在早晨醒来之前躺在床上就已经在脑子里构思，形成腹稿，起床后往往是一气呵成写好稿子，不用再抄一遍，最多是略改几个字，就可以送出去了。

不过总的来说，他更愿细水长流地写作，从不赞成搞突击式的一蹴而就，所以在外人看来，他做事都是从容不迫。他经常告诫我们，学校里上课每45分钟休息10分钟是有科学依据的，工作也要同样。他曾和自己的一位朋友有过“活命哲学”和“死命哲学”的笑争，但他绝不是对创作抱着松懈的态度，而是十分认真地认为，除非是形势所迫，不然搞突击式的创作就是一种短见的做法，注重劳逸结合，长期坚持工作，才可以做出更大、更多的贡献。他曾感慨地说过，如果鲁迅先生能够多活十几年、几十年，那他的贡献就会更大。当他看到一些很有才华的教师英年早逝时，不仅感到十分惋惜，而且在一切可能的场合都要大声疾呼，希望社会能给予重视，创造必要的条件，让这些有作为的年轻人不必忙于拼命。所以，在我看来，他的这种态度不是消极的，而是积极的，有远见的。

我在大学毕业后一直留在北京工作，与父亲分多聚少。但我每次逢年过节回家的时候，他都要在我离开前再三嘱咐，每次都有两点要求：一是注意打好业务基础，不要急功近利；二是注意劳逸结合，千万不能有急迫感。我长期在国家机关工作，他总觉得不如在学校里教书或者从事研究工作更能有些成就，也不大可能做事从容不迫，养成良好的生活习惯和坚持科学的作息制度。由于这种状况也不是个人愿望所能转变的，他便对我提出了一个要求，在退休之前好好完成组织上交办的工作，退休后还可以有20年的时间，争取在业务上做出更大的成绩来。现在想想，父亲完成文集的整理就是在80岁之后，对我来说，实际上这也算不上什么高不可攀的苛求了。

要做到劳逸结合，往往需要有比较广泛的爱好，爱做的事交替进行恐怕更能起到调剂精神的作用。在一次茶话会上，父亲披露了自己的长寿秘诀时,特别提到了"兴趣多样"。这让我想到了养花。父亲家里确实养了一些花,他也确实在做事的空隙时间不时去侍弄一下。有一位作者在《中国花卉盆景》杂志上还详细写了他的这个爱好:

"李霁野先生由于到处寻觅花的踪影,虽年逾八旬身体仍很硬朗,笔耕一辈子,爱花爱了一辈子,谈起花来兴致勃勃,滔滔不绝。他不像周瘦鹃那样终年为花忙碌,朝夕与花为伴;也不像老舍那样起早贪黑精心侍弄花卉,他爱花别有一种方式。

李霁野家里的花并不多,一盆兰花,一盆杜鹃,一盆米兰,如此而已。他是追逐花的踪影,每到一处,非要观赏当地的名花不可。……他去佛于岭,必登山看兰花;他去庐山,必去植物园看银杏、栀子以及说不出名字的奇花异卉。……对意大利的郁金香,瑞士的百合花他都很喜爱。为了亲眼观赏幽香的紫罗兰,特意到英国诗人雪莱的墓地去了一趟,因为在那里伴着诗人长眠的除了紫罗兰,还有更好看的雏菊……他曾经感慨地说:'我多么想再看看台湾的蝴蝶兰哪!'。"⑨

关于乐观,南开大学外文系的肖福堂老师回忆,父亲曾说过:"有一条很重要,就是遇事不怒,将来你们每个人都会遇到不顺心的事,要有涵养,有度量,这样对人对己都有好处。人生确是无常的,不过人生的可爱处也多半就在这无常。"从日常谈话中,我也可以体会到他的这种心态。他曾回忆说,"文化大革命"中搞批斗时,他被剃了阴阳头,拉上台,他自知心脏不好,便含了硝酸甘油顶下来了;有人逼他跳楼自杀时,他也没有过丝毫动摇;当有人污蔑他写的诗是影射攻击当前大政方针时,他可以做到一笔一画地把整个诗集抄成小字报张贴出去,并不时去看看,收集读者的反应。恐怕这就不是一般的"遇事不怒"或"不顺心"了,但他都能泰然处之。当然,平时遇到的烦恼就更不在话下了。

乐观有时需要人有些童心。有一本书谈长寿者的书提到,父亲曾看到一位长寿老人花 11 元钱买下一个装在玻璃盒里的面捏小人，兴冲冲而去。父亲深有感慨，给我母亲写信提起此事，说："要保持舒畅的童心。"[10]这件事我也知道，那是在北京开全国政协会议时，那位长寿老人是同为民进会员的潘成孝先生。

说到养生之道，我觉得他吃饭细水长流应该也算一条，可能还该加上一条，那就是对饭菜没有过分的要求。他来北京开会，有几次我陪他一起吃饭。那时的规定是他要为我多撕一张饭票。10 个人一桌，人齐了就上菜。我和他几乎每次都是最后离开饭桌的。倒不是因为吃的多，而是因为他吃饭总是细嚼慢咽。至于吃什么，他倒不是那么讲究，认为粗茶淡饭就好。不过，他对胡萝卜情有独钟。在我们家里，只要是应季，每天中午总会有一盘清炒胡萝卜。父亲总会反复给我们讲吃胡萝卜的好处，他认为自己一生从事写作，但从来没有戴过眼镜，就是得益于长期吃胡萝卜。南开大学外文系的肖福堂老师曾有这样的回忆，可以作为佐证："上世纪六十年代的三年困难时期，外文系的很多学生营养不良，学生们的日常饮食都很单调。在其中一年的迎接新生大会上，李霁野看着台下因为营养不良而脸色暗淡、没有精神的学生，忽然话锋一转，讲起了关于吃胡萝卜的事情。李霁野说：'大家看我现在年过花甲，但仍然耳不聋、眼不花，大家知道为什么吗？这都是因为常吃胡萝卜的缘故。'接着，他便说了关于胡萝卜的几种吃法，他用带有几分幽默的语言微笑着说，大家都知道胡萝卜可以生吃，但也可以蒸着吃、煮着吃，甚至炒着吃。"肖福堂回忆，那时物质匮乏，他们只知道胡萝卜是生吃的，不知道它有什么营养，更没想到还可以有那么多别的吃法，李老关于胡萝卜的一番话不但与国情联系上了，还给困难时期的师生们带来了安慰。[11]

2014 年 4 月

注释

①《李霁野文集》第二卷,第 106 页。

② 上海鲁迅纪念馆编:《李霁野纪念集》,上海文艺出版社 2004 年版,第 292 页。

③《李霁野文集》第二卷,第 614 页。

④ 上海鲁迅纪念馆编:《李霁野纪念集》,上海文艺出版社 2004 年版,第 310 页。

⑤《李霁野文集》第一卷,第 179 页。

⑥《李霁野文集》第七卷,第 169 页。

⑦⑧ 津英:《访 87 岁老人李霁野》,《祝您健康》1992 年第 2 期。

⑨《中国花卉盆景》1987 年第 9 期。

⑩ 秦时月:《寿星奥秘——百名长寿者的生活档案》,军事谊文出版社 1993 年版。

⑪《人生之妙在于无常　翻译家、文学家:李霁野》,中国经济网 2010 年 3 月 24 日。

从“普罗列塔利亚”到“新写实主义”之路

——旅沪“左联”潮汕作家的思想耜痕与褛迹

许再佳

旅沪早期至“左联”期间(1929—1936),潮汕作家群一直葆有文艺思想的趋同性。借助《我们月刊》上发表的理论文章、洪灵菲的《普罗列塔利亚小说论》及杜国庠《一九二九年急待解决的几个文艺问题》等文章的解读,可以较为清晰地看出现代潮汕作家群总体创作思想演进的痕迹——即从“普罗列塔利亚”革命文学向“新写实主义之路”循序渐进,直到1934年,杨邨人提出“揭起小资产阶级革命文学之旗”,潮汕作家才在文论思想上开始分道扬镳。

一、积极参与“普罗文学”建构

中国现代文学肇始于“五四”时期,现代文坛上各种文学思潮的嬗变更迭、各种文艺论争的风起云涌都绕不开“五四”这一文学传统。新文化运动后,胡适、鲁迅等文化先驱将进化论从社会学层面移植到文学界,提出了铿锵有力的反帝、反封建口号,进而建立起高扬个性解放、实现人格独立的“五四”文学传统。整个“五四”时期,现代文苑出现了诸多优秀的文学家,鲁迅、郁达夫、冰心、许地山……其丰硕的创作成果共同构筑了“五四”文学革命的启蒙话语。直至20世纪20年代末,“五四”文学的启蒙话语才逐渐遭到普罗作家的质疑与挑战。普罗派作家宣称要超越“一时代有一时代之文学"的进化论观点,将马克思主义关于"经济基础决定上层建筑"的基本原理作为论证无产阶级文学运动发生、发展的必然性及合法性的理论依据。为进一步解构"五四"文学话语的主流地位,赋予革命文学话语以合法性、权威性,普罗派作家还竭力通过"文学的阶级意识""宣传功能"等观点向"五四"启蒙话语发起进攻,其中包括对文学的定义、社会功能、内容形式、文学批评标准以及作家世界观与作品的关系等一系列问题作出新的阐释、界定。关于"革命文学"话语体系的构建,李初梨等认为"革命文学,不要谁的主张,更不是谁的独断,由历史的内在的发展——连络,它应当而且必然地是无产阶级的文学"。[①]从"文学革命"到"革命文学"的嬗变于是形成了一股不可逆转的时代洪流,不仅促成了当时众多作家创作上的集体转向,同时也赢得了一般读者、民众的认同。现代潮籍作家最初在文坛崭露头角的年代,正值"革命文学话语"彻底取代"文学革命话语"的转型期,其思想理论和绝大部分的作品创作也都积极地参与了"革命文学话语"的建构。

尽管轰轰烈烈的"革命文学论争"中鲜有潮籍作家的参与,但其总体的思想倾向却可从《我们月刊》上选登的几篇理论文章里窥见一斑。1928 年 5 月 20 日,《我们月刊》创刊号发表了石厚生(成仿吾)的《革命文学的展望》。作者在行文中全面剖析了中国的普罗列塔利亚文学必然兴起的原因:其一,帝国主义的压迫和军阀官僚的摧残,阶级对立,矛盾的尖锐化等必将急剧地催促"五四"文学再向前跨出一步;其二,伴随着普罗列塔利亚国家在地平线上的出现,它必然会促进全世界先进国家普罗列塔利亚文学的产生,因为它预约给人们的"黄金世界"比先前人类历史上任何阶级、任何社会制度要光辉灿烂得多,它必然更加吸引中国知识分子和劳苦大众企盼的眼球。[②]通过对普罗文学未来的一番展望后,成仿吾将笔墨落注于普罗列塔利亚文学兴起的"必要条件"——即普罗文学创作"必须得到民众理解与欢爱"。换言之,为使普罗文学能够得到一般读者和广大民众的认可，作为创作主体的作家就要高扬普罗列塔利亚意识，密切结合大众的思想、感情与意志，甚至要无限地接近大众的用语。[③]杜国庠在《一九二九年急待解决的几个关于文艺的问题》中，将成仿吾的观点概括为普罗文学的“大众化”问题，并着重强调“大众化”问题“是普罗文学的实践性的必然要求”，它“不尽是对于文化度低微的读者而言，同时也对于文化程度较高的为支配阶级的意识所麻醉的读者而言”，并且“在几乎没从普罗出身的作家的中国，这一点尤值得注意”。“大众化”问题的解决，主要的自然是依靠“普罗文学作家实际上的作品行动及艺术运动的技术的行动”来解决，为此杜国庠提出：“第一，作家自身的生活便应该普罗化。这样一来，他才能真正地把握普罗的意识。第二，作家应该细心地去接近及观察他所要描写的对象（这同时也是他的作品所期待着的读者对象）”。对于“用普罗意识去描写现实”的实践，杜国庠较成仿吾作了更为具体的阐述：作家“不仅要‘描写他们（民众，笔者注）的各种苦痛’来为他们诉苦，紧要的是要明显地或暗示地写出他们这些苦痛的由来，他们在历史过程当中的命运和其所负的使命，指示给他们以出路，鼓舞着他们的革命的热情和勇气，使他们走上历史所指示的革命的光明大道上去”。围绕发挥普罗意识对“大众化”作用的问题，杜国庠还修正了成仿吾关于普罗文学“必须得到民众理解与欢爱”的观点：“普罗文学的大众化，固然要受大众爱护，但不是一味在讨他们的‘欢喜’而只管去追随他们”，因为迎合大众的文学“很容易离开普罗文学的根本立场，很容易丧失觉醒及‘抬高’他们的任务”。[④]文中更出彩的地方还在于杜国庠对卢那查尔斯基观点的援引：

让荣誉归于能够以使千百万人也感动般的强有力的艺术的单纯来表现复杂的可贵的社会的内容的作家吧！就是比较的单纯的而且比较初步的内容也好，让荣誉归于能够使着几百万大众感动的作家吧！马克思主义批评家应该把这样的作家估价得非常的高。[5]

在杜国庠看来，“普罗文学决不因其大众化而减低它的价值”，论者更不应该以“文化人的傲慢”去蔑视那种使千百万人感动的“单纯而且初步的作品”，以致“妨碍普罗文学的大众化”。具体言之，“普罗文学的大众性，不是内容的性质，而是形式的性质”，“内容不必限定于复杂的高级的东西，就是单纯的初步的也好，只要能够使千百万人感动的强有力的艺术形式来表现它”。[6]

1928年《我们月刊》第二期首篇的显要位置，发表了李初梨的《普罗列塔利亚文艺批评底标准》。文章肇始便给中国文坛一记响亮的“大耳刮子”：“在中国过去的文坛上，除了‘骂人’或‘捧场’而外，从来无所谓批评。”作者在当头棒喝一番后，又高屋建瓴式地指出，“普罗列塔利亚的文艺批评，也只有从这个——而且惟一的这个观点出发”——“艺术是阶级对立的强有力的武器。”围绕这一观点，李初梨继而提出了四条具有指导性的普罗列塔利亚文艺批评标准：第一，“先分析这个作品反映着何种的（阶级）意识”。第二，“它在那个时代所以能发生的社会依据”。第三，它“所演的是什么一种脚色，担当的是什么一种任务”。第四，“再去检讨它是怎样地表现着”，即“技巧的批评”。[7]这三篇文章的发表和普罗派作家们们摒弃“五四”文学传统，变革文学话语方式所采取的方式步调是基本一致的。1930年《文艺讲座》上登载了洪灵菲的长篇论文《普罗列塔利亚小说论》，该文同样反映了潮汕作家群总体的普罗文学创作倾向。《普罗列塔利亚小说论》一共分为5个部分：普罗列塔利亚艺术的发生、普罗列塔利亚艺术否定者的谬误、普罗列塔利亚艺术的特性、普罗列塔利亚文学及普罗列塔利亚小说。洪灵菲援引卢那查尔斯基《艺术与社会生活》中的观点匡正了托洛斯基关于“普罗列塔利亚艺术否定论”的谬误，并且明确指出:“托洛斯基先生在憧憬着未来的没了的社会主义文化,但他却忘记这样的没了的社会主义文化史不能够凭空掉下,只有从伟大的普罗列塔利亚文化的怀里才能够产生出来。”[8]从“普罗列塔利亚文化”氛围里孕育出的小说,“是普罗列塔利亚文学里面的一部门,和普罗列塔利亚的任何艺术一样,它的特性是唯物的,集团的,战斗的,大众的。其次,它是观念形态的艺术,在普罗列塔利亚的解放运动中,它有很重大的战斗和教养的作用”,而关于普罗列塔利亚小说创作的形式却可以使是多样的,它可以像“格莱特可夫所写作的,关于从破坏到建设的普罗列塔利亚的坚强的精神的‘水门汀’,或者像发特耶夫所写作的关于集团里面的个性的‘坏灭’”。[9]洪灵菲的论文是对当时潮籍作家群创作理论总体倾向的总结,沿袭的仍旧是“革命文学”“普罗文学”的创作理念,和《我们月刊》上登载的诸多理论文章时一致的。

“普罗列搭利亚文学”作为一种主流话语的建立,不仅需要一整套具有说服力和权威性的理论体系,同时也离不开大量文学作品的确证。相比于理论建树上的简少精要,现代潮籍作家在创作实践上的成就更为令人心仪。

洪灵菲著名的《流亡三部曲》(包括《流亡》《前线》《转变》等3篇长篇小说),以如椽巨笔刻画了从“五四”落潮到“五卅”运动、北伐战争、国共合作、省港大罢工、“四·一五”广州大屠杀时期整个南方中国的历史进程,带有鲜明的史诗性质。《前线》中描写了知识青年霍之远从迷惘困顿中认清社会现实,逐渐成长为一名共产党员的生命历程。通过主人公之口,作者传达了坚定的革命立场:“工农阶级如果不从速武装起来,便永远没有夺取政权的机会!”,“我们都完了!可是真正的普罗列塔革命却正从此开始呢!”

杨邨人的小说创作也多以白色恐怖年代为历史背景,不仅真实记录了各色小人物的悲惨命运,而且成功塑造了大量具有反抗精神的工人、革命者形象。短篇小说集《战线上》收录了《女俘虏》《田子明之死》《自焚》《她的脚下》和《死刑》5 个短篇，其内容广泛描写了革命工人和普通民众思想意识的觉悟、对敌斗争的英勇无畏，有力鞭挞了敌人的凶残与暴虐。《三妹》的素材来源于“清党时期的武汉的某工厂的一件新闻”，真实讲述了女工三妹为替姐妹报仇，戮死工头的故事。《藤鞭下》则通过冷静谛视为读者展现了白色恐怖氛围下令人触目惊心的一幕：善良守本分的渔翁老八，仅仅因为交不起繁重的苛捐，就被土豪六爷残忍鞭打死在祠堂里。杨邨人的作品确有针砭时弊的功效，“土豪劣绅一变而站在青天白日旗下做起‘忠实同志’的，现在各处都有。……平时和土豪劣绅作对的人便是共产党员，便清掉……现在乡村间的世界，就是这样的‘光明’！”[10]真实暴露了国民党反动派“清党”后农村的状况。

罗克典的短篇小说《立契之后》，地主以抵押欠债为借口，巧取豪夺佃农吉长光的瓦房，再反过来以高价租给其居住。一贫如洗的佃农只能无可奈何地陷入“契约”所限定的怪圈中，终其一生成为地主的附庸，被挖空榨干所有的血汗。李一它的写实小说《穷孩子》，讲述了正义良知被封建社会所吞噬的残酷现实：贫苦孩子的父亲因为仗义执言而被官兵乱棍打死、罹患重病的母亲活活饿死在潮湿、破旧的草屋里，而可怜无依的孩子，也在同一天里冻死在雪地里。与此形成强烈对比的是富人家的孩子从小养尊处优，挥金如土的生活场景，俨然一幅“朱门酒肉臭，路有冻死骨”的人间惨剧。戴平万的《树胶园》，真实描绘了被称作“猪仔”的中国割胶工人在南洋的非人生活。主人公阿宝的妻子被红毛鬼（庄园主）强暴，他报仇不成反被红毛鬼吊起毒打，而后又被逐出庄园，过着风餐露宿、四处流浪的生活。求生无门的阿宝最终被火车轧死。作者没有滞留在道德高地上作一番不痛不痒的同情悲悯，而是进一步发掘人物悲剧命运所产生的社会根源，从根本上触及反帝、反封建的时代主题——阿宝所受到的遭遇成为工人们的前车之鉴，为避免重蹈其悲惨命运的覆辙，工人们集体罢工，愤而高呼“我们要从他们的手里，夺回我们自己的命运呀!”

罗澜的诗歌《暴风雨之夜》以《岭东民国日报》主编李春涛的遭遇为原型，写一个暴风雨之夜，反动派将革命者塞入布袋里，用锋利的尖刀拼命狠戳布袋，随后又抛尸大海的残酷罪行。全诗充满现实主义色彩，读来异为震撼人心……

除了上述所列举的作家，还有冯铿、许美勋、李春伟等潮籍作家，其作品汇聚成了一曲“普罗列塔利亚”文学之歌，共同参与了早期“普罗文学”的建构。

二、矫枉过正的“左倾”思潮

潮汕作家集体倡导、投身普罗文学的20世纪20年代末，正值国内外“左”倾文艺思潮泛滥的洪峰期。国际上，苏联“拉普”派认为“以往时代的文学都渗透了剥削阶级的精神。它反映了王公贵族、富人——一句话，‘成千上万上层人物’的习惯和感情，思想和感受”。[11]在这种偏激的价值观引导下，苏联“拉普”派陷入了庸俗社会学和虚无主义的怪圈，偏执地否定历史上的一切文化遗产，排斥所有“同路人作家”。苏联“拉普”推行“辩证唯物主义的创作方法”，力图创作与过去迥然不同的无产阶级文学。凡与此倡导相悖或不尽相同的创作者，都被一元化地定性为资产阶级作家和市侩文人，一律受到左翼文坛的唾弃、摒除。在日本，“纳普”派受日共总书记福本和夫的“理论斗争”和“分离结合”的“左”倾思想的影响，机械地认为艺术恰如“留声机”，只是政治上煽动的手段。“无产阶级的激情，可以最率直、最粗野地大胆表现出来”，[12]而旧的形式和技巧已然成为“威胁”无产阶级艺术的桎梏与窠臼。在国内，当时正主持党中央工作的瞿秋白在《中国革命是什么样的革命》等文中认为：1927年大革命的失败不是革命的低潮，而是“继续高涨”，我国革命已经“急转直下到社会主义革命”，小资产阶级已成为“革命的障碍”……

国内外的各种“左”倾思潮一股脑扭结在一起，潮汕作家的创作也因此在一定程度上受到理论高气压的影响，部分作品过分强调无产阶级意识和宣传功能，弱化甚至消解了文艺的审美特征。例如杨邨人，仅从小资产阶级立场出发观察现实，只看到蒋介石的叛变和革命的失败，看不到党所领导的革命在新形势下的深入发展，因而带有小资产阶级的狂热和急躁，其笔下的人物也因此带有“左”倾盲动色彩。《三妹》《她的脚下》等作品比较突出地宣扬了个人暗杀手段，杨邨人后来也承认：“现在看来，那篇小说（指《三妹》——笔者注）有犯了个人行动的英雄色彩的表现的毛病；但在当时那种政治环境底下，三妹的沉毅勇敢的精神，确实有人赞同。”⑬此外，潮汕作家这一时期的作品中，也不乏浓重的革命罗曼蒂克情调，甚至带有一定的空想色彩。作品不是以人物性格的发展构成情节，而是以主观想象来支配人物言行，带有一定程度的虚假性，陷入公式化、概念化的流弊。如洪灵菲的《前线》，主人公霍之远一面积极投身革命；一面又在情场上放浪形骸。在已有妻儿的前提下，还与林病卿相爱，又和艇女张金娇厮混。随后又移情别恋已有对象的林妙婵，在工作中还与另外两位女性柔情蜜意……在霍之远看来“为革命而恋爱，不以恋爱而牺牲革命！革命的意义在谋人类的解放；恋爱的意义在求两性的谐和，两者都一样具有不死的真价！”⑭在《流亡》中，主人公沈之菲一方面耽溺于个人情爱中，同时又随时不忘革命的要义：“革命与恋爱都是生命之火的燃烧材料。把生命为革命，为恋爱而牺牲，真是多么有意义的啊！”“人之必需恋爱，正如必需吃饭一样。因为恋爱和吃饭这两件大事，都被资本制度弄坏了，使得大家不能安心恋爱和安心吃饭，所以需要革命！”……⑮诸如此类的“革命+恋爱”情节一度被后人诟病为普罗文学的幼稚和时代病色彩的体现。

历经了“普罗文学”建构时期和矫枉过正的“左”倾思潮，潮汕作家的创作倾向最终在杜国庠的理论倡导下重新回归了“大众化”的“普罗文学”基点，甚至开始尝试迈向普罗列塔利亚的“新写实主义”之路。

三、“新写实主义”与“艺术二重性”的提出

杜国庠是潮汕作家群中重要的理论家，其文艺理论的文章在很大程度上代表了1920年代潮汕作家集体的创作倾向。1907年，杜国庠赴日留学，曾先后进入早稻田大学普通科、东京第一高等学校预科和京都帝国大学政治经济课求学。旅日期间，杜国庠私淑日本著名社会主义者河上肇，其思想和学识方面受惠最多的正是河上肇所教授的马克思主义政治经济学。正是对马克思主义理论原理的执着，杜国庠在上海从事文学活动的同时，还进行了马克思主义哲学方面的译著和研究：他曾用林伯修、吴念慈、林柏等笔名，翻译了得波林的《辩证法的唯物论入门》、普列汉诺夫的《史的一元论》、亚克色利罗德的《社会学底批判》、雅各式莱夫的《普列汉诺夫论》等论著。[16]显然，马克思主义同时也是杜国庠文艺理论武器的弹药库。1928年初至1930年间，除了对外国进步文学作品进行翻译外，杜国庠把大部分精力投注到革命文艺理论研究中。在文艺理论译介方面，杜国庠选译了普列汉诺夫的《艺术论》，卢那察尔斯基的《艺术之社会底基础》，柯根的《无产阶级文学论》《理论与批评》，日本田口宪一的《日本艺术运动的指导理论底发展》和藏原惟人的《到新写实主义之路》《普罗列塔利亚艺术底内容与形式》等。[17]从这些翻译的理论著作系列也不难看出马克思主义基本理论影响的痕迹。1929年3月23日，《海风周报》第十二号上发表了杜国庠的《一九二九年急待解决的几个关于文艺的问题》。这是当时第一篇论述文艺大众化的论文，该文提出了“大众化”“新写实主义”“艺术运动的二重性”等三个问题，对甚嚣文坛的一些错误言论进行了批判，是对过激的“普罗文学”倾向

进行匡正的有力尝试。

对于1928年前后文艺界的理论建树，杜国庠便开门见山地指出："文艺指导理论方面，已经由'革命文学'发展到'普罗文学'"，但是也仅"从理论上规定一般的革命文学必然是普罗文学，却未曾充分地给予马克思主义的认识——确立普罗文学的理论"。而对于作家创作，杜也直言不讳："1928年所发表普罗文学的作品，是很少能够使我们十分满意的，在无产阶级文学的幼年期，这是必然的……因为那些未能使我们认为十分满意的作品，有些是由于过去的浪漫色彩的残留，有些是由于没有完全摆脱旧式小说的窠臼，有些是由于没有深入群众，不能了解他们日常的生活而只为轮廓的描写，结局，遂不免陷于公式地概念地描写的缺点。"[18]针对普罗文学创作初期存在问题，杜国庠认为"作家只有坚决地站在普罗列塔利亚写实主义的立场，才能克服这毛病"，亦即普罗列塔利亚写实主义的建设问题。

"普罗文学，是普罗的意德沃罗基的一种。它必然内在地要求他的作家站到普罗哲学的立场——辩证唯物论的立场上来"，依据马克思主义辩证唯物论的观点，杜国庠将普罗文学作家对现实应持有的态度概括为："彻头彻尾地是客观的现实。他们应该离去一切主观的构成，于其全体性及其发展中来观察现实，描写现实。"为避免普罗作家创作时陷入自然主义和个人主观主义的泥淖，杜国庠还援引了藏原惟人的观点："普罗作家，第一不可不获得明确的阶级观点。所谓获得明确的阶级观点者，究竟不外是站在战斗的无产阶级的立场"，普罗文学家"从过去的写实主义继承着它对于现实的客观态度，这里所谓客观态度，决不是说对于现实——生活之无差别的冷静的态度，也不是说力持超阶级的态度，而是把现实作为现实，没有什么主观的构成地，主观的粉饰地去描写的态度"。[19]具体而言，杜国庠所倡导的"新写实主义"，实际上即藏原惟人的普罗列塔利亚写实主义。它要求作家以马克思主义辩证唯物论作为思想理论的武器，同时应具有坚定而鲜明的阶级立场和态度，用一种有别于以往自然主义的方式去观照和描摹现实社会，摒除任何主观杂质，尽力呈现一种客观、真实、具有震撼人心之力量的普罗文学。这种写实手法具有大众化的倾向，“内容不必限定于复杂的高级的东西，就是单纯的初步的也好，只要能够使千百万人感动的强有力的艺术形式来表现它”。换言之，普罗文学的写实并不阈限于内容层面，只要能反映客观的社会现实及民众真实的命运、境遇的素材都可入选；但对于写作手法的表现形式，则着重强调“普罗列塔利亚”式的“新写实”。

除了普罗文学“新写实主义”观点的提出，杜国庠还对沈起予的“艺术运动二重性”做出了修正。1928 年《创造月刊》第二卷第三期发表了沈起予的《艺术运动的根本概念》，沈在文中首次提出了“艺术运动二重性”的问题：“所谓两重性者，即是艺术运动的意义，一方面是直接制作鼓动及宣传的作品，而与政治合流，一方面是推量着艺术进化的原则，来确立普罗列塔利亚艺术，以建设普罗列塔利亚文化。”对于“艺术运动二重性”，沈起予态度鲜明地指出：“艺术运动的结论，是应当与政治合流，——即是应作为政治运动的辅助”，“正在社会转型期的时候，只有从事‘政治批判’，即一切艺术若不与政治合流，则皆系徒然的意义”。杜国庠并不完全赞同沈起予关于“艺术二重性”的观点，在对《艺术运动的根本概念》一文作出商榷之前，杜首先论述了自己对革命文艺运动的理解：“我们的革命文艺运动，实际上构成全世界的这种运动的一环。固然不应该把我们特有的环境和条件忽视，但是不能因此便不注意到国际的情势”，虽然“在历史发展的过程中各个时期的划分，固然有它各自的重点，但是，各个时期彼此之间，是有一种内面的连络，辩证法的关系的”。[20]在杜国庠看来，局部地区的革命文艺运动固然要为其所处的特定社会阶段服务，但它同时也归属于整个世界革命文艺运动的主流中，两者间具有对立统一的辩证法关系,不可偏废地静止看待,亦不能过分抬高局部地区的革命文艺运动而脱离、无视全世界范围内真实的革命现状。孤立地、片面地看待局部文艺运动对全世界革命运动的辅助作用,却没有准确把握到全世界革命浪潮对文艺运动的反作用,是沈起予文论观内在的思想阈限。紧接着,杜国庠又围绕文艺运动与政治运动之间的关系向沈起予提出了商榷。

“普罗艺术,是普罗解放的一种武器。它为要完成它的武器的使命,必然地是不能离开现实”,在这个层面上讲,沈起予所主张的“艺术运动应当与政治合流”的观点是有其合理性的,但是其“所谓艺术运动应与政治合流者,不外乎是以艺术的力量来启示大众,使一般意识退后及低下的大众,向着革命途径前行”[21]的观点则过于绝对,轻视了艺术运动的建设作用,即艺术的独立性。杜国庠接着援引了卢那查尔斯基的理论佐证自己的观点:

> 批评家。马克思主义者不可完全地单以写了实际问题的作品为有意义的东西。当面的问题的提出,其特殊的重要性虽是不可否定的东西,但是,就是一见好像过于一般的或相隔太远的,如果实际很注意地检讨一下,便可见其影响着社会的问题的提出,其有巨大的意义,也是绝对不可否定的。
>
> 在这里,我们有着和关于科学一样的现象。要要求科学全然埋头于实际的认为,这是深刻的谬见。最抽象的科学的问题,当其解决了的时候,也常成为最有益的东西,这是已经成为ABC。[22]

文艺是具有独立性的,为政治服务仅仅是其价值评判的一个主要维度,却并非唯一标准。简言之,“只要这种作品是站在普罗文艺的立场而制作的,即使不是直接地为鼓动及宣传而制作的东西,也是必要的。而且这种艺术在艺术的武器的磨炼上是有很大的贡献的”。[23]在肯定文艺运动具有独立性，并非政治运动附属的前提下，杜国庠进一步指出，“普罗文艺运动是普罗斗争中的一种方式，它和政治运动一样地是阶级解放所必要的东西。它于政治运动史有着内面的必然的联络，所以它必须与政治运动合流。但不应该因此把它看做‘副次’，把它看做政治运动的辅助”。[24]

通过对《我们月刊》上发表的理论文章、洪灵菲的《普罗列塔利亚小说论》及杜国庠《一九二九年急待解决的几个文艺问题》等文章的解读，可以较为清晰地看出现代潮汕作家群总体创作思想演进的痕迹——即从革命文学、普罗文学向“普罗列塔利亚”的“新写实主义之路”循序渐进。现代潮汕作家群的文学实践与其思想发展倾向是一致的。1930 年 3 月 2 日，中国左翼作家联盟成立大会在上海中华艺术大学举行，潮汕作家群集体加入了“左联”，共同为“革命文学”的志业奋斗。其间，潮汕作家群在保有文艺思想趋同性的同时，也存在着某些论争观点上的分歧，而直到 1934 年杨邨人提出“揭起小资产阶级革命文学之旗”，潮汕作家群内部才真正地分道扬镳。

（韩山师范学院）

注释

① 李初梨：《怎样地建设革命文学》，《“革命文学”论争资料选编上》，人民文学出版社 1981 年版，第 162 页。

②③ 石厚生（成仿吾）：《革命文学的展望》，《我们月刊》创刊号 1928 年 5 月 20 日。

④⑥⑱⑳㉒㉓㉔ 林伯修（杜国庠）：《一九二九年急待解决的几个关于文艺的问题》，见《海风周报》1929 年 3 月 23 日第 12 期。

⑤ 卢那查尔斯基：《关于马克思主义文艺的任务之论纲》，转引自杜国庠：《一九二九年急待解决的几个关于文艺的问题》，见《海风周报》1929 年 3 月 23 日第 12 期。

⑦ 李初梨:《普罗列塔利亚文艺批评底标准》,《我们月刊》1928 年第 2 期,第 4—5 页。

⑧⑨ 洪灵菲:《普罗列塔利亚小说论》,《文艺讲座》,神州国光社 1930 年版,第 204、217—218 页。

⑩⑬ 杨邨人:《书前》,《狂澜》,启智书局 1928 年版,第 1 页。

⑪ 引自《"拉普"资料汇编》,中国社会科学出版社 1981 年版,第 15 页。

⑫ 刘柏青:《三十年代左翼文艺所受日本无产阶级文艺思潮的影响》,《文学评论》1981 年第 6 期。

⑭ 洪灵菲:《前线》,上海晓山书店 1928 年版。

⑮ 洪灵菲:《流亡》,《洪灵菲选集》,人民文学出版社 1981 年版,第 39 页。

⑯ 黄学盛:《杜国庠传略》,《广东文史资料》1990 年,第 64 页。

⑰ 黄学盛、熊泽初:《杜国庠的生平和创作》,《杜国庠诞辰一百周年纪念专辑》,中共汕头市委党史办公室编,1989 年 4 月刊。

⑲ 林伯修(杜国庠):《到新写实主义之路》,《太阳月刊》1928 年七月停刊号,第 17 页。

㉑ 沈起予:《艺术运动的根本概念》,《创造月刊》1928 年第 2 卷第 3 期。

论郁达夫小说风景书写的叙事结构艺术

郭晓平

郁达夫的风景书写常常为人所称道,对小说中的风景叙事也多有自己的理论阐述,早在《小说论》中就专辟一章论述小说的背景。这些都显示了郁达夫开阔的学术视野。尤其是他对西方绘画背景历史的追述,对西方小说背景描写的探究,对自然风景书写的溯源,都表明了学贯中西的郁达夫对西方观念的自觉借鉴。在现代小说的发展过程中,欧美、俄罗斯和日本等国家的文学观念和理论始终被郁达夫视为一种参照系,影响着他对小说价值的认知,指导着他的文学创作实践。在风景书写上亦尤如此。虽然《小说论》似乎更多地着眼于风景书写的叙事手法,但其中西方的风景意识已经被郁达夫很自觉地化入笔下的文本创作中。尤其是对风景书写的结构功用的重视,使得他的风景书写具有了主题内涵和叙事手段的双重建构意义。追溯这种风景叙事的建构方式,和他所受到的德国文学尤其是北欧文学的影响密切相关。

一、回 环 结 构

《怀乡病者》创作于 1922 年,当时 27 岁的郁达夫在东京帝国大学经济学部经济学科毕业,并获得了经济学士学位,同时准备结束 10 年的日本留学生活。[①]小说一开头描写的黄昏薄暮的风景,营造和奠定了整篇小说的情感氛围。面对着事业和生活抉择的十字路口,作家的迷茫与苦闷、失意的心绪弥漫在整篇小说里。与主人公的情感相对应的是作者用黄昏日月交替为风景意象编织的叙事结构。这种回环型的叙事结构,将风景作为人物情感的对应物,有效地串联在小说中,情感化和性格化的风景将人物的情绪氛围弥漫到整篇作品。"风景是和孤独的内心状态紧密联接在一起的。这个人物对无所谓的他人感到了'无我无他'的一体感,但也可以说他对眼前的他者表示的是冷淡。换言之,只有在对周围外部的东西没有关心的'内在的人'(inner man)那里,风景才能得以发现。"[②]"白云来往""残春碧落""樱花小片无风飞坠的微声"……"内在的人"于质夫捕捉着自然界微小的变化和声响,而这些正呼应了人物寂寥、惆怅的情感状态。

伴随着主人公意识流动和感觉变化的是小说异常缓慢的叙事节奏。时间和空间在现实中都是凝滞不变的,整篇小说始终停留在下午5点钟的那一时刻和寄寓的那间小楼。风景在凝滞时间中流动,建构出多维的叙事空间,呈现出多重的隐义内涵。

接下来无论是"钱塘江上的小县城",还是"北方的故都",都高悬着一弯明月。

> 因为这幽暗的天空里悬着的那下弦的半月,光线好像在空中冻住了。[③]
>
> 只有他一个人此刻还醒着开了眼浮在王城的人海中间。在冷灰似的街灯里穿过了几条街巷,走上玉桥的时候,忽有几声哀寂的喇叭声,同梦中醒来的小孩的哭声似的,传到他的两只冰冷的耳朵里来。他朝转头来看看西南角上那同一块冰似的月亮,又仰起头来,看看那发喇叭声的城墙里的灯光,觉得一味惨伤的情怀,同冰水似的泼满了他的全身。[④]

"好像""似的""冰似""觉得"一连串的词汇在这里呈现出极

具感觉化的月夜风景。这风景不是被看到的,是被感觉到的。主人公的主观情绪强烈地投射到了眼前的风景物体上。客观实在的风景,唯因看风景的人将主观意识投射其上,才变成了具有人的感觉化和情感化的主观自为。与此同时,风景“被变成”的背后,是颠倒的装置使然。现实社会的冷漠和生存状况的凄惨,是颠倒风景背后隐义的内涵空间。

同时,风景的多维空间建构,又重新塑造了小说的叙事时间。现在身处日本的于质夫对故乡过去人事的美好回忆、对故国黑暗现实的愤恨,对未来迷茫失意生活的灰色展望,主人公的这些意识流动建立起多维的叙事空间,同时又赋予了凝滞的时间以线性发展的生命;而获得了生命内涵的时间进程又给予了风景意象以历史感和纵深感,具有了穿透时空的恒久魅力。在多维的风景空间架构中,主人公小我的心绪和情感,此时上升为大我的对民族、历史的和国家观照;而在时间的线性历史发展中,风景穿越了过去、现在,并向未来飞升,从而获得了超越时代和地域、政治等的文化内涵和属性。

> 在沉浊的夜气中间走了几步,他就把她忘记了;菜馆他也忘记了,今天的散步,他也忘记了,他连自家的身体都忘记了。他一个人只在黑暗中向前的慢慢走去,时间与空间的观念,世界上一切的存在,在他的脑里是完全消失了。⑤

最后,作者在抹杀了时间和空间的存在,将一切归为虚无的过程中,最终将风景意象内涵定格。穿越时间和空间的风景建构,抽离了外在的一切附着,赋予了孤独、迷茫的思绪以哲学化的恒长意蕴和思索。主人公的随波逐流,既是对现实的无奈,也有对自我的放逐,从而为作品涂抹上浓重的悲剧意蕴。

这样的风景叙事结构,在《青烟》《落日》《离散之前》《微雪的早晨》等作品中都有安排。《青烟》中的月夜风景,建构了都市和乡村的两层空间,两极空间对立中蕴含着作家对都市现代文明的思考和物欲横流中世态炎凉的悲叹;对现代文明的反思对自身现实处境的描摹,也出现在《落日》"颠倒"的风景中。落日的风景贯穿作品,在都市的落日中"W 公司的大楼"代表的繁华的现代文明不属于我,"我"成了现代文明的他者,不但被都市拒绝,"我"也在抗拒都市。在双重隔膜中,我陷入了迷茫、悲寂的生存处境。在《离散之前》和《微雪的早晨》,郁达夫分别用"雨"和"雪"两种"天候",将作品贯穿起来。雨景和雪景反复出现在作品中,营造了悲惨、凄楚的情绪氛围。

同一风景意象在小说中回环往复的出现,不但强化了风景意象所代表的情绪氛围,显示了主人公的自我意识,增强了小说结构的整体感;而且更为重要的是,扩展了小说的空间,塑造了小说时间的历史感;同时,在超越时空的小说结构建造中,把自我和个人的生命体验上升为一种具有人类普泛型的主题,从而将风景主题意蕴推向象征和哲学层面。

二、隐 喻 结 构

中国传统对比喻的理解是建立在一元论世界观上,视万事万物为一元的有机体。相对而言,西方的隐喻观念很早就影射张力和断裂的关系。亚里士多德对隐喻的定义是:"异中见同"[⑥],也就是说西方对隐喻强调张力和矛盾,中国传统的"比"强调类同和协调。与此相对应的是中西方在世界观上的差异。隐喻是一种感受、理解和解释世界的重要途径。相对于中国的一元有机宇宙观,西方的隐喻概念以二元论世界观作为前提,它将自我与他人、精神与肉体、理念与形式作了对立的划分。在小说中,隐喻不仅仅是一种修辞技巧。风景书写借助于隐喻,形成一种风景意象,不仅可以将客观世界将主观世界联系起来,在协调或者对立中,传达人的主观认知，彰显人与世界的关系；而且风景书写还可以形成一种结构性技巧，成为小说主题的一个隐喻。换言之，创造性地运用隐喻，从而使风景书写获得了主题和结构的双重意义。

郁达夫小说的风景书写，在凸显风景的人文内涵和主题意蕴的同时，还常常具有这样的结构性功能。

《马缨花开的时候》创作于1932年，在这之前郁达夫曾因肺病短暂入院。小说一开始，就有一段关于马樱花的描写。“我”当时还以为是木兰花，并没有十分在意。但是，作者却并非是无意为之。白色的马缨花与金色的十字架在“我”的视线看到的画面里并置，作者似乎不经意间就在作某种勾连，就在将某种内涵意蕴放入这“白色物体”里。同时在叙事结构上，形成一种悬念和线索，引领读者进一步地探究。其后，作者似乎把这“白色的幻影”完全忘记，宕开笔墨在写慈善院的牧母护士对“我”的悉心照顾。“一个人单身病倒了在这举目无亲的上海，那能够不感到异样的孤凄与寂寞呢?”牧母的关心和照料给“我”带来了莫大的慰藉，不知不觉中，两人结下了很深的友情。

小说最后终于让马缨花出现，对此作者设计得也特别含有深意。“我”始终没能真正看到和触摸到马缨花，而是远远地嗅到了它清幽的香气，从衣服上看到了它的花影。我不需要真正得到它，拥有它，也不需要核实这是不是真正的马缨花，因为它已幻化为一种美好，留在了记忆中。此时，作者巧妙地将马缨花与牧母护士连接起来，在同质同构的和谐隐喻中完成了对主题的抒发和升华。马缨花构成了小说的叙事线索，组成了小说的叙事结构，这样的结构本身也成为了一种隐喻。马樱花的开放过程也是牧母护士美好人性绽放的过程；对马缨花的认识和发现的过程，也是我对牧母的美好人性了解的过程。马樱花开具有了意义和结构的双重隐喻。最终，作者在象征层面上完成了对主题意蕴的阐发。

同样的叙事隐喻结构也出现在《迟桂花》中。关于迟桂花，在小说中一共出现了三次，和《马樱花开的时候》一样，几乎全是虚写。“我”刚到翁则生家的附近，就感叹风景的清幽，更惊讶的是闻到了一股“撩人的桂花香气”，后来这股香气还出现在了则生妹妹泡的清茶中，经“我”询问，则生道出了“迟桂花”的来历。有意思的是此时“迟桂花”引起的感受却是“我闻了，似乎要起性欲冲动的样子”。[⑦]在“我”对“迟桂花”的表述中，“迟桂花”的含义已经由自然物象开始向人的意义内涵转移，只是，这种感受还只是存在于感官欲望层面。接下来作者大量的笔墨用在了描写“我”和则生妹妹同游的过程。也正是在这一过程中，她单纯、善良、贞洁的品行让“我”超越了感官欲望，物与人，“迟桂花”与则生妹妹的形象合二为一，“迟桂花”的含义也随之上升到象征层面。在我对翁则生的祝辞和小说结尾对“我”自己的祝辞中，都已经在使用它的隐喻内涵。

因此，从叙事结构上来说，小说又是“迟桂花”的意义内涵阐述的过程，同时，在“迟桂花”内涵由自然风景物象到人文内涵的转变过程中，也隐喻了“我”的思想和观念的转折。自然风景和人文内涵缠绕上升，相互隐喻和映衬，最终完成了主题和结构的双重隐喻。

三、《阿河的艺术》

和“五四”一代的文学巨匠们一样，郁达夫的文学创作不仅与中国传统文学有着密切的关系，同时，外国文学的影响也是十分显著的。学贯中西、涉猎广泛、视野宽阔的郁达夫更是如此。特别是他精通英语，赴日以后又渐通日、德、法等多国文学，仅留学期间便已浏览西方文学原著千种以上，从俄国、日本小说，到德、英、法、美等国文学，郁达夫接触的不同国度不同时代的各种文学流派十分广泛，从中汲取了丰富的文学营养。《五六年来创作生活的回顾》

一文中,郁达夫曾谈到,他开始接触外国文学时,最初感兴趣的是俄国文学,在阅读了俄国作家的大量作品之后,转而他又对德国文学发生了兴趣。日本名古屋的第八高等学校的德国教育体制使得郁达夫的德文造诣很高。他不仅能做德文诗,而且还翻译过施托姆、林道、盖斯戴克、托马斯·曼的小说和歌德、戴美尔、伐尔克等人的诗歌。他曾把歌德的自传《诗与真》(*Dich-tung and Wahiheit*)意译为"文朴",用作自己的笔名。回国后,他在上海法科大学讲授过德国文学史。此外,他还撰写了《斯笃姆》《林道的短篇小说》《查尔的百年诞辰》《自歌德以后的德国文学举目》《犹太人的德国文学》等关于德国文学研究的专门论文。在《闲书》与《日记九种》中,他提到的德国作家达数十人之多。

在风景书写方面,学者们注意较多的是郁达夫的《小说论》中关于对卢梭、华兹华斯、杜葛纳夫等作家小说叙事手法的介绍和推崇。但其实,北欧文学对郁达夫的影响也很大。在有限的译文中,我们注意到郁达夫翻译了德国作家菲力克斯·璞本白耳格译介的《阿河的艺术》。十分关注自然的菲力克斯·璞本白耳格对芬兰作家约翰尼·阿河推崇备至,并进而对他的艺术价值做出了至高的评价:"对于常住在我们自己的心里的那位不可知的上帝,用了强烈热迫的感情,向自然的风物和它们的生长上来追求,并且想在这里重新发见自己的精神的这种现代的泛神论的自然感觉,在造形艺术与诗的自然风景描写上开出了一条真是值得惊异地深厚的大道。而这一种显征是一般文化民族间共通的现象。"⑧对照郁达夫的小说创作,你会发现,郁达夫与德国和"北欧"文学的深切共鸣。为此,郁达夫又翻译了这位芬兰作家另外一篇短篇小说《一个败残的废人》。

是什么如此吸引和影响着郁达夫呢?具体说来,在人与自然的关系上,《阿河的艺术》更强调灵魂的共鸣,这种互动是与"深沉的岑寂,暗默的寡言"的人远离人群和自然以"内部的沉思"的方式进行的有关。“和宽广的外界完全隔断,只独居在这些极僻远的岸边的人们,自然只能深深地更深一层地陷入于自己的内部沉思里去。周围的事物,对他们于是乎就都带有着人性的意义,他们就把他们自己的内部生活,自己的精神灵性付给了周围的事物。”[9]这类似于柄谷行人所说的“内在的人”才能发现真正的风景。在沉思中,可以更深刻地感知自己和大地的联结,而自然的一切也随之投射到了他们的内心中。在人与自然的互动共鸣中,风景被人化,人也被自然化。这种风景与人的互动关系我们在《沉沦》《银灰色的死》等作品中都可以发现。主人公离群索居,与大自然息息相通发现了自我的孤独与孤寂。风景在郁达夫笔下更成为一种主观自为力量,塑造和影响着他笔下的主人公。

不仅如此,菲力克斯·璞本白耳格还发现了人对自然态度的“两种情调”。“各种的情调感觉都系从周围的自然环境里迸流而出,再反过来,一切的精神上的现象起落又都会循环反射到周围的自然环境里去的。”[10]而两种情调的变幻,构成了小说的叙事线索和结构,“小说完全系来回摇曳在这两种情调之中的”。[11]对自然,郁达夫小说的主人公也常常陷入这样矛盾的心理中。一会自然是“慈母”;一会他又变成阴森可怖的鬼蜮。向往自然风景的静寂,却又耐不住寂寞,时时眺望着“人间的烟火”。在心情的起起伏伏中,自然变幻着不同的色调。郁达夫小说风景叙事的两种结构:回环结构和隐喻结构,都是这种“情调”变幻的结果使然。风景书写贯穿始终,反复出现,辉映着主人公的情绪变迁,推动着小说的情节发展;同时,风景作为一种意象,在升华和阐释的过程中,塑造着作家笔下的人性。而这种阐释的过程,在构成小说叙事线索建构小说的叙事结构的同时,本身也构成一种隐喻,成为一种自我认知的过程。

正是在人与自然风景的互动关系书写上,郁达夫与德国和北欧文学找到了灵魂的共鸣,郁达夫因而也获得了书写和刻画人物的独特角度,风景在他的小说中最终实现了主题意蕴和叙事结构的双重功能。

(泰山学院　文学与传媒学院)

〔本论文系教育部人文社会科学规划基金项目“中国现代小说风景书写研究”(15JYA751010)和山东省社会科学规划研究重点项目(项目编号:14BWXJ01)的阶段性成果。〕

注释

① 王自立、陈子善编:《郁达夫研究资料》(下册),天津人民出版社 1982 年版,第 684 页。

② [日]柄谷行人著,赵京华译:《日本现代文学的起源》,生活·读书·新知三联书店 2003 年版,第 15 页。

③④《郁达夫全集》第 1 卷,浙江大学出版社 2007 年版,第 172—173 页。

⑤《郁达夫全集》第 1 卷,浙江大学出版社 2007 年版,第 175 页。

⑥ Aristotle, Rhetoric(with Poetics), trans. W.Rhys Roberts(New York: Modern Library, 1954), p.255。

⑦《郁达夫全集》第 2 卷,浙江大学出版社 2007 年版,第 387 页。

⑧《郁达夫全集》第 11 卷,浙江大学出版社 2007 年版,第 442 页。

⑨《郁达夫全集》第 11 卷,浙江大学出版社 2007 年版,第 443 页。

⑩⑪《郁达夫全集》第 11 卷,浙江大学出版社 2007 年版,第 446 页。

平淡如水的君子之交

——陈独秀和周氏兄弟(下)

蒋兵魁

一

1937 年 7 月 7 日“卢沟桥事变”爆发。8 月 23 日,由于战争局势恶化,再加上胡适等人向国民党高层通融,陈独秀被提前释放出狱。

11 月 19 日,恰逢鲁迅逝世 1 周年,陈独秀应邀在 11 月 21 日的《宇宙风》杂志发表了《我对于鲁迅之认识》一文,文中对鲁迅作出了独特的评价。这篇文章称得上是“知人论世”的佳作:

> 世之毁誉过当者,莫如对于鲁迅先生。鲁迅先生和他的弟弟启明先生,都是《新青年》作者之一人,虽然不是最主要的作者,发表的文字也很不少,尤其是启明先生;然而他们两位,都有他们自己独立的思想,不是因为附和《新青年》作者中那一个人而参加的,所以他们的作品在《新青年》中特别有价值,这是我个人的私见。
>
> 鲁迅先生的短篇幽默文章,在中国有空前的天才,思想也是前进的。在民国十六七年,他还没有接近政党以前,党中一班无知妄人,把他骂得一文不值,那时我曾为他大抱不平。后来他接近了政党,同是那一班无知妄人,忽然把他抬到三十三

> 天以上,仿佛鲁迅先生从前是个狗,后来是个神。我却以为真实的鲁迅并不是神,也不是狗,而是个人,有文学天才的人。
>
> 最后,有几个诚实的人,告诉我一点关于鲁迅先生大约可信的消息:鲁迅对于他所接近的政党之联合战线政策,并不根本反对,他所反对的乃是对于土豪、劣绅、政客、奸商都一概联合,以此怀恨而终。在现时全国军人血战中,竟有了上海的商人接济敌人以食粮和秘密推销大批日货来认购救国公债的怪现象,由此看来,鲁迅先生的意见,未必全无理由吧! 在这一点,这位老文学家终于还保持着一点独立思想的精神,不肯轻于随声附和,是值得我们钦佩的。[①]

在当时已经流露出逐渐神话鲁迅的苗头的社会氛围中,陈独秀的文章澄清了三点:(1)周氏兄弟不是《新青年》的主要作者,然而,“他们的作品在《新青年》中特别有价值”。(2)鲁迅的文章在“中国有空前的天才,思想也是前进的”,他为鲁迅在20世纪20年代末期遭到创造社、太阳社的批判打抱不平,同时认为对他的过分贬损和过度吹捧都不是实事求是的态度。(3)鲁迅之所以可贵,完全在于他始终保持着“独立思想的精神”。在今天看来,陈独秀平实的见解比许多盲目吹捧的文章更加有益于理解鲁迅。而陈独秀评价鲁迅的态度和观点,一方面,固然体现了他的敏锐观察力和不轻易附和舆论的独立意识;另一方面,他作为和鲁迅平辈的社会知名人物,自然对鲁迅以平等眼光视之,而绝难认同神话鲁迅的现象(无独有偶,当神话鲁迅成为社会风气后,周作人在评价鲁迅时,也屡屡强调鲁迅平凡的一面)。

还有一点需要提及的是,陈独秀和鲁迅均以“反对传统文化”而闻名于世。他们的学术活动却又以传统文化研究见长。到了晚年,他们对传统文化的认知在某些方面又不谋而合,实在值得后人深思。

陈独秀定居江津期间，将主要精力都投入了《小学识字教本》的撰写方面。他的作为固然是对自己文字学方面的造诣相当自负，许多创见如骨鲠在喉、不吐不快。然而，陈独秀此举还有着更为远大的抱负和责任感——完成新文化运动的“未竟之功”。1940 年 9 月 15 日，陈独秀在致台静农信中写道：

> 中国文化在文史，而文史中所含乌烟瘴气之思想，也最足毒害青年，弟久欲于此二者各写一有系统之著作，以竟《新青年》之未竟之功。……史较文字更难，新材料未发见以前，旧材料势不能尽废，惟有加以合理的整理，以期减少乌烟瘴气耳。[②]

至于鲁迅，“文学史研究无疑始终是鲁迅学术兴趣的重点”。[③]1923 年，鲁迅有《中国小说史略》问世。此后，他又拟定了撰述中国文学史的计划。1927 年 9 月 14 日，他在致许广平信中写道：“想认真一点，编成一本较好的文学史。”[④]由于各方面因素制约，鲁迅并未完成夙愿，只是完成了一部教学讲义《汉文学史纲要》。而他对撰述中国文学史一事始终牵挂在心。1933 年 6 月 18 日，鲁迅在致曹聚仁信中慨叹道：

> 中国学问，待从新整理者甚多，即如历史，就该另编一部。古人告诉我们唐如何盛，明如何佳，其实唐室大有胡气，明则无赖儿郎，此种物件，都须褫其华衮，示人本相，庶青年不再乌烟瘴气，莫名其妙。其他如社会史，艺术史，赌博史，娼妓史，文祸史……都未有人著手。……我数年前，曾拟编中国字体变迁史及文学史稿各一部，先从长编入手，但即此长编，已是难事……直到现在，还是空谈。[⑤]

晚年的陈独秀和鲁迅对各自的著作念念不忘,渗透着浓浓的入世精神和启蒙理念。他们是从传统过渡到现代的特殊一代人,对传统文化的精华和毒素都有着清醒的认知。他们自信可以承担起"清道夫"的责任,从而不再让青年受到"乌烟瘴气"的毒害(他们在晚年评价中国传统文化时,不约而同地使用了"乌烟瘴气"一词)。陈独秀的用心及心境,正如台静农在解析他"久欲于此二者(指中国文史——引者注)各写一有系统之著作"时所说的:"他以为在中国长期的封建社会形成的学术思想,有些乌烟瘴气,再不能让它继续下去毒害青年,这是《新青年》时代所未曾做到的,也就是他虽在衰病的晚年不能放弃的责任。"[⑥]鲁迅的用心及心境大抵近似。

新文化运动先驱中,鲁迅以《中国小说史略》奠定了中国古代小说史研究的基础和格局,至今无人能够逾越;胡适是中国古典小说研究的开山者和奠基人,影响深远、功勋卓著;陈独秀则终生痴迷文字学,更有集大成之作《小学识字教本》传世。这些煞费苦心、让后人高山仰止的学术成果的问世,似乎比声嘶力竭地空喊"维护传统文化"更加切实有效,更加有利于传统文化实现涅槃,从而卓然立于世间。

二

基于民族大义,陈独秀出狱后不遗余力地宣传"全民抗战",倡导"持久战",大力斥责日本帝国主义者的侵略行径,他甚至公开支持由更具实力的政治宿敌国民党来领导抗战。9 月,陈独秀前往成为抗战大本营的武汉。对抗战局势及国家前途时时萦怀于心的他,或撰文,或演讲,为抗战做着力所能及的工作。1938 年 3 月,陈独秀在武汉遭受了一番政治挫折后,于 6 月底转赴重庆,8 月初又定居江津。

在国家民族面临重大挫败和考验的紧要关头,多年栖居在

“苦雨斋”中的周作人却一步步跨过民族底线。1937年7月底北平陷落后,北大等高校陆续南迁,满足于安逸生活的周作人则选择留在北平,并且拒绝了诸多好友言辞恳切的劝驾南行之词。9月26日,他在致《宇宙风》杂志编辑陶亢德信中声言:“请勿视留北诸人为李陵,却当作苏武看为宜。此意亦可以奉告别位关心我们的人。”⑦如此表态不可不谓掷地有声,不少对周作人心存敬仰、生怕他因一念之差而失足的人士高悬的心也暂时放下了。

1938年2月,言犹在耳,周作人即以北京大学教授的身份,参加了日本《大阪每日新闻》社召开的“更生中国文化建设座谈会”,这是他半推半就地投入日本帝国主义者怀抱的开始,从而引起了社会各界的一片惋惜和斥责之声。然而,此起彼伏的舆论压力并未阻止周作人“下水”的脚步。

8月,针对日本的社会主义者为日本侵略中国辩护的论调,陈独秀发表了《告日本社会主义者》一文。陈独秀承认自己和周作人一样,“敬爱日本人民的诚实和勇敢,洁静和富于同情心,甚至承认日本政治也比中国清明”,然而,在民族大义面前,他不得不严厉斥责丧失民族立场的老友周作人:

> 最后,我还要说到我们的周作人先生,敬爱日本人民的诚实和勇敢,洁静和富于同情心,甚至承认日本政治也比中国清明,并且痛恨中国社会之堕落和政治之不良,我都和周作人先生没有两样;然而这一切决不能减少我反抗日本帝国主义的心情,在日本帝国主义的枪尖指挥之下,在日本帝国主义走狗中国的汉奸卖国贼领导之下高谈中国文化再生,这不能不是人类文化之奇耻大辱!因此我不能不为周作人先生惋惜,严格的说,应该是斥责而不是惋惜,虽然他是我多年尊敬的老朋友!⑧

不知周作人是否看到过陈独秀的文章。然而,对于已经陷于麻木境地的周作人而言,即便看到这篇文章,也未必会有什么惊醒之举——从1937年8月郭沫若的《国难声中怀知堂》一文中夸张却不乏真诚的"如可赎兮,人百其身"的呼吁中,[9]从1938年5月茅盾、郁达夫等18位作家联名发表的《给周作人的一封公开信》的严词警告中,[10]从1938年8月胡适劝说他南下,并且期盼他做"识得轻与重"的"智者"的恳切诗作《寄给在北平的一个朋友》中,[11]都透露出浓浓的关注和提醒之情,以及对他不曾悬崖勒马的惋惜和斥责。周作人对此统统无动于衷——既不接受,也不辩解,只有沉默。

周作人冷漠至冷血地步的表现,让人们看到了一个锈蚀的灵魂。周作人作为社会公众人物(并且社会声望相当崇高),人们以高于常人的标准要求他做时人的楷模,是无可非议的。正如郭沫若在《国难声中怀知堂》一文中所写的:"日本人信仰知堂的比较多,假使得到他飞回南边来,我想用不着他发表什么言论,那行为对于横暴的军部,对于失掉人性的自由而举国为军备狂奔的日本,怕已就是无上的镇静剂吧。"[12]周作人的作为显然是大失人望的。

周作人用自己的行动,改变了自己的命运和历史。

1939年元旦,几名隶属于"抗日杀奸团"的爱国青年闯进八道湾周宅,向周作人开枪射击。虽然周作人没有受伤,这一暗杀事件却成为他加速投靠日本帝国主义者的转折点和催化剂。2月,周作人接受了伪北京大学聘其为图书馆馆长的聘书,就此正式"下水",彻底沦落为汉奸。3月,周作人接受了伪北京大学文学院筹备员职务,接着,又当上了伪北京大学教授、文学院院长。1940年12月,伪华北政务委员会教育总署督办汤尔和病逝,伪南京国民政府"特命周作人为华北政务委员会委员,并指定为常务委员,兼教育总署督办",[13]成为掌握实权的行政官僚。1941年10月起,周作人又兼任伪东亚文化协议会会长。

周作人沦落为汉奸后，即成为日本帝国主义者侵略中国政策的鼓吹者和维护者。在此期间，尤其是担任教育总署督办后，周作人或发文或演讲，鼓吹“中日亲善”“大东亚共荣”，对日本帝国主义者的侵略行径大唱赞歌、处心积虑地为其侵略行径辩护（周作人毕竟并非政治长才，也只是按部就班地应付而已）。1941 年 7 月 17 日，周作人在北平伪中央广播电台作了题为《治安强化运动与教育之关系》的演讲，鼓吹华北政务委员会推行的治安强化运动“是和平建国的基础，是华北反共最重要的工作，同时也是使民众安居乐业的唯一途径”。[14]周作人担任教育总署督办期间，还推行以“亲仁善邻”为宗旨的教育政策。为此，他频繁出席教育会议及各种讲习班、训练班，如念咒般地不断作出各种致辞、训示。尤为甚者，1942 年 12 月 8 日，伪中华民国新民会青少年团中央统监部成立，周作人出任副统监。在下午举行的检阅青少年团训练的活动中，周作人竟然头戴日本战斗帽，身着日本军装，主持检阅式，看着殊为怪诞。

作为文人，周作人是“文化汉奸”，没有干过（没有机会干，也不会干）太多“杀人放火”“出卖民族”的勾当。然而，周作人的汉奸罪名却是无可辩驳的（甚至周作人本人也只敢拐弯抹角地为自己辩护）。而值得注意的是，周作人沦落为汉奸期间的文章和演讲，诸多周作人的文集或选集都有意无意地不予选录（不予选录似乎并非仅仅因为这些文章不具有文学审美价值，而难脱“为尊者讳”的考量），以至于他的汉奸罪名几乎成为空壳。甚至在很长时间里，公开为周作人的汉奸罪名辩白或叫屈的也不乏其人。

往昔看似无欲无求的“苦雨斋主人”的风度，此时已经荡然无存了。取而代之的则是一个贪求富贵、无视社会舆论的庸俗官僚。最让人不可思议的是，周作人即便在彻底沦落为汉奸后，始终保持着“心如止水”的态度，轻描淡写地称其为“隐忍的勉强过活”，并且在后来也始终坚持“不辩解”的立场。[15]

然而，周作人毕竟是文人出身，谋略短缺（行政事务本身就并非周作人所擅长），因此很快就在和一班老练政客官僚的钩心斗角中落马。1943 年 2 月，周作人被削去教育总署督办的实权职务，又先后被委以华北综合调查研究所副理事长、伪南京国民政府国府委员等虚职。1945 年 2 月，华北政务委员会改组，周作人仍然被任命为华北政务委员会委员。7 月起，在日本败迹日显的氛围中，周作人先后写下《饼斋的尺牍》（7 月 12 日）、《曲庵的尺牍》（8 月 27 日）、《实庵的尺牍》（8 月 29 日）等文章，公布了钱玄同、刘半农、陈独秀等友人写给他的多封书信。这或许是周作人以自己的方式表达了对几位老友的悼念之情。

三

1929 年 8 月，周作人在致胡适信中对两人的关系作了“交浅言深”[16]的评价。应该说，以周作人的话来形容陈独秀和周氏兄弟的关系也是恰如其分的。陈独秀和周氏兄弟从来都相互承认是老朋友，也多次相互表达过敬意，然而，陈独秀和他们既未成为在“公”志同道合、在“私”从无个人冲突的至交（如和汪孟邹、李大钊），也不曾成为在政治上、思想上争论不断，又私交甚笃的朋友（如和胡适、章士钊）——周氏兄弟反倒和钱玄同、刘半农等人有着更多的相同情趣，彼此隔阂较少，长期保持着密切的来往。

论及陈独秀和周氏兄弟未能建立密切的私人交情及后来来往的中断，其中缘由还是略有不同的。

陈独秀和周作人一度来往不算太少。他们后来断绝了来往，除了个人经历、性格之外，思想观念不同以及从事领域不同要占很大的比重。20 世纪 20 年代初期起，陈独秀越来越热衷于“谈政治”,直至创建并且领导着一个迅速崛起的政党,随即又和国民党合作,积极从事政治活动,以武力推翻北洋政府为政治目标;周作人则对“谈政治”持保留态度,始终以作家、学者面目示人,即便关注、介入时事,也并不逾越思想者的身份。20世纪20年代后期,周作人的棱角开始一点点磨平,对时事越来越抱着消极态度,一步步从较为关注现实的“十字街头”走向自己筑造的“象牙塔”——“苦雨斋”。1932年11月,周作人在致友人俞平伯信中即自认:“一个人的生活态度时时有变动,安能保持十三四年之久乎?不佞自审近来思想益消沉耳,岂尚有五四时浮躁凌厉之气乎。”[17]更为重要的是,周作人所走的人生道路,很大程度上是出于个人思想变动后的自觉选择。可以说,陈独秀和周作人的分道扬镳有其必然性。

然而,考察陈独秀和鲁迅关系始终较为疏远的原因,却不能仅仅从他们的经历、性格、从事领域以及思想观念的差异中寻找(恰恰相反,他们性格方面倒有不少相似之处,如倔强、脾气大等,思想观念方面也都倾向于左翼思潮一边),而应该从他们的经历及思想观念的“时间差”方面寻找原因:

陈独秀和鲁迅结识于新文化运动时期,当时的陈独秀以“辟易千人”[18]的魄力发起了新文化运动,联络团结一大批知识分子,高举“科学”和“民主”两面大旗,他对自己所从事的事业自然满怀激情、信心十足,并且毫无惧色地面对一切射向新文化运动的明枪和暗箭。可以说,陈独秀一生历经种种挫折和磨难,而他的人生态度始终是乐观的、豪迈的。新文化运动时期的鲁迅却并非如此。钱玄同的鼓励、督促让他结束了以古籍麻醉生命的孤寂日子,参加到了轰轰烈烈的新文化运动中来,为之呐喊助威。然而,鲁迅对陈独秀等人所从事的事业能否成功实际上是颇为悲观的,他的态度因此也是颇为消极的:

> 鲁迅是以一种非常独特的方式，加入“五四”那一代启蒙者的行列的，这独特并不在他的战斗热情比其他人高，也不在他的启蒙主张比其他人对，他的独特是在另一面，那就是对启蒙的信心，他其实比其他人小，对中国的前途，也看得比其他人糟。即便是发出最激烈的呐喊，他也清醒地估计到，这呐喊多半不会引来什么响应；就在最热烈地肯定将来的同时，他也克制不住地要怀疑，这世界上恐怕是只有黑暗和虚无，才能长久地存在。⑲

陈独秀和鲁迅有着如此不同的思想观念（两人气质、知识结构也不同），再加上陈独秀当时的社会声望以及在《新青年》团体的地位要远远高于鲁迅，自然使得鲁迅不会和他过分接近。鲁迅自己就说，《新青年》团体中，“最惹我注意的是陈独秀和胡适之。……我佩服陈胡，却亲近半农。”⑳

陈独秀组党从事政治活动时，鲁迅基本上站在原有立场，为《新青年》团体的解体感到惋惜，继续做着“为人生”的思想启蒙工作，并且不愿和政治发生关联，这时的鲁迅不会和已经成为政治界一大权威的陈独秀有太多共同语言。即便国民革命后期，鲁迅和一些中共党人（其中包括陈独秀的长子陈延年）有过接触，思想上有所触动，他和陈独秀的人生仍然没有什么交集。鲁迅的思想发生改变还是在几年后。

到了鲁迅政治上和中共逐渐接近时，陈独秀却已经从显赫的中共中央总书记转变成了中国托派领导人。即便鲁迅此时对陈独秀仍然心存一定好感，客观环境也已经排除了他们接近的任何可能性。

注释

① 陈独秀：《我对于鲁迅之认识》，《陈独秀著作选编》第5卷，第215页。

② 陈独秀:《致台静农信》(1940年9月15日),吴铭能:《陈独秀晚年书札在台湾》,吴铭能:《历史的另一角落——档案文献与历史研究》,商务印书馆2012年版,第160页。

③ 陈平原:《作为文学史家的鲁迅》,陈平原:《作为学科的文学史》,北京大学出版社2016年版,第325页。

④ 鲁迅、许广平:《两地书》,《鲁迅全集》第十一卷,人民文学出版社2005年版,第119页。

⑤《书信·330618致曹聚仁》,《鲁迅全集》第十二卷,人民文学出版社2005年版,第404页。

⑥ 台静农:《酒旗风暖少年狂——忆陈独秀先生》,《鲁迅研究月刊》1991年第2期。

⑦ 周作人:《致陶亢德》(1937年9月26日),《周作人散文全集》第7册,第794页。

⑧ 陈独秀:《告日本社会主义者》,《陈独秀著作选编》第5卷,第277页。

⑨ 郭沫若:《国难声中怀知堂》,《周作人评说八十年》,中国华侨出版社2005年版,第12—13页。

⑩ 茅盾、郁达夫等:《给周作人的一封公开信》,《周作人评说八十年》,中国华侨出版社2005年版,第169—170页。

⑪ 胡适:《寄给在北平的一个朋友》,《周作人评说八十年》,中国华侨出版社2005年版,第14页。

⑫ 郭沫若:《国难声中怀知堂》,《周作人评说八十年》,中国华侨出版社2005年版,第13页。

⑬ 张菊香、张铁荣编:《周作人年谱》,天津人民出版社2000年版,第601页。

⑭ 张菊香、张铁荣编:《周作人年谱》,天津人民出版社2000年版,第618页。

⑮ 周作人著、止庵校订:《知堂回想录》,下册,第716—717页。

⑯ 周作人:《劝胡适回平教学书》(1929年8月30日),《周作人散文全集》第5册,第577页。

⑰ 周作人:《致俞平伯的信》(1932年11月13日),周作人著、止庵校订:《周作人书信》,北京出版集团公司、北京十月文艺出版社2011年版,第109页。

⑱ 梁漱溟:《纪念蔡元培先生——为蔡先生逝世二周年作》,《蔡元培纪念集》,浙江教育出版社 1998 年版,第 135 页。

⑲ 王晓明:《无法直面的人生——鲁迅传》,上海文艺出版社 2001 年版,第 60 页。

⑳ 鲁迅:《且介亭杂文·忆刘半农君》,《鲁迅全集》,人民文学出版社 2005 年版,第六卷,第 74 页。

“常见书”与现代作家、学者的“集外手稿”

——以《志摩日记》为讨论对象

王　贺

一、“集外手稿”的概念

“重视文学文献史料的开掘，已是近年来现代文学研究领域不争的事实。”其进展之迅速、成绩之惊人，学界有目共睹，“饶是如此，有关近人集外文及重要研究资料之搜讨来源、线索，仍不无可议之处，此即常见的书籍、报刊等文献，亦即一般所谓的‘常见书’”。[①]仍可构成一重要来源。此前笔者曾以穆时英研究领域中的三个例子(含集外文、书简和研究资料)，对此问题予以论析。但在事实上，“常见书”中亦有不少未编入文集、全集的现代作家、学者手稿，须作搜求、整理及研究。由陆小曼编辑、整理的“徐志摩遗作”《志摩日记》(实为二人合著)，就是足以说明此一现象的一个很好的个案。

《志摩日记》(下简作《日记》)于 1947 年 3 月由上海晨光出版公司初版，系“晨光文学丛书”第 6 种。书前有陆小曼序，交代出书之背景及编辑经过等，正文则由徐志摩所撰《西湖记》《爱眉小札》《眉轩琐语》及陆小曼的《小曼日记》所组成。其中的《爱眉小札》《小曼日记》早在 1936 年良友图书公司版《爱眉小札》已经公布,而《西湖记》与《眉轩琐语》则为最新增补,一并增补的还有徐志摩及徐陆二人照相、徐志摩手稿照相等资料。另有一“书中书”,题作《一本没有颜色的书》,为徐志摩“的一本纪念册”之“真迹影印”,[②]据陆小曼的说法,“是许多朋友们写给他和我的许多诗文图画,……也制版放在一起凑个热闹”。[③]堪为这本《日记》中最抢眼的附文。

《日记》于1948年9月再版,1949年4月3版,1949年后也分别出版过影印本和整理本。影印本于1973年由香港汇通书店出版,此书虽系翻印、盗印而成,今已属陈迹,但毕竟是《日记》的第一个影印本,贡献不容抹杀。整理本则有《志摩日记》(书目文献出版社1992年版)堪为代表,在其重排原书的同时,也将原书的附文、“副文本”在内的各种文本、信息做了最大程度的保留,可见其用心。此外,陈子善选编《爱眉小札——徐志摩致陆小曼情书》(经济日报出版社2000年版),收入了原书正文——徐志摩、陆小曼日记和附文——诸多近现代作家、学者手稿(书作)及画作、照相中的绝大多数内容,尤其其中所附徐志摩及其他人的诗文手稿的文字,均已悉数编入此书;柴草编《众说纷纭陆小曼》(山西古籍出版社2006年版)还列入了原书的画作。

《日记》也早已被收入《徐志摩文集》《徐志摩诗文集》《徐志摩诗全集》《徐志摩散文全编》及多个版本的《徐志摩全集》等,但这些集子的做法不同于书目文献版《日记》及陈子善选编《爱眉小札》、柴草编《众说纷纭陆小曼》。有的基本上只录了《日记》的正文,有的则选录了该书附文中出现的部分徐氏文字,有的兼容并包、一例收入但并未作任何说明、校勘等,标准并不统一,以致为甲书所录而遭乙书弃置者数见。更令人遗憾的是,附文中的诸多现代作家、学者手稿(画作、照相姑不论),多未被编入相应的作者文集、全集,可谓“常见书”中的“集外手稿”(不少时候恐怕也是“集外文”)。

不过，在此提出“集外手稿”之说非为标新立异，实属无奈之举、权宜之计。乍看之下，既为“手稿”，便不存在是否“集外”之说，但稍作探究，即可发现此说似是而非。因我们能见之手稿，或为原件，或为原件照相，或为据原件整理之文字。但这三种形态之“手稿”，自有其不同的物质性，而其物质性之差异，也将其文本性质作出了定义——作为原件（原稿）之手稿，必属“集外”无疑，因原稿一般只此一份；但印入书刊者，必得是其照相或整理之文字，因此，也便有了是否“集外”的道理。更何况，在今时今日，讨论作为原稿的“手稿”渐已变为公私藏家的专利，[④]一般研究者绝大多数时候所能研判的，不过是集内或集外的“手稿”文字、照相或多媒体影像。[⑤]从这个意义上来说，“集外手稿”这一概念不仅变得可能，而且也具有了相应的、较为明晰的意涵——即指未收入作者文集、全集的手稿（文字、照相或多媒体影像）——与一定的针对性，可以帮助我们说明、理解这一类较为特殊的文本。

二、《志摩日记》中的“集外手稿”

以下即按《日记》初版原书编次顺序，将其中正文及附文所见一众现代作家、学者（画家杨清磬等人是极少数的例外）的诸多诗文是否“集外”之情形作一简述——

《日记》第 21 页：有徐志摩诗一首。该诗系新诗，“用杭白”做，因其后在《晨报·文学旬报》以《雷峰塔》为题单独发表，故而已被收入《徐志摩诗全集：别离的笙箫》等多种作品集，但字词略有出入，且作了分节处理，校勘须作参考。

第 45 页：徐志摩在自家照相后题一诗，并注明此片由“胡适手摄”；胡适相片后有句云：“适之，你为什么愀然若有所思？你的病容也不曾全减。”前者收入《徐志摩诗文集》等多种作品，后者则被收入《徐志摩全集》等。

第 111—113 页：有徐志摩诗一首，以首句《我来扬子江边买一把莲蓬》收入《徐志摩诗全编》等书。

第118—119页:有徐志摩诗一首,因后在《晨报副刊》单独发表,被收入《徐志摩诗全集:别离的笙箫》等多种集子,收入之版本为初刊本,题名《客中》,文词略有出入,校勘须作参考。

第122页:有徐志摩旧诗一首,收入孔范今主编《中国现代文学补遗书系·诗歌卷一》等多种集子,但其来源却是"上海良友图书公司1945年6月版《爱眉小札》",且由编者定名作《无题》,并予标点。

第124—128页:有徐志摩诗二首,第一首四节,第二首四节,均以其系《爱眉小札》1925年9月17日日记正文,故连同日记编入文集,但未择出视作独立二诗,编入诗集。

第151—152页:有徐志摩诗一首,题曰《残春》,被收入顾永棣编《徐志摩全集·诗歌卷》等集,并有注云:

> 载1928年5月10日《新月》第1卷第3期。徐志摩在1927年4月14日及4月20日的《眉轩琐语》中写道:"案上插了一枝花便不寂寞。最宜人是月移花影上窗纱。""我的墨池中有落红点点。""译哈代八十六岁自述一首,小曼说还不差,这一夸我灵机就动,又做得了一首——"这一首即《残春》。

可知是因为后来独立发表,而以发表之"初版本"被收入。但顾编所据《新月》刊本,与《日记》中的文本颇有出入,校勘须作参考。另外,有必要强调的是,上述被收入诸文集、选集和全集的全部徐志摩诗作,最早的文本应都是在《日记》之中;此前编辑作品集时所据之"初刊本"、"初版本"或名实相符,但在"从初兼顾从善"的意义上,似仍须考虑到《日记》中的原始面目。

第154页:有胡适题诗一首,诗下有注:"一九二五年作瓶花诗寄给小曼,后来稍修改了寄给字,今天重写了呈小曼。"此诗有多个版本，各版本文本颇有出入，是否彼此视作独立之文本另当别论，但是其早期文本形态无疑，校勘须作参考。《胡适全集》亦漏收。

第 158 页：有胡适题诗一首，似为此诗定稿（增加了前四句）。因胡适在致李拔可信中引用，故随同《致李拔可》收入《胡适全集》书信集部，但未收入其诗歌编。

第 159 页：有杨铨（杏佛）画作并词作《菩萨蛮·雪中望钟山》一首，全文为："素娥天半参差立，淡妆不着人间色。仙骨自珊珊，风前耐晓寒。玉颜空自惜，冷意无人识。天遣太孤高，何须怨寂寥。"（标点为笔者所加，下同）陈从周著、陈子善编《徐志摩：年谱与评述》等书屡见引述，但并未收入目见杨杏佛各书，其著作在1949 年后似从未曾再出版过。

第 160 页：有邵洵美画作并题诗一首，全文为："一个茶壶，一个茶杯；一个志摩，一个小曼。"（标点为笔者所加）未编入《邵洵美文集》。收入《爱眉小札——徐志摩致陆小曼情书》时，编者误将此诗与其下邵洵美另一诗合并。

第 164 页：有曾朴题诗一首，全文为："智慧无量，风神绝世，是管仲姬，是振娱丝，志摩啊，我羡你是手弹七弦琴的恩晞斯。"署名"病夫"。未收入曾朴各书及新近出版之《曾朴全集》。

第 165 页：有林风眠画作并题诗一首，诗作："燕燕你勿悲，你当心自思。"均未收入《林风眠全集》。

第 166 页：有俞平伯词《南柯子·用清真韵咏秋海棠》一首，全文为："小扇团团雪，轻罗剪剪冰。懒循芳砌听蛩声。恰讶一枝红艳、傍闲庭。似泫饧脂淡，偏怜泪粉清。幽姿甚意媚宵行。愁语夜风引屧、误流萤。"但收入《古槐书屋词》《俞平伯全集》时，[6]题目被改作《南柯子·和清真》之外，全诗亦改作："小扇团团雪，轻罗剪剪冰。偶循阑曲听蛩声。恰讶一枝凄艳、付闲庭。索笑脂饧泫，低眸粉泪清。幽姿何意媚宵行。宛转因风屧响、逗流萤。"上下片均有不少更动,校勘须作参考。至于有学者以未见《日记》、纪念册,而质疑此诗"咏物词"之性质,视为"和词"者,[7]似亦不必深责。

第169页:有任鸿隽(叔永)诗一首,全文为:"天地西望隔香烟,落日亭亭断塔孤。暮向风前轻咳唾,恐随云影满江湖。"未收入目见任鸿隽各书。

第170页:有章士钊诗一首,未收入《章士钊全集》。其全文为:

乌虑天长云且停,居然一经达青冥。
红墙影近初疑梦,丝管声回若可听。
渐觉眼高缘骨冷,何需境绝阻人径。
平生飞动非无意,领略归来论宁馨。
飞机诗写奉小曼女士,钊

第171页:有邵洵美画作并题诗一首,亦未收入《邵洵美文集》。全文为:"长鼻子长脸,没有眼镜亦没有胡须。小曼你看,是我还是你的丈夫。洵美。"

此外,《日记》第156页还有与印度作家泰戈尔同行的孟加拉诗人杜特来华时所录泰戈尔诗一首,该诗用孟加拉语(并非原书所记"印度语")写就,其下尚有泰戈尔画作并英文题诗一首。据学者研究,前者系泰戈尔1927年出版《随感集》(*Lekhan*)之一,译文也已被编入中文版《泰戈尔全集》;[8]后者则可译为:"小山盼望变成一只小鸟,摆脱它那沉默的重担。"迄未收入中文泰氏全集,未知是否已列入印度《泰戈尔全集》,从事印度文学及中印文化交涉之研究者似可注意。

所有这些集外手稿、诗作,在被收入新/补编的文集、全集时如何处理(包括如何定题、相互勘补等),或可具体问题具体分析,但致使其所以"包括在外"之原因,似不外乎以下三种:(1)近现代新、旧文学家及学者的旧体诗词稿，除鲁迅等极少数人外，其余多在近年来始被搜集、整理及研究，因此，凡所裒集成书者，一时也就谈不上全备；(2) 在编辑文集、全集时，编者可能多关注与作者相关的直接材料，而忽视了间接材料，即便此一间接材料是“常见书”，也注意不够；(3) 在编辑文集、全集时可能过于强调“文”“笔”之辨，而未尝注意文集、全集的定义及其编辑方针等，也都经历了一个历史化的过程。以今例古固不足取，但师古而泥于古、不能善用其心者，恐亦不足凭。

三、《志摩日记》中“集外手稿”之性质

《日记》附文中还有不少文人学士所书近人、古人诗作，按今日一般的文集、全集编纂观念，乃为“书作”之属，必遭弃置，除非是书法家的全集，正如“画作”只有画家之文集、全集可以勒入。但此种观念恐怕也未必妥当，有心人或将提出疑问：“全集”为何不能专设“书作”一集？退一步而言，如谓一般作家不够资格，鲁迅、郭沫若、沈尹默等人的“书作”，均不在少数，焉能视而不见？基于此种考虑，现将《日记》所载书作情况再作缕述如下——

《日记》第 155 页：有闻一多画作并题诗一首，诗录李商隐《碧城三首》其一“碧城十二曲栏杆”。

第 161 页：有陈西滢录徐志摩《呻吟语》第一节。

第 162 页：有顾颉刚题诗一首，诗录赵孟頫《海上即事》前半首。

第 168 页：有陈小蝶画并叶恭绰（誉虎）题诗一首，叶诗录李商隐《无题》末二句。

第 172 页：有陆小曼录《红楼梦》第三十七回林黛玉《咏白海棠》诗一首。

第 173 页：有杨清磬画作并题诗一首，诗录王维《相思》。

第 174 页：有吴经熊录薛莹《秋日湖上》一首。

第176页:有杨振声录李白《清平调词》一首。

第178页:有徐志摩录刘禹锡《金陵五题·石头城》一首。

但是,即便可以忽略上述所提《日记》中的诸多纯粹的书作,作为“常见书”的《志摩日记》之中,既已有如此之多的现代作家、学者的“集外手稿”、集外文,则学人们“辑佚”有暇、“释读”有余,又何妨多读一些“常见书”? 实际上,仅从文献学的角度来看,此举即可与从生僻、稀见的图书报刊及其数据库中“辑佚”,从拍卖图册及旧书交易网等处“辑佚”也者,形成一必要之补充;如须作深入研究,就更离不开“常见书”了。傅斯年《史学方法导论》谓:“必于旧史史料有工夫,然后可以运用新史料;必于新史料能了解,然后可以纠正旧史料。新史料之发见与应用,实是史学进步的最要条件;然而但持新材料,而与遗传者接不上气,亦每每是枉然。从此可知抱残守缺,深固闭拒,不知扩充史料者,固是不可救药之妄人;而一味平地造起,不知积薪之势,相因然后可以居上者,亦难免于狂狷者之徒劳也。”[9]陈寅恪为学生教授“晋至唐史”一课时,也专门讲道:“必须对旧材料很熟悉,才能利用新材料。因为新材料是零星发现的,是片断的。旧材料熟,才能把新材料安置于适宜的地位。正像一幅已残破的古画,必须知道这幅画的大概轮廓,才能将其一山一树置于适当地位,以复旧观。”[10]

然而,傅、陈关于新旧史料关系之辩证,实有一不可不察之前提。即与我们一般所想象、理解的“新史料”“新材料”多指“新发现”不同,陈寅恪对此早就有过解释:“所谓新材料,并非从天空中掉下来的,乃指新发现,或原藏于他处,或本为旧材料而加以新注意、新解释。(旧材料而予以新解释,很危险。如作史论的专门翻案,往往牵强附会,要戒惕。)”于此可见,全新的发现,或如本文所论、原藏于《日记》中的现代作家、学者集外手稿/诗词,或对“本为旧材料而加以新注意、新解释”者这三类,皆应视作“新史料”“新材料”,而不必只以“新发现”为是、为必。

在“常见书”“旧材料”与“新史料”“新材料”之间，如何应用得当、有所创获，因涉及治学旨趣、气象乃至取向，确乎费人思量。但此事并非始自今时今日，为今人一种特有之苦恼，其实近人早已多所注意，发表过相当深刻的见解。如贺昌群《历史学的新途径》一文认为：

> 大抵一时代有一时代的学风，一番新史料的发现，必有一番新学问的领域，能够占在新学问的领域中利用这番新材料，就是学术上的前驱者，陈寅恪先生称此为“入流”，反乎此而不闻不问，自以为坐井可以观天者，谓之“未入流”。但我想入流与不入流，有时亦不在以能获得新材料为目的，近来学术界因为争取发表新材料的优先权，往往令人有玩物丧志之感。所以尤在要明了学术研究的新趋向，然后才知所努力，在思辨上有深澈的眼光，文字上有严密的组织，从习见的材料中提出大家所不注意的问题，所以学术的思考上也有入流与不入流的问题。

这就与傅、陈之说同中见异了。由是反观《志摩日记》等“常见书”，固然存有不少现代作家、学者集外手稿，确乎可补文集、全集之遗，但其所以是“新材料”而能“入流”的关键，似正对应着手稿学这一方兴未艾的研究领域，不然，或恐仍是一堆“不入流”之死材料耳。

2019年1月8日改讫于沪寓

［本文系2012年国家社科基金第三批重大招标项目“《鲁迅手稿全集》文献整理与研究（B卷）”（项目编号：12&ZD167）的中期研究成果］

注释

① 王贺:《“常见书”与现代文学文献史料的开掘——以穆时英作品及研究资料为讨论对象》,《探索与争鸣》2018 年第 3 期。

② 陈子善:《徐志摩爱情日记出版考略》,《探幽途中》,湖南教育出版社 2007 年版,第 13 页。

③ 陆小曼:《小曼序》,《志摩日记》,晨光出版公司 1947 年版,第 7 页。

④ 例如,徐志摩诗作《雪花的快乐》手稿最近由一藏家购得,并经学者鉴定、公布。该稿透露出许多有助于我们理解此诗的信息,参见陈子善:《徐志摩二题》,《书城》2018 年 3 月号。

⑤ 对“手稿”概念的初步探讨,参见王贺:《“类手稿”及其文献史料价值》,发表于“中国现代作家手稿与文本学术研讨会”(上海交通大学、上海鲁迅纪念馆,2018 年 9 月 6 日)。

⑥ 倪墨炎:《徐志摩的纪念册》,《现代文坛随拾》,上海书店出版社 2013 年版,第 24 页。

⑦ 李剑亮:《俞平伯与民国词坛》,《新文学评论》2014 年第 1 辑。

⑧ 谭中:《从地缘文明透镜看“RUBI 兄”与“SUSIMA”之间的心传》,王邦维、谭中主编《泰戈尔与中国》,中央编译出版社 2011 年版,第 89—90 页。但是,谭氏因未见《志摩日记》及纪念册,对此画作描述有误,其实泰戈尔所绘并非自画像,乃为一山峦图。

⑨ 傅斯年:《史料论略》,《傅斯年集》,花城出版社 2010 年版,第 336 页。

⑩ 蒋天枢:《陈寅恪先生编年事辑》(增订本),上海古籍出版社 1997 年版,第 96 页。

寻找佚失的译稿

——李霁野翻译《战争与和平》过程及译稿去向的史实考证

朱 博

早在“五四运动”以前,列夫·托尔斯泰的文学作品就已经被介绍到中国,但《战争与和平》的译介却相对较晚。鲁迅曾多次呼吁翻译和出版这部巨著,后来当郭沫若翻译出版了这部书时,虽然只是全书的第一部,尽管两人有很多观点上的差异,鲁迅还是真诚地表示了欣喜。[①]鲁迅生前没有能见到这部巨著的全部译文,而在他逝世后,本来是可以由他的弟子、未名社成员李霁野实现的。但并非由于自身的原因,李霁野距实现这个夙愿却只差一步之遥,而现在迈出这最后一步,弥补上这个历史缺憾,也不是完全没有可能。

抗战爆发前夕,李霁野提前结束了在欧洲的游历回国,返回途中于1936年4月22日在上海与鲁迅见面长谈。他们在这最后一次会面时是否谈及了这个问题,现在不得而知。但在返回家中后,李霁野很快就与当时的中华教育文化基金董事会(以下简称“中基会”)签约,开始翻译《战争与和平》,在战争环境下,历时四年半,全部译完。李霁野清楚地记得,全书译完时恰逢鲁迅先生逝世5周年。不过译稿却被认为已“毁”于战火,令人遗憾。可以说,如果能够走完最后一步将译稿出版,李霁野的译本就会是这部巨作的又一早期中文全译本,成为托翁作品在中国早期传播的重要事件,并能告慰这位诞生于115年前的翻译家的在天之灵。

现在,通过笔者对相关史料的爬梳和挖掘,已经可以大体明确李霁野翻译、准备出版这部巨著的过程,以及译稿最终去向的所有关键细节,并为最终找到译稿提供重要线索。所谓关键细节,包括他何时开始动手翻译,怎样得到稿酬,如何证明他在翻译以及翻译是何时最终完成的。

关于这个过程,译者留下了一段较为全面的文字:

> 抗日战争开始,平津很快就沦陷了。我适逢在天津,便滞留未随朋友们南下,继续翻译一年多前即开始译的《战争与和平》。这是同文化教育基金委员会约定的,每月分付稿酬150元,在当时可以维持新婚后两人生活了。不料到1938年春,代我领稿酬寄津的朋友来信说,基金委员会决定撤消北平办事处,移到香港,原约定译稿的五六个人,要将手头的译稿结束,以后不再续约译稿了。这样一来,势必影响他们的生计,所以他们几个人结队去向主管会务的清华大学一位教授请愿,不要把办事处移走,或只留一个办事员,每月收稿发稿酬,并定约翻译新稿,在请愿的人中有周作人,大家原以为看在他的面上,这点合理的要求是可以实现的。不意遭到了拒绝,只好想法将手头译稿结束,在沦陷区面临失业的危险了。我的译稿是120万字的巨著,似乎弃之可惜,速成也办不到,算特别通融,每月将译稿寄到香港办事处,稿到寄给我每月150元。所以我没有参加请愿。大约两三个月之后,北平那位朋友又来信说,大家还想几人一同去和那位教授谈谈,留一个人管收稿发款的事轻而易举,完全停止约译书也不合理,请他再考虑一下。他希望我也到北平去参加,或者因为我既开一例外,或许对事有点帮助吧。我去了,但听说那位教授已准备好行装去香港,不必再去白讨没趣,作罢了。哪知香港也并非福地,我译的《战争与和平》(在辅仁时译完),在日寇侵占

时被毁,而最可惜的是抛弃了助沦陷区文化人一臂之力的机会。1990 年 8 月 22 日天津。[②]

一、关于始译的时间

李霁野自 1930 年起到天津的河北女子师范学院任教,其间与英语系学生刘文贞相识恋爱。1936 年 4 月,李霁野提前结束了在欧洲的游历回国继续在天津教书。1937 年 7 月,李霁野从学院辞职后于 20 日与刘文贞在北平结婚,婚后几日即到天津居住长达一年,直到 1938 年夏末到北平辅仁大学任教。正是从欧洲回国后到抗战爆发前的这段时间,李霁野与中基会签约开始翻译《战争与和平》。关于具体开始翻译的时间,李霁野的几处自述略有差异,如"我于 1937 年开始,翻译《战争与和平》,预备以后的生活以翻书为主"。[③]"1936 年起,日寇在天津捣乱活动变本加厉,人心惶惶不安,有风雨欲来的形势。我这时候还在续译托尔斯泰的《战争与和平》。"[④]他在"生平简表"中更是明确地说到自己是在 1936 年开始翻译《战争与和平》的。[⑤]刘文贞在其文章中也有一段相关的记载:"霁野打算于 1937 年辞职,此前与中华教育基金委员会定约,翻译托尔斯泰的《战争与和平》,以后以译著为生。"[⑥]

刘文贞所说的"中华教育基金委员会"就是中基会。该组织 1924 年 9 月成立,依据中美两国政府签署的协议,负责管理美国退还的"庚子赔款",以发展中国教育与文化事业。1930 年 7 月 2 日,中基会第六次年会在南京召开,将原"科学教育顾问委员会"改组为"编译委员会",聘请胡适为委员长,最主要的工作之一是"选择在世界文化史上曾发生重大影响之科学,哲学,文学等名著,聘请能手次第翻译出版"。[⑦]在主持"编译委员会"的 7 年时间内,胡适亲自拟定了"编译委员会"的委员名单、编译计划,并深度参与了选人、选书、校书等具体工作。[⑧]胡适之所以选定李霁野翻译《战争与和平》,与他们之前的交往可能不无关系。1935—1936

年，李霁野翻译的《简爱自传》（书名以后改为《简·爱》）在郑振铎编《世界文库》分期发表。此前，李霁野曾将《简爱自传》的译稿拿给胡适看过，他在《悼念茅盾同志》文中写道："我译完《简·爱》后，一个同乡朋友说，可以拿去给胡适看看，我说他看我这样拙劣的译文，会笑落大牙的吧。他说他同他很熟，可以给他看看，我同意了。胡适看后说：'Readable'（通顺可读），不过他赞成译文中国化，并举出一例说，若是他译'... to the left were the clear panes of glass, protecting, but not separating me from the drear December day.'就不会像我那样译法。我觉得他既然费了点时间，又肯提出点意见，不如照他的意见改一下吧。"⑨

笔者查询了中基会全部年报，发现有两次出现李霁野译《战争与和平》的表述。最早一次是在 1938 年 12 月刊发的《中华教育文化基金董事会第十三次报告》中，该报告涉及的时间段从 1937 年 7 月到 1938 年 6 月，列举了"编译委员会"当年度工作成绩，其中"文学类译成之书"第（7）项为"李霁野君译：Leo Tolstoy：War and Peace"，其余还包括梁实秋、罗懋德、颜陆生、左明徹、常凤瑑、周新等多人的译著。⑩由此可见，李霁野与中基会在 1937 年 7 月之前"定约"开译《战争与和平》的说法是可信的。

二、关于稿酬的支取

既然李霁野与中基会"定约"译稿是成立的，那么稿酬的支付与领取就可以佐证其翻译过程的存在，并且可以确认译稿已经被中基会收存。

李霁野对稿酬的数额及支付方式的叙述很详尽："我与中华文化教育基金委员会定了契约，翻译托尔斯泰的《战争与和平》，每月交 3 万字，可得稿费一百五十元。这样可以维持几年生活了。"⑪据《中华教育文化基金董事会第五次报告》附录五《中基会章程》第六条："译稿与编稿，由委员会酌送稿费，约以每千字五元至十元为率。审查稿件之学者如非本委员,得由本会酌送审查费”。[12]由此可见,李霁野所述“每月交3万字,可得稿费一百五十元”。与中基会规章相符。当时与中基会签约译书的不乏梁实秋、周作人、李健吾等文化名人。关于稿酬,周作人在《知堂回想录》中有这样一段的记载,他曾“找编译委员会商量,其时胡适之当然已经不在北京了,会里的事由秘书关琪桐代理”,“事情谈妥了,每月交二万字,给费二百元,翻译的书由我自己酌量,我便决定了希腊人著的希腊神话”。[13]可见对周作人的稿酬计算同样符合中基会的章程规定,不过要比李霁野的出价高出一倍。

李霁野夫妇在天津居住的一年没有固定的薪资收入,稿酬成为他们唯一且稳定的经济来源。由于中基会是由北平办事处支付稿酬,就需要有人代领转寄。在这个过程中还发生了代领人克扣稿费的事情。据刘文贞回忆:“在津我们还是靠稿费维持生活。在北平代为收款转寄的人每月总有借口,要扣留我们稿费一部分,有时甚至超过半数;但霁野并无怨言,因为此时汇款不通,也无法给老家寄钱,我们两人可以勉强生活。这个人结婚时就从霁野借了二百元,以后只字不提,仿佛忘了一样,霁野也一直没有向他提及。”[14]

三、《辅仁文苑》发表有关《战争与和平》的译文,“编者后记”也提及此事

1938年夏末,李霁野因受聘到辅仁大学任教,遂与妻子从天津搬到北平居住,其间续译《战争与和平》,并在师生合办的文艺期刊《文苑》(后更名为《辅仁文苑》)上发表了三篇有关译文[15],分别是艾默尔·莫德[16]:《〈战争与和平〉导言》(第一、二辑分两次刊出);休·沃尔波尔[17]:《〈战争与和平〉英译托尔斯泰诞生百年纪念本引言》(第五辑刊出);艾默尔·莫德:《托尔斯泰及其作品》(第七、八、九辑、第十/十一合辑分四次刊出)。第一辑“编辑后

记”中提到：“李霁野先生现正翻译托尔斯泰名著《战争与和平》全部。”这几篇译文可能是李霁野为着手翻译《战争与和平》所做的准备，后来拿出来发表的。

四、关于译完的时间

李霁野清楚地记得，“在鲁迅先生逝世五周年前夕，我终于译完了这一部一百二十万言的巨著。鲁迅先生一生译著的勤勉精神，是鼓舞我的力量。”[18]由此推算，全部译完的时间应是1941年10月19日前，那时他仍在北平辅仁大学任教。若向前推算到始译的1936年下半年到1937年7月前，时间刚好间隔四年半。

五、关于译稿佚失

抗战全面爆发后，为躲避战火减少损失，中基会决定将原设立在北平的办事处迁往相对安全的城市。根据中基会第119次、126次会议通过的相关决议[19]，中基会先由北平迁到上海，并在香港设立通讯处，于1939年1月1日正式挂牌。[20]“编译委员会”也将办公地“暂移香港”。[21]在中基会迁址后，李霁野将译稿寄往香港，他记载：“这部书是抗日战争爆发前，中华文化教育基金委员会约译的，分月交稿后付给稿费。战争一爆发，基金会的负责人就跑到香港去了，置一些想靠译稿为生、不与日本人合作的人于不顾，令人愤慨。我算没有被废约中止翻译，每月将译稿寄去，稿费每月还可以寄来，到全书译完为止。”[22]

周作人对中基会“编译委员会”迁往香港也有记载：“编译委员会既然决然从北京撤退，搬到香港去，从前在那里写作的人便发起一个惜别会，在什刹海会贤堂聚餐……大概这编译会迁移的事情决定的颇早，是在民国廿七年的上半年，所以我就赶紧作第二步的打算……”[23]可见，“编译委员会”迁址的时间发生在《中华教育文化基金董事会第十三次报告》中提到的1937年7月—1938年6

月，与李霁野和周作人叙述的时间相符。虽然中基会“编译委员会”“暂移香港”，经费“采取逐渐收束政策”，一部分译者已经终止了继续翻译，译者的数量也大幅减少，但李霁野翻译的《战争与和平》与罗念生、常风瑑、关琪桐等人的作品，仍幸运地被列入可以继续翻译的作品名单中。[24]

由于中基会数次迁址，李霁野及其他多人的译稿就如同风浪中的一叶孤舟，几经沉浮，被秘密保存在香港大学冯平山图书馆。据李霁野回忆：“基金会的人认为香港大学是他们的保险箱，把我的译稿存放到那里。日本侵略军进攻香港，一进占香港大学，我用约四年半时间译的这部巨著，就被日军糟蹋得无影无踪了。”[25] 1941 年 12 月 25 日香港沦陷。有史料记载，1942 年初（二月初二），日军调查班肥田木查抄了位于香港般含道的香港大学冯平山图书馆，从楼下书库内劫走中华图书馆协会西文图书 210 箱，国立北平图书馆西文图书杂志 70 箱，岭南大学西文图书 20 箱，中基会“编译委员会”稿件及图书 5 箱，并均贴上“东京参谋本部御中”字条，运离香港到日本。[26]这两种说法都指向了同一个地点，因此这批被运离香港的书稿中很可能就有李霁野的《战争与和平》全部译稿。

笔者相信，这段被尘封近 80 年的往事终有水落石出的一天，到那时就可以告慰李霁野先生的在天之灵矣。

2018 年 12 月 16 日北京

注释

① 王锡荣：《托尔斯泰、鲁迅与中俄文化交流》，《上海鲁迅研究》2016 年春，第 150 页。

② 李霁野：《李霁野文集》第一卷，百花文艺出版社 2004 年版，第 511—512 页。

③ 李霁野:《李霁野文集》第一卷,百花文艺出版社 2004 年版,第 6 页。

④ 李霁野:《李霁野文集》第二卷,百花文艺出版社 2004 年版,第 506 页。

⑤ 上海鲁迅纪念馆:《李霁野纪念集》,上海文艺出版社 2004 年版,第 362 页。

⑥ 上海鲁迅纪念馆:《李霁野纪念集》,上海文艺出版社 2004 年版,第 285 页。

⑦ 中华教育文化基金董事会:《中华教育文化基金董事会第五次报告》,民国十九年 12 月刊,第 9、11、51 页。

⑧ 崔德胜:《胡适与中华教育文化基金董事会研究(1924—1949 年)》,第 70 页。

⑨ 李霁野:《李霁野文集》第一卷,第 204 页,文中"December"应为"November"。

⑩ 中华教育文化基金董事会:《中华教育文化基金董事会第十三次报告》,民国二十七年 12 月刊,第 14 页。

⑪ 李霁野:《李霁野文集》第一卷,第 484 页。

⑫ 中华教育文化基金董事会:《中华教育文化基金董事会第五次报告》,第 51 页。

⑬ 周作人:《知堂回想录》,《周作人自编集》,北京十月文艺出版社 2013 年版,第 708 页。

⑭ 上海鲁迅纪念馆:《李霁野纪念集》,第 287 页。

⑮ 译文全部收入李霁野:《李霁野文集补遗》上卷,上海社会科学院出版社 2014 年版。

⑯ 艾默尔·莫德(Aylmer Maude, 1858—1938),英国人,也是《托尔斯泰传》的作者,他精通俄文并熟悉俄国生活与托尔斯泰的思想,是托尔斯泰本人的好朋友。他和夫人用英语译出了几乎全部托尔斯泰著作,他翻译的作品都给托尔斯泰看过,包括这部传记的最初版本。

⑰ 休·沃尔波尔(Sir Hugh Walpole, 1884—1941),英国小说家。四部历史系列小说《流氓哈里斯》(Rogue Herries)是他最具代表性的畅销小说。

⑱ 李霁野:《李霁野文集》第二卷,第 128—129 页。

⑲ 中华教育文化基金董事会:《中华教育文化基金董事会第十三次报告》,第 7 页。

⑳ 中华教育文化基金董事会:《中华教育文化基金董事会香港通讯处迁移新址启事》,1939 年 1 月 1 日《申报》(香港版)。

㉑ 中华教育文化基金董事会:《中华教育文化基金董事会第十三次报告》,第 13 页。

㉒ 李霁野:《李霁野文集》第二卷,百花文艺出版社 2004 年版,第 129 页。

㉓ 周作人:《知堂回想录》,《周作人自编集》,北京十月文艺出版社 2013 年版,第 710 页。

㉔ 中华教育文化基金董事会:《中华教育文化基金董事会第十四次报告》,民国二十八年 12 月刊,第 14 页。

㉕ 李霁野:《李霁野文集》第二卷,第 129 页。

㉖ 赵建民:《日寇占港期间劫掠冯平山图书馆之始末》,《学海·南京大屠杀史研究》,2010 年第 3 期;原载自《中華民国ょぃの掠奪文化財総目録》之"中国被日劫掠文物目录　副本二",不二出版(株),1991 年版,第 36 页。

口述与笔谈(九)

裘士雄

一、孙德卿、孙庆麟故里采访记

1979年12月20日下午,我与王足一起访问朱仲华先生。临别前,他又告诉我一个信息:孙端、孙德卿家里可能还有孙中山照片或题词手迹。我向来特别重视鲁迅等文物史料的征集工作,巴不得当即去孙端一趟。只是那几天比较忙,直到25日才挤时间完成孙端之行。那时,到孙端只能坐内河小客轮,包括孙端在内的萧甬线以北均未通公路,全靠内河小客轮、埠船等水上交通。到孙端去很多时间花在乘船途中,大约10点多到孙端,连忙找孙端公社永红大队党支部书记孙四九同志。他很热情,陪同我前往孙德卿、孙庆麟家,只找到蒋福姑老人,她也有83岁,是孙庆麟小老婆的母亲。蒋福姑说:"女儿鲁桂荪(音)嫁给孙庆麟,两人年龄相差很大,孙庆麟比我的囡大,大约24岁,我囡已在'文化大革命'时死掉了,那时她也有60多岁了。秋瑾和孙德卿拍过照,许多照片和好东西都在'文化大革命'时损失掉了。我去找找看,好像只有一颗孙德卿的私章还在。你们说的孙中山照片之类现在拿勿出哉。"说着,她进房内找到了孙德卿私章,答应送给我馆,我当即面谢后告辞(孙德卿私章在回来后即送交馆里收藏)。

我与孙四九出了孙德卿、孙庆麟家后,心里有点扫兴,向他问起你们还有家谱吗?孙四九很快回答我:"家谱嘛,到大队值班室去看看,不知还在不在?"两人到了大队值班室,只见晚上值班睡觉用的竹榻下堆放一些煤球,煤球上散乱地丢放着好几本家谱。我与孙四九连忙拿到桌子上稍许整理一下。这是垂裕堂《绍兴孙氏宗谱》,尚存第一、二、三、四、五、六、八、九、十二、十四、十五、十六等十二编,有几本的品相由于煤球腐蚀和其他原因已不好了,至少还有第七、十、十一、十三和十六以后等编阙如。我见这种家谱在农村(其实那时也是全社会)东丢西丢,视同废纸,就向孙四九启齿要了回来。在返回绍兴途中,我想:今天到孙端去,是乘兴而去,如果没有带回这批《宗谱》,无疑是败兴而归了。

《绍兴孙氏宗谱》,系中华民国 13 年岁次甲子冬十月重修(沈桐生署检),"农商部总长、导淮督办、吴淞商埠督办、南通张謇拜撰"《序》。别的姑且不论,与鲁迅有过往还的孙德卿、孙庆麟和孙伯康等 3 人均有记载,现分别转录如下:

垂裕堂《绍兴孙氏宗谱》第九编载:

> 孙伯康,行一。又新校毕业,郡城师范校毕业,省立医学专门校毕业,北京考取游学东洋,东洋东京帝国大学毕业。生光绪十九年十二月二十三日。配富盛家炳王公女,生光绪十七年六月初十日,生一子炳荣,二女。

垂裕堂《绍兴孙氏宗谱》第十一编载:

> 秉彝,学秀次子承嗣。字长生,号德卿。行二。国学生,钦加五品衔,以知县用候选盐大使,分省候补道。清末入光复会,任大通校校长。民国初年历任绍兴理财科科长、民团局局长。生同治七年十一月十二日。配余姚直隶青县知县钦加三品衔以知府用候补同知、直隶州诰授中议大夫慎斋朱公次女,例封宜人。生同治八年二月初五日,卒民国十年十一月十一

日。侧室陈氏，生光绪九年五月初九日。继五伦公派下宗汉三子庆龄。

庆龄　宗汉三子承嗣

原名德麟，字虞臣，又新高小校、省立法政专门校毕业。历任又新校、成章女校、县立第二校校长。生光绪十三年十二月初五日，生一子联和。

除上述与鲁迅有关的史料外，还有一些《宗谱》记载为我们研究宗族制度、科举考试制度及其宗族奖励等提供了有用史料。如《祠规》有下列规定：

“议事　宗祠不准妇人语言搀混。”

“童生院试，给考费一千文；生监乡试，给考费五千；举人会试，给考费二十千文。”

“入泮给辕门费六千文，补廪给钱十千文，考优贡给钱八千文。考拔贡同。”

“乡试中式给旗匾费钱四十千文，会试中式给旗匾费钱六十千文，殿试登甲给匾费钱二十千文。”

二、孙伟笔谈其先祖孙德卿、先父孙庆麟

孙德卿在清末、民国时期的绍兴是富甲一方的绅士，又是政治、教育、新闻等社会各界的风云人物。其继子孙庆麟在教育、慈善诸界也颇有贡献，并与鲁迅有过往还。为此，经过一番周折，我终于找到孙伟，动员他将所知道的记录下来。下面是他的回忆文字，仅供参考。

鲁迅纪念馆裘士雄同志：

去年年底的来信由于我的确存在顾虑，没有回答你所要求

的问题,抱歉。我在五八年、五九年、六〇年、六三年、六五年、七〇年以及其他一些时间里多次受到批判,实在有点怕谈我先辈们的事了,甚至我有时也觉得他们曾经是罪恶累累者。因此,我连想都不敢去想他们,何况谈了,更何况用文字表述了。

前几天,我向党委作了汇报,并将来信交上去了。今天党委一位同志对我说,要我实事求是的回信,所以我有些放心了。

我是孙德卿的孙子,孙庆麟的养子。一九四六年时,我十五岁就去上海(当)学徒了,所以我所知道是简略的,来源出处都是儿时听大人们讲的,特别是我的养母。所以只能作为参考,不能作为史实。

孙德卿,又名孙秉彝,字号文园主人。死于一九三二年农历六月初一日,年六十五岁,生肖龙。

辛亥革命之前留学日本,在日本参加光复会,曾与徐锡麟、秋瑾、陶行知(疑为陶成章之误——整理者注)等都是光复会的重要会员之一,后参加同盟会。与徐、秋交往密切。在日本会见过孙中山先生,曾有合影(我小时候见过)。至于具体有过什么交往?我不知道,长辈们没有细述过,只是说这后来参加同盟会了。

回国后,徐、秋起初都住在我家(绍兴孙端庙溇底),创办过学校,组织过反清武装民团。后来,听长辈们说,当时他们创办两个学校,名叫竟成学堂(其中一个是女校),地址是孙氏宗祠内(现在为孙端中学的学生宿舍),女校在我家临河的一组房子里(抗战前后改为孙端第一小学)。

接着,就去绍兴古贡院开办大通学堂了。我知道祖父是校长(后我在《辛亥革命回忆录》中有关文章中看到我祖父是担任总理的,我不知道总理是否就是校长)。

大通学堂是教习体育为名,实是训练民团骨干的军事性质的学校。民团后来就是光复军的一个组成部分,是一支反清的武装力量。我祖父就是民团的首领之一。因为他与会党首领王金发、竺绍康有过交往，大通学堂是光复会联络各地会党的中心，发动武装起义的指挥中心。

徐锡麟在安庆起事，枪杀巡按（巡抚）恩铭，随即失败，徐躲在瞎子店里被抓住，剖心牺牲之后，随即大通学校就被清军包围了，当夜，我祖父与秋瑾等人一起被捕。关于这一情节，长辈们告诉我时近乎“故事”，我认为不能作准的。说什么：当天晚上，革命党在大通学堂里开会，策划起事，恰有两个贼来学堂里偷东西，躲在轿子里窃听了起事的机密，去向贵福告了密，立即起事失败了，开会的人都被抓起来。还据说在审问秋瑾时，秋瑾称“后台就是你贵福（绍兴知府），你就是大通学堂的董事，就是我的后台。”一星期后（应为第三天的凌晨——引者注）秋瑾在古轩亭口慷慨就义。就义前，只说了一句话：“秋风秋雨愁煞人。”

被捕的第二天凌晨（当时叫做“旗兵”）搜查了我家。原因是秋瑾被捕前就住过我家。我家还藏有许多枪支和机密文件。幸亏，我祖母叫人把枪支扔到了后面的水池中，其余的东西都安全地转移了，没有搜出什么反清的证据。

辛亥革命之后，会党首领王金发进城时，我祖父是欢迎的组织者之一（这一点，我在《鲁迅年鉴》中见到过，但原先不知道鲁迅先生也是一起的）。接着，王金发担任了总督（应为绍兴军政分府都督——引者注）。起初，他把杀害秋瑾的主谋者章介眉抓了起来，决心为秋瑾报仇，但后来，王金发中了糖衣炮弹，成天考虑与旧官僚与遗老们打得火热，玩起姨太太来了，将章介眉释放了。章投靠了袁世凯，王金发反被章介眉借袁世凯的手暗杀了。这一节鲁迅先生的文章中数次提到。由于王金发的变质，我祖父与鲁迅先生、陈子英三人发起创办了《越铎日报》，大量批评了王金发。王金发极为不满，起初送银钱来笼络。不成，接着就收买了刺客，对我祖父进行暗杀。这天晚上，由于孙祥云和金保生两人奋力保护，与刺客搏斗，才免除其害，但大腿上被刺了一刀。此事，(鲁迅)《朝花夕拾》中《范爱农》一文中已提及。小时我看到过我祖父在这一时期的许多照片：有躺在病床上的，有坐在藤椅上的，有刀伤的局部“特写”照，但没有见过《范爱农》一文中所提及的这张近乎“裸体”的照片。

为纪念陶行知(当为“陶成章”——引者注)先生，我祖父发起创办了成章学堂，我养父孙庆麟曾在该校担任过校长。

之后，就回到了孙端乡下，从事一些地方公益事业，建造了上亭公园、孙端大桥(见龙桥)。上亭公园中有一组房子，名叫“忆五九斋”，就是反对袁世凯与日本人签订丧权辱国的二十一条而建造和命名的，意思就是纪念“五·九”国耻的场所。

他没有参加国民党，我没有听说过。但与第一次国共合作时期的国民党中央执行委员沈定一有过交往。如按照党的统战政策，应该是民主人士，绝不是反动官僚，更不是恶霸地主。

孙庆麟是孙德卿的过继儿子，是否有其他名字，我不清楚。他死于1941年冬，年五十三岁，生肖鼠。

曾毕业于杭州法政学校，早年曾应邀去印度尼西亚为侨胞办过教育事业。回国后担任绍兴县的许多慈善机关的第一把手，任救济院院长、成章女校校长、育婴堂堂长……等五个职务。特别应该提一点的是，这许多职务，都是没有束脩的，也正因为这个缘故直到抗战之前，他由身患重病回孙端家乡时，还无法辞去职务(因为无人接任这许多没有薪水的苦差使)。回家之后，又被拥上孙端镇镇长的职务，也为当地办了一些公益事业，如发起并组织填平孙端市溇底的河道，扩建孙端街道,又带领群众抗旱救灾等。这些直到目前尚有人传闻。

我只知道他与鲁迅先生有过交往,而且,鲁迅先生也来我家住过。其他详细的情况我不清楚了。你提供的关于《鲁迅日记》中的记载我以前不知道的。

他与陈子英、朱仲华、王子余先生和邵力子先生都是密友。我妹妹孙爱平(现在河南工作)还给王子余先生作女儿的。凡邵力子先生在绍兴的事务都委托我养父代为处理的。我当时很小,不懂事,我只知道他们有时来我家作客、议事,但不知为了何事,说不出所以然来。特别是陈子英先生,在绍兴沦陷之后还来过我家一次。沈定一先生来我家的时候印象较深。因为我养父临别送上船时,他一面再会打躬,一面后退,结果掉进河里去了。

听长辈们说过,后来我也问过孙光祖老先生证实过。我养父与周恩来同志有过接触。一九三九年周总理来绍兴后,曾接见过他,并出席过总理在他老家召开的座谈会,聆听过总理有关团结抗日的教导。

他是主张抗日的。一九四一年四月绍兴沦陷。日本人指使汉奸们组织维持会,把绍兴一些有威望的知名人士都圈了进去。当时的汉奸冯虚舟(伪绍兴县长,汉奸,胜利后被枪决)曾数次来信劝说我养父就范,并诱以维持会长之职,但均被拒绝。这时,有一个和平军的汉奸部队,头子为罗连生,就把我养父抓了起来。他们是单纯为了绑票,还是要挟参加维持会,大人们说法不一。后来,通过一个叫王月田的酒店老板的关系斡旋,花了四万元钱(一说一万二千元)把他赎了回来。立即设法通过徐锡麟的弟弟徐叔荪先生的关系逃到了上海英租界。由于我养父本来肺病很重而回到乡下的,再加上被抓时的折磨和路上的颠簸(当时是由海上乘木帆船去上海的),到上海不久,肺病加剧,当年冬天病故。

抗战胜利之后，绍兴曾召开过一次全县的追悼会，悼念王子余、孙庆麟，还有一位理发师，共三人，表彰他们的爱国性和民族气节。这件事我已经懂事了，当时有过记载的。

我养父不是国民党员（其实，不仅是国民党，而且是第一次国共合作时期的国民党绍兴县党部常委之一——整理者注），根据党的统战政策是有民族气节的爱国人士，绝不是反动地主，更不是恶霸地主。

关于秋瑾早期在我家住时，邻近的老年人至今还有传闻，他们称之为"头世革命"的。

关于文物，据我所知都没有了。朱仲华老先生最清楚我家的东西。他曾为此专门找我谈过，我都一一告诉了他的下落。

我家曾保存有《越铎日报》馆的全部文存，包括全部报纸和一些照片之类（这些我们见到过的）以及与秋、徐、陈子英、邵力子先生等人的通信（这些我只听大人们说过，没有见到过）。原来用专用木箱放好的。但这些东西都在土改中失散了。当时，我与妹妹都在部队里，我在苏南，她在朝鲜。我曾经写信回家，要后母把这些东西交给人民政府，但已为时过晚了。抄家时被作为废纸而处理掉了。还有一些子弹（枪支我没有见到过）也在同时散失。光复会主要成员的照片和祖父有关经历的照片，也不知道谁拿走了。特别是朱仲华老先生专（门）提问起那些我祖父在日本时与孙中山先生的合照也没有了。原先这张照片是保藏在一只酒罐里的，后绍兴沦陷烧掉了。

秋瑾用过的三件遗物：手枪一支、日本短刀一把和大衣一件，是交给政府的，当时出有收据。该收据在"文化大革命"中被破"四旧"破掉了。据说，这些东西陈列在秋瑾纪念堂里，但我没有看到过。

原秋瑾住过的卧室,和办过的学校的房子,土改中分掉了,也不是原样子了。原祖父坟上有一块瓷板烧成的墓志铭,记载了他的简历,也被破“四旧”时敲碎了。

除了我在一九七二年偶尔拾到我祖父的一颗图章之外,已一无所有了。

关于他们的遗著、遗译之类,我因为小,从未听大人们说起过,但是我曾见过一些他们的遗墨,有的还(是)日文的。这些到底是什么东西,我当时不懂,现在也回忆不起来。这些东西也在土改中散失。

上面讲的,都是儿时大人们所说的记忆,望作参考。

下面我介绍几个人,请你去找他们了解一些情况,知道的情况更多,更确记。

一、朱仲华先生,他是我养父孙庆麟的至友。听说他受命为我祖父孙德卿写传记。他的情况一定了解得更多而可靠。关于朱仲华老先生本人,我用不着介绍了,你们一定了解得很多。他住东咸欢河沿四板桥,一问便知。离鲁迅纪念馆极近。

二、孙光祖先生,他是我祖父的长辈、养父的密友,是秋瑾的侄子秋高(现在秋瑾纪念馆工作)的同班同学,是老知识分子。他住孙端公社永红大队原兰记台门内。

三、孙爱娥,她是我的姐姐,比我年长十一岁,她知道的肯定比我多一些,希望能找她。她住新建南路137号,离鲁迅纪念馆极近。

回信就到这里,不知能否满足要求?今后如有事,请直接找我厂党委,这样比较好些。

再谈,此致

敬礼

杭州电化厂　孙伟

80.1.22

三、朱仲华访谈录(一)
——忆述塾师周椒生和往昔的东昌坊口

朱仲华先生原名承洵,光绪廿三年丁酉八月十三日(1897年9月9日)生于绍兴小保佑桥。他早年就读上海复旦公学中学部和复旦大学文学系,历任级长、校学生自治会会长、上海学联复旦分会副会长等职。“五四”时期,他是上海学生联合会总会计兼总干事、全国学联评议员,曾代表上海学联赴杭州欢迎蔡元培回北京大学任职。1916年8月20日上午,朱仲华参加绍兴县各界人士欢迎孙中山莅绍视察大会,第一次见到孙中山,并聆听他的讲演。1919年6—10月,朱仲华与上海市学联主席何葆仁等多次晋谒孙中山,或在上海环球学生会听取孙中山演讲,还荣获孙氏题赠“天下为公”的墨宝。

1919年7月,朱仲华经邵力子、叶楚伧介绍加入国民党。1927年“四一二”政变后,他曾拒绝参加该党登记。

大约1933年初,绍兴县政府筹建农民银行,朱仲华任该银行经理,直至1938年秋。

朱仲华一生热心社会公益事业。1932年春,他积极发起、参与创建绍兴稽山中学;20世纪30年代,绍兴粮荒严重,他不辞劳瘁,尽力解决民食问题;抗战期间,他拒绝敌伪拉拢,避居上海租界,茹素礼佛。由于朱仲华爱国爱乡,行善积德,社会影响较大且较好,后来曾高票当选“国大代表”。

绍兴解放后,朱仲华衷心拥护共产党的领导,抗美援朝开始,他让儿子朱吉士、女儿朱振邦、侄女朱振麟踊跃报名参加志愿军,保家卫国。他是绍兴市第一、二届人民代表和浙江省第一届人民代表。由于历史原因,1957年,朱仲华也被错划为“右派”,但对党对祖国的忠心仍矢志不移。有一次,我不禁发问:“‘文化大革命’初期老是揪斗你,将你扫地出门,下放农村劳动,你当时是怎么想怎么对待的?”他回答:“我中年后信佛,把‘文化大革命’当作一场劫难,我是在劫难逃,心中默念‘南无阿弥陀佛’。我坦然对待,不像有的人一时想不通,去寻死了。”党的十一届三中全会后,朱仲华当选绍兴市民革主任委员、市政协副主席等。他老当益壮,积极口述(因双目近似失明)文史资料,筹备蔡元培等纪念馆和辛亥革命先烈纪念活动,捐献许多文物、家具等。他是社会活动家,交际面广,而记忆力又很强,包括笔者在内的晚辈、市内外有关人士向他请益,朱仲华一定毫无保留地贡献出来,这一点也是非常令人感佩的。所以当1988年1月26日仙逝,我正在杭州参加省政协全会,特地请假回绍兴为这位爱国爱乡一生的老人送行。下面是1981年前后,朱仲华对我谈了他的塾师周椒生和记忆中的东昌坊口一带情状:

说起读私塾,先后有王干庭、任光熊、周椒生和王伯彦这四位老儒宿学做过我的塾师。我是1908年,也就是前清光绪三十四年,和三弟叔华一起到新台门去读书的,我的老师叫周庆蕃,字椒生,人家都叫他“二老爷”。他这时已经中过举人,做过官,当过绍兴府学堂监督,在周家新台门里坐馆教书。周家新台门的东首隔壁,就是朱阆仙先生的住宅。我是由族叔朱阆仙先生介绍进去的。椒生先生这时已有60多岁了,我只有12岁,我们是小学生,他是个举人,是不随便收学生的。前清的时候,举人在科举中已算较高一级的了,可以称“老爷”。

我还蛮记得周家新台门的样子,它的正门是六扇黑漆竹丝门的台门。里面就是仪门,仪门上面有一块“翰林”匾,旁边各有一块“文魁”匾。这个“翰林”匾是为周福清,也就是鲁迅的祖父挂的。“文魁”匾就有我们的老师椒生先生的。这个台门斗里有石凳,左右各有一条,石凳已经很光滑,石凳上总是人坐得满满的。我顺便要讲一下,石凳上为什么总有人坐满呢?因为走进台门的右边,有一个单妈妈住着,这里的“妈妈”,我们绍兴人发“嬷嬷”的音,也有许多人叫她“外婆”。她是荐头,现在叫介绍人,所以一早,就有许多乡下人进城来,要做娘姨,绍兴人也叫“嬷嬷”,就请她去荐,去介绍,由于单妈妈做荐头,我们绍兴城里东南一带的各个台门,她都走得到,很熟悉的。

走进周家新台门后,往左走便是我们读书的地方,从前叫桂花厅。周椒生坐馆授徒之处是三间坐南朝北的平屋。中间一间是我们老师坐的地方,我们去念书时,要自己背着书桌去,坐的凳也要自己拿去。老师用的是一顶八仙桌。八仙桌上沿头横边有板壁,板壁上面贴着一张红纸,上写“大成至圣先师孔子之位”。我们学生去上学的时间大约是正月十八以后。去的时候,要拿香烛去的,到孔子的牌位前上香点烛。拜孔子之后,再拜先生。

过去,小孩第一次上学,叫开笔,也就是启蒙。因为我们的老师是个举人,所以到他那里启蒙的学生很多。那时候,习俗规矩很多,一定要拿一盏灯笼,灯笼写有“文星高照”的字样。灯笼里要点一支状元红的蜡烛,灯笼外还要挂一些桂圆、莲子、葱,因为这个“葱”是聪明智慧的“聪”的谐音,寓有聪明、会读书的意义。同时要备带上学糕,这种糕在糕团店里可以买到。它比福禄糕的样子要小一些,上面是红颜色,意思很明白:吉祥;糕者,高也,有高中、高升的吉祥意义。莲子、白糖放在提盒里,是孝敬老师的。

我的老师很忙,不仅是到他那里开笔的学生多的缘故,还因为有许多乡下农民来找他。那时候,农民受地主的压迫,要到衙门里去申诉是很不容易的事。没有讼师,也没有向官吏口头告状的事,一定要写所谓“呈纸”或者“禀答”。这个东西在乡下是极为难的事。我们的老师因为是举人,举人在封建时代是“头顶知县,脚踏教官”,可以做知县,可以做教谕,知县衙门是可以直进直出的。所以绍兴乡下人有了不平的事情,都要向衙门去控诉,都来找我们的老师帮忙。我记得我读书的时候,有一回读《古文观止》,先生早上来,就把我们的书拿去点一点,用朱笔圈点圈点,叫我们自己去读。他自己就给乡下人写呈纸、廪答。呈纸、廪答写好以后，乡下人又不晓得如何拿去呈送，这又要请我们的老师去送交给县官。去见县官的时候，礼节很重，一定要穿外套，戴红缨帽，坐着轿子去。椒生先生有一个阿侄，我们叫他“桐少爷”，是他先把椒生先生的衣帽拿到县衙门房，我们的老师到那里换衣裳，再去见知县，替乡下人讲种种受冤屈的事。当时，我的脑子里想：我们的老师经常替乡下人抱不平，而社会上有许多人讲我们老师的坏话，说他是“恶讼师”，“借此敛钱”。我说，幸亏有他替乡下人到官府里去为他们鸣冤叫屈，否则，乡下人怎么办呢？我以为，我的老师是很平易近人的，虽然是“二老爷”，架子却一点也没有，乡下人进来，可以随便见面的。我还记得一件事：覆盆桥周家是一个大族，堂兄哥弟很多，其中有一个叫“九老爷”，他们族里人都叫他“黄胖九老爷”，他的儿子就是周冠五，曾到陕西做过师爷。有一次，他进来看我们的老师，对椒生先生讲：“你这班鸭哪里来的？”把我们学生当作鸭子，我们的老师自然是看鸭的人了。我们的老师笑了一笑，回答道：“他们自己来的。”这虽然是开玩笑，但也说明当时许多人对我们老师是歧视的。解放以后，冠五写了一本书讲了我们老师的许多坏话。在我看来，有许多事情是言过其实的。

我也记得周家新台门的大厅有块“德寿堂”的匾额，大厅正中本来挂一张中堂画，我去读书的时候已经不见了，两边有一副对联：“读圣贤书，行仁义事”。其他楹联还有许多，但已记不起来了。我们先生的住屋就在大厅后面。我们读书的桂花厅的对面，住着一个叫周月如的，他的房子坐北朝南。周月如真是个大少爷，我们已经放午学了，他才起身，懒觉困惯了。后来，我晓得周家新台门的房子要卖掉，完全是他发起的。周月如有两兄弟，还有一个弟弟叫周日如。我们读书的时候，因为先生常常走出去，所以有许多同学乘机游戏。有一个同学是寿芝堂药店里的小开，他把包装纸拿到私塾里来，分给同学折纸老鹰，放纸老鹰很有趣，有的能飞过天井,飞到周月如的房子里。

有时候,椒生先生叫我们拿出笔墨来,说:“我讲出来,你们给我写出来!”有一次,他说了两个字:“箍桶”。我们这班学生只有十一二岁,“箍桶”的“箍”字怎么会写呢?于是他就会说:“这种字你们应该晓得,用得很普遍。‘箍’字嘛,‘⺮’头下面一边是一个挑手,另一边是一个‘匝’。”我们绍兴人经常吃鲞,但是“鲞”这个字不大好写,也是椒生先生教会的。他这样教过后,我直到今天还没有忘记。其实,这种教授方法现在也值得借鉴。

我们的老师椒生先生是非常平易近人、和蔼可亲的,不过他晚年的景况不见得那么好,靠授徒教书为生。他的束脩靠我们学生交上去,我们一年分四季,即清明、端午、中秋和年底送去。一次送4元洋钱,当时4元银洋,实际上有十担米。四季一共16元,当时米价是4角一斗,4元一石,那时一石有150斤,不是现在的一担,只有100斤。

接下去再讲讲东昌坊口,实际是都昌坊口。我的老家是在塔子桥直街,塔子桥的北堍。我们到周椒生那里去读书,要自己带茶壶去,私塾不供应茶水。我走出家门,过塔子桥往南走,到东昌坊口就要(向左)转弯了。这个地方有一爿“高全盛油烛店”,油烛店过去就是寿芝堂药店,还有几爿小店,有买猪头肉之类的熟货。南首有一幢三开间坐南朝北的房子,是“癞子司徒”造的,司徒是复姓,房子只有两进,再向南就通河了。往东,也就是你们纪念馆对面的地方,原来有坐南朝北的房子,是店屋,我记得一爿“傅澄记米店”,米店主人叫傅德全(音)。傅澄记米店东首隔壁有一爿“咸亨酒店”,有茴香豆之类的东西可买,店面不大。总而言之,到张马桥为止,这个地方有一排坐南朝北的房子。后来,这些房子也慢慢地被朱阆仙买进去。朱阆仙隔壁过去是“王广思”台门,这个王广思台门里过去也办过私塾。往东隔了几户,是周家老台门,与三味书屋笔对(正面相对的绍兴方言土语——整理者注)。这就是我小时候读书辰光的实际情形。

再讲讲我们老师房子里住的人家,这时已不止他们周家,已经很杂,像前面讲过的单妈妈。单妈妈是个醮妇,她好像有个媳妇,媳妇是个童养媳。这里面有几个人很奇特,像前面说到的桐少爷,这个人老酒喝饱就忘乎所以。我们小的时候,知道他卖油条、大饼。桐少爷是个光棍,没有家眷,我们老师对于这些穷亲眷、本家,平时也是在布施布施,有事情也可差动差动(有事能交办的意思——整理者注)他们。

白族作家陆晶清、陆万美姐弟与鲁迅的交往考

卓光平

鲁迅与国内少数民族的关系没有引起应有的重视。在鲁迅生前，他不仅与伍仲文、王仲猷两位回族朋友有过10余年的深厚交往，他还关心、扶持和影响过李辉英、端木蕻良、马子华、萧乾、金丁、李乔、陆晶清和陆万美等一些少数民族青年作家。其中，白族作家陆晶清和陆万美姐弟俩都曾与鲁迅有过交往和接触，并与之结下了不解之缘。梳理他们与鲁迅的交往经历和精神联系，可以真切感受到鲁迅对少数民族青年的真诚关爱，以及鲁迅的精神思想对他们个人成长和文学活动产生的深刻影响。

一、学生陆晶清与老师鲁迅的交往

白族作家陆晶清原名陆秀珍，1907年出生于云南昆明一个小古玩商人家庭。早在云南女子初级师范读书期间，陆晶清就受到"五四"新文化运动和新文学运动的影响，并开始学习写作新诗。1922年进入北京女子高等师范学校后，陆晶清不仅在《晨报》副刊、《文学旬刊》、《语丝》等报刊发表了许多诗歌作品，也写下不少追求民主自由和鼓吹妇女解放的文章。陆晶清在当时非常活跃，特别是与比自己大5岁的诗人石评梅合编的《京报》副刊《妇女周刊》和《世界日报》副刊《蔷薇周刊》在当时产生了相当大的影响。许广平在1925年写给鲁迅的信中就曾谈到："晶清虽则自己未能

有等身的著作，除新诗外，学理之文和言情小说，似乎具非性之所近，但她交游广，四处贡献材料者多，所以《妇女周刊》，居然也支持这些期。”[1] 1925年11月23日，鲁迅还趁《妇女周刊》征文的机会写下《寡妇主义》一文，揭露了女师大校长杨荫榆等对学生实施“寡妇主义”教育，指出其实质就是要扼杀女学生们蓬勃向上的青春朝气。这篇文章在12月20日发表于陆晶清主编的《妇女周刊》“创刊周年纪念号”上，而这正是《妇女周刊》最后一期。

陆晶清与鲁迅的接触和交往，则要从她进入北京女子高等师范学校和鲁迅在女师大任教说起。1922年秋，年仅15岁的陆晶清从云南女子初级师范考入北京女子高等师范学校，这是当时全国唯一的女子高等学府，并于1924年5月改为国立北京女子师范大学。陆晶清当时属国文科，她比后来的好友吕云章、许广平要高一个年级。鲁迅在女师大国文科任教则是从1923年7月开始，直到1926年8月离开北京为止，总共3年时间。他在女师大主要讲授《中国小说史略》，每周1次，一次1小时。陆晶清多次聆听鲁迅讲课，并对鲁迅讲课的情景一直有着深刻的印象，她后来曾回忆说：“鲁迅先生讲课，不是在讲台上旁若无人，口若悬河滔滔不绝地自说自话，也不是用记录速度念讲义。而是在深入浅出地讲解教材时，联系实际，提出问题并引导学生思考、分析问题。”[2]同时，鲁迅还以自己翻译的日本文艺理论家厨川白村所著的《苦闷的象征》为教材来讲授文艺理论课。特别是鲁迅应女师大文艺会的邀请，在女师大所作《娜拉走后怎样？》的演讲，给陆晶清和她的同学带来很大启发，使她们“思想上跳出了一向不曾注意或从来就没有想过的一些问题”[3]。

在女师大读书期间，陆晶清不仅喜欢鲁迅的课，也爱读鲁迅在报纸上发表的小说和杂文。而她与鲁迅密切的交往则是从拜访鲁迅，“在‘老虎尾巴’严肃地谈学校事和人生问题，或无顾忌地说笑”[4]开始的。鲁迅在日记中最早记载陆晶清来访是在1924年。

1924年9月24日,陆晶清曾和同学吕云章一同来到宫门口西三条21号鲁迅的家中拜访。1925年11月8日,陆晶清又和许广平一起来拜访。1926年2月4日,她和同学又一起拜访了鲁迅。在1926年6月4日上午,鲁迅为女师大上完最后一课,陆晶清在下午又拜访了鲁迅。1926年暑假期间,陆晶清去杭州旅行。7月10日,鲁迅还收到过她从杭州寄来的信片及照相。

1926年8月,在鲁迅即将离开北京的这个月里,陆晶清与鲁迅的往来较以往更加频繁。8月8日,陆晶清和许广平一同拜访了鲁迅。12日,鲁迅收到陆晶清、吕云章和许广平的来信,并于15日给她们回了信。13日,鲁迅前往女子师范大学参加送别会,并出席了陆晶清、吕云章和许广平等为他举办的午餐。鲁迅在当天日记中记有:"上午赴女子师范大学送别会。午赴吕、许、陆三位小姐们午餐之招,同坐有徐旭生、朱逷先、沈士远、尹默、许季市。"⑤鲁迅在同月16日和21日又回请了陆晶清、吕云章和许广平等三人。22日,鲁迅参加女师大毁校周年纪念并作演说。鲁迅从自己校对《工人绥惠略夫》讲起,再次表达了对杨荫榆对女师大的破坏的愤慨,并将之称为张献忠式的破坏,但同时他对女师大的将来是抱有很大希望的,他说:"希望是附丽于存在的,有存在,便有希望,有希望,便是光明。"⑥同月26日,鲁迅与许广平离开北京南下,陆晶清和石评梅等到车站送行。鲁迅在日记中记有:"三时至车站,淑卿、季市、有麟、仲芸、高歌、沸声、培良、璇卿、云章、晶清、评梅来送,秋芳亦来,四时二十五分发北京,广平同行。"⑦从这些频繁的交往来看,陆晶清与鲁迅之间的师生关系是非常密切的。

在鲁迅离开北京后,陆晶清还曾两次去看望过鲁迅。1927年7月,陆晶清来到上海,她在10月7日下午与同学吕云章一同探望了鲁迅。鲁迅不仅邀她们一同到言茂源吃饭,而且在晚上又一同到百星戏院看电影。鲁迅在日记中记有:"下午吕云章来。陆锦琴来。晚邀小峰、云章、锦琴、伏园、三弟及广平饮于言茂源,语堂亦至，饭毕同观影戏于百新（星）戏院观影戏。”⑧也正是这一次看望鲁迅，让鲁迅推断后来北平忽然盛传他与许广平结合之事，就是陆晶清由上海回北平后传播出去的。1928 年秋，陆晶清又回到北平，此后的两年间一直在北平第二师范学院补修大学本科课程。1929 年 5 月 13 日，鲁迅回北平探望母亲。当获悉北平许多人都在谈论他和许广平之事时，他在 5 月 17 日致许广平的信中说：“关于咱们的事，闻南北统一后，此地忽然盛传，研究者也颇多，但大抵知不确切。我想，这忽然盛传的缘故，大约与小鹿之由沪入京有关的。”⑨鲁迅信中的小鹿就是陆晶清，为她的笔名之一。在 22 日给许广平的信中，鲁迅又谈到此次回来尚未见到陆晶清与吕云章。6 月 2 日，陆晶清与吕云章便一同来探望鲁迅。他在当天的日记中记有：“晚往第一师范院演讲一小时。夜金九经、水野清一来。陆晶清来。吕云章来。”⑩

自鲁迅任教于女师大国文科，陆晶清先是听鲁迅的课，后又逐渐与鲁迅有了私下接触，特别是在女师大风潮期间，鲁迅站在学生一边，并给予她们极大的支持。正是在这一过程中，陆晶清等女师大同学与鲁迅建立了较为密切的师生关系。她与吕云章、许广平等不仅多次拜访探望鲁迅，还相互通信，吃饭聚会，这些在《鲁迅日记》中就有 10 多处记载，而鲁迅在日记中对陆晶清的称呼就有陆秀珍、陆秀贞、晶卿、锦琴、晶清等多种不同的称谓。

二、左翼青年陆万美与鲁迅的接触

白族作家陆万美生于 1910 年 10 月，他比姐姐陆晶清小 3 岁。同姐姐一样，陆万美从小也爱好文学。早在昆明读中学时，陆万美就开始接受马列主义影响，同艾思奇、聂耳等进步同学建立了亲密的友谊，并在《云南民众时报》等报刊发表过一些诗文。1929 年，陆万美到北平读大学。1931 年冬至 1932 年春，陆万美曾接替姐姐陆晶清和石评梅，主编《世界时报》副刊《蔷薇周刊》一段时期。

1932年初,陆万美参加了“北平左联”,任常委兼出版部部长。后又兼任文艺刊物《文学杂志》的主编。正是在参加“北平左联”期间,他与鲁迅有过三次见面的机缘。

1932年11月13日,鲁迅从上海来到北平看望生病的母亲,并先后在北大、辅仁大学、北师大、女子文理学院和中国大学5所大学作了著名的“北平五讲”。正是在鲁迅这次北平之行期间,陆万美“曾直接和先生见过三次面”[11]。他既听过鲁迅在广场上的报告,还受组织委托参加了欢迎鲁迅的宴会和内部汇报会,两次与鲁迅会面交谈。

鲁迅在北平的演讲受到青年学生极大的关注,消息一经传开,成百上千的青年学生涌到演讲现场,原定在室内的演讲不得不移到广场上进行。陆万美曾回忆鲁迅在广场作报告时的情景,“在狂风和严寒中,只穿着薄棉袍,光着平定头,站在木方桌上,也没扩音器,向四周拥挤的人群讲话”。[12]当时正是严寒时节,陆万美看到鲁迅只穿着一件薄棉袍,光着平顶头,站在方木桌上,直接向四周拥挤的人群讲话。鲁迅当时生动深刻而又充满了战斗性的演讲,让陆万美印象深刻,他后来曾回忆说,鲁迅“对各色各样的反动政客和文人的丑态,稍加勾画,就描绘得淋漓尽致。大家常常哄起了一片响亮的笑声,觉得积压在心底的苦恼一时竟畅快地吐出来了!思想上也清朗得多了!”[13]

在11月24日和26日,陆万美还两次参加北平各文化团体代表和鲁迅的会见。第一次是在范文澜家中,第二次则是在台静农家中。这些他在《追忆鲁迅先生“北平五讲”前后》一文中作过详细回忆。在11月24日晚,北平左翼文化团体举行了与鲁迅见面的洗尘宴会。鲁迅在当天的日记中提到:“下午范仲沄来,即同往女子文理学院讲演约四十分钟,同出至其寓晚饭,同席共8人。”[14]在这同席的8人中,陆万美是以“左联”常委会代表身份参加的。陆万美回忆说:“除先生、范文澜同志之外,都是各个左翼社团的代表。我记得的，有文总的老周、社联张磐石，教联刘惠之等同志。”[15]鲁迅是在女子文理学院演讲后赴宴的，当时大家先到范文澜家中稍等了一会儿，只见棉布门帘一掀开，鲁迅便矫健地走进来了。这在陆万美看来，鲁迅虽然忙了一整天，又刚刚做完演讲，“但一点儿也不显出老年人的疲惫和衰弱，却是精神充沛，很象一个青年战士。”[16]这一晚，鲁迅谈话很多，他主要介绍了一些上海“左联”的情况，同时也非常关心北平“左联”的工作情况，并向陆万美了解了一些情况。陆万美后来回忆：“记忆中，谈了许多上海‘左联’的情况，怎样坚持斗争，内部反关门主义的问题。”[17]“听到北平‘京派文人’死气沉沉的情形，先生愤愤地批评了资产阶级艺术的堕落倾向，并且提议：‘在北方，我们应该好好组织力量，办个刊物。’”[18]

陆万美第三次和鲁迅见面，是 11 月 26 日在北平各左翼社团对鲁迅的正式欢迎会上，地点是在北海后门右侧台静农的家中。这一次，陆万美到达时，大家已在交谈之中。鲁迅正坐在一把藤椅上，不断地抽着烟，而陈沂、于伶、宋之的等正围坐在鲁迅的周围。会谈中，“北平左联”各团体汇报了各自的工作情况。鲁迅也对“北平左联”提出了一些要求，并再次提到“要好好办一个刊物”[19]。

当时上海的许多左翼文艺刊物都被国民党当局查封了，而北平的情况相对要好很多，故鲁迅建议可以出个刊物。“北平左联”在 1933 年春筹办了大型文学刊物《文学杂志》，陆万美后来说：“大型的文艺刊物《文学杂志》，经过我们积极筹备，在一九三三年春出刊了。这是按照鲁迅先生的意见办的。”[20]在《文学杂志》创办时，鲁迅和许多身在上海的左翼作家也给予了支持，陆万美曾回忆说：“鲁迅先生也十分关心，给我们各方面的支持鼓励，不仅很快从上海寄来稿子，还汇来了捐款。”[21]正因为关心刊物的创办，鲁迅特意将他已投往别处的《听说梦》一稿收回后，又投给了《文学杂志》，4 月 15 日的《文学杂志》创刊号刊登了鲁迅这篇文章。此后，鲁迅虽然没有再寄稿，但是仍在支持《文学杂志》，第三、四期合刊号所载茅盾的《杂志办人》就是由鲁迅安排的，第二期登载的张天翼的《我的幼年生活》也是由鲁迅所推荐的。此外，他还给《文学杂志》捐款20元。正是因为鲁迅与“北平左联”的关系，陆万美才与鲁迅产生了工作上的联系。陆万美在1933年初去上海时，还曾通过鲁迅的通讯处和聂耳等人的帮助找到了上海文总，并汇报了“北平左联”的工作情况。他后来回忆说：“到上海后，我通过鲁迅先生和聂耳同志，找到了文总的阳翰笙同志和周扬同志，汇报了北平左翼文化团体的情况（过去一直没有直接联系）。”[22]

三、白族姐弟与鲁迅的精神联系

陆晶清和陆万美姐弟二人虽然出身于云南昆明的白族人家，但他们很早就受到新文化运动的影响，到北京读大学，并先后与鲁迅有过直接交往。正是这一机缘和经历，使他们在后来的人生中一直与鲁迅在精神上有着深深的联系。他们曾多次回忆过与鲁迅交往接触的点点滴滴，并不断从鲁迅那里汲取思想源泉和精神力量。陆晶清专门写有《记念鲁迅》《鲁迅先生在女师大》和《读〈鲁迅日记〉》等回忆鲁迅的文章。陆万美也写有《追忆鲁迅先生“北平五讲”前后》《继承鲁迅战斗传统，完成文艺工作在新的历史时期的光荣任务》和《青年向鲁迅学习什么》等文章，来纪念鲁迅先生和宣扬鲁迅精神。

对陆晶清而言，早在女师大学习期间，她不仅爱听鲁迅的讲课，也爱看鲁迅的文学作品，她还与同学一起熟记了许多鲁迅的名言、警句。她一生中最喜欢引用鲁迅“横眉冷对千夫指，俯首甘为孺子牛”的诗句，并以一个深受鲁迅影响的青年对这一诗句给出了自己真切的理解，即她不同意一般地把“孺子”解释为“人民大众”，而认为“孺子”是指青年。正因为对鲁迅的精神人格无比崇敬，陆晶清也常以鲁迅的人格精神来教育孙子，其孙王效祖就曾说:“她每次见到我,总叮嘱我要以鲁迅为做人的楷模。”[23]陆晶清的好友王映霞也曾回忆说:“鲁迅每有新书出版,她马上去买一本,以先读为快。她一生买过六套《鲁迅全集》,抗战期间,她东奔西走,生活很不安定,但《鲁迅全集》却始终跟随着她。到今天为止,还有两套整整齐齐地放在她的书架里。她说:‘我是在鲁迅指引下前进的。怎么能离开他的作品呢?’”[24]

在1956年鲁迅逝世20周年之际,陆晶清在其任教的上海财经学院为全校学生讲鲁迅,后又在学校的院刊上发表了《记念鲁迅》一文,回忆了女师大风潮时期有关鲁迅的“许多鲜为人知的事”[25]。陆晶清的好友王映霞曾说,在女师大读书期间,“陆晶清非常崇敬鲁迅,经常去看望他;每次写成新诗,总得先请鲁迅修改,然后寄出发表。”[26]事实上,陆晶清拜访鲁迅不仅仅是希望鲁迅在文学上给予指导,还因为当时鲁迅在女师大风潮中对学生给予了大量支持。在当时,陆晶清和许广平、吕云章等都参加了反对和驱逐校长杨荫榆的运动,并与刘和珍、许广平等23人列名具状控告章士钊和刘百昭,而鲁迅在此过程中给予大家的一直是支持、鼓励甚至是保护。正因如此,在陆晶清后来的人生中,她对鲁迅在1923年6月至1926年8月的日记异常珍重,她曾说:“在读这三年的《日记》时,我被拉回到五十年前去,又重亲鲁迅先生的音容,又重聆鲁迅先生的教诲,又重温在鲁迅先生的支持、鼓励、引导下,我们几十个女师大同学,手挽手、肩并肩,流汗流血作长期战斗的历程。”[27]

在1981年9月纪念鲁迅诞辰百年之际,陆晶清虽已是70多岁的老人,但她仍然感念与鲁迅曾经的交往。她将自己的长篇回忆文章《鲁迅先生在女师大》发表在《人民日报》文艺增刊“大地”第5期上,以此来纪念他所崇敬的鲁迅先生。在这篇文章中,陆晶清非常翔实地追述了鲁迅在女师大风潮中对同学们的支持和鼓励,以及她本人与鲁迅之间的接触和交往。此外,她在反复阅读鲁迅在女师大任教时期日记的同时,也撰写了《读〈鲁迅日记〉》一文。除了对与鲁迅的这一段人生交往念念不忘以外，陆晶清还认为，《鲁迅日记》虽然只记录自己信札来往和银钱收付等，但是这些“银钱收付”却很值得细读，可以从中读出鲁迅的生活、思想和对人处事等。她认为鲁迅虽然在教育部工作，同时又在许多大学兼课，但是他并不富裕。他的生活一向俭朴，有时甚至还颇为艰难，但是他却非常关心爱护那些进步而穷苦的青年学生，对他们的登门求助总是予以援助。鲁迅总是帮助和爱护那些追求进步的青年，而这也正是陆晶清认为鲁迅诗句的“孺子牛”指的就是青年的原因。

陆万美的一生也非常珍重与鲁迅接触的那一段人生机缘，他曾经在1951年8月29日写成《追忆鲁迅先生“北平五讲”前后》一文来回忆这一经历。在“文化大革命”结束后，他又重新修订了这篇追忆自己与鲁迅结缘的文章。正如他在文中所说：“虽在极短暂的接触里，鲁迅先生的革命精神和战斗姿态，也留给我们深刻的印象，永远不能忘记，永远要认真地努力地学习。”[28]正是基于此，在建国后，作为云南文艺部门的领导，陆万美在1953年10月鲁迅逝世17周年时又写下《继承鲁迅战斗传统，完成文艺工作在新的历史时期的光荣任务》一文，号召云南各族人民要继承鲁迅精神来推进社会主义国家的经济文化建设。在1959年的《青年向鲁迅学习什么》一文中，陆万美又再次向云南文教界和各族各界青年指出，要学习鲁迅的爱国精神、爱憎分明和韧性战斗的精神，以及鲁迅忘我工作的精神、艰苦的劳动态度、不倦的学习热情和简约的生活作风等。

（绍兴文理学院人文学院）

［本文系浙江省哲社规划项目（19NDJC125YB）、浙江省“之江青年社科学者”行动计划项目和绍兴文理学院重点课题“少数民族作家传播鲁迅的文献整理与研究”阶段性成果。］

注释

① 许广平:《许广平文集》第3卷,江苏文艺出版社1998年版,第58页。

②③④ 陆晶清:《鲁迅先生在女师大》,《陆晶清诗文集》,四川大学出版社1997年版,第232、233、234页。

⑤⑦《鲁迅全集》第十五卷,人民文学出版社2005年版,第633、634页。

⑥ 鲁迅:《华盖集续编·记谈话》,《鲁迅全集》第三卷,人民文学出版社2005年版,第378页。

⑧⑩⑭《鲁迅全集》第十六卷,人民文学出版社2005年版,第40、137、335页。

⑨《鲁迅全集》第十一卷,人民文学出版社2005年版,第293页。

⑪⑫⑬⑮⑯⑰⑱⑲㉘ 陆万美:《追记鲁迅先生"北平五讲"前后》,《隽永的忆念》,云南人民出版社1981年版,第30、33、33、35—36、36、36、37、39、41页。

⑳㉑㉒ 陆万美:《迎着敌人的刺刀坚持战斗的"北平左联"》,《隽永的忆念》,云南人民出版社1981年版,第71、71、70页。

㉓ 王效祖:《我的祖母陆晶清》,见《陆晶清诗文集》,四川大学出版社1997年版,第527页。

㉔㉖ 王映霞:《我与女作家陆晶清》,见《陆晶清诗文集》,四川大学出版社1997年版,第503—504页。

㉕ 邓伟志:《记念陆晶清》,《世纪》1998年第3期,第46页。

㉗ 陆晶清:《读〈鲁迅日记〉》,《陆晶清诗文集》,四川大学出版社1997年版,第248页。

我的鲁迅研究

张恩和

掐指算来,我的鲁迅研究迄今近60年了。

鲁迅研究之于我,从开始阅读鲁迅进到作为教学研究工作,再进到成为自己生命的一部分。有人说我是一个铁杆"鲁党",我自己也承认确实受鲁迅的影响很深。

一

1958年,我在北师大中文系毕业后,留在中国现代文学教研室工作。虽然在教学中会遇到鲁迅,但要说研究鲁迅还谈不上。我真正开始研究鲁迅应该从1961年算起。那一年,我有幸能参与由唐弢主编的《中国现代文学史》教材编写工作。

那是1961年春天,在经过了"大跃进""浮夸风""共产风"之后,全国进入自然灾害和"困难时期"。中央认识到"左"的倾向带来的危害,开始在各个领域采取一系列纠偏措施。在文化教育战线也着手纠正"拔白旗、插红旗"的错误做法,宣布为知识分子"脱帽加冕",即脱掉"资产阶级知识分子"之帽,加"革命知识分子"之冕。与此同时,由中宣部、高教部出面组织编写全国高校文科教材的工作。编写工作几乎覆盖了高校文科所有学科,调动了全国范围的教学力量,采取老中青结合以老带青的模式。我参加的是唐弢主编的《中国现代文学史》编写组。编写组集中了当时中国现代文学学科顶尖的学者:唐弢、刘绶松、王瑶、刘泮溪等,他们除了自己执笔写一些章节,还分工负责一段内容的审核修改工作。我分到“鲁迅后期”(上海时期)一章及另外几个作家。全书中鲁迅是重点,而要突现鲁迅思想转变为共产主义者,“鲁迅后期”又更是重点。整个鲁迅凡两章由唐弢先生负责,我是执笔写初稿,这样就有幸是在他直接指导下开始研究鲁迅,这对我后来的学术研究特别是鲁迅研究是一个良好的开端。

编写教材工作时间不算太长。1962 年 9 月,中共中央八届十中全会重新强调阶级斗争,思想文化工作又要回到原来的政策方针上去。为此,教材编写工作全面下马,编写组解散。大家就又都回到各自的工作单位。一直等到“文化大革命”结束后,编写组才重新恢复工作。对我来说这段经历却十分重要。

我回到学校后就给学生讲中国现代文学课。那时,“左”的思潮又有所抬头。讲现代文学课要求突出“无产阶级作家”,诸如李大钊、邓中夏、恽代英、“左联五烈士”等。鲁迅虽然也要讲,但不能讲得太多,评价不能太高。可我觉得鲁迅还是伟大的,思想深刻,内容丰富,不是一般作家所能比。我甚至说“鲁迅是大海”,“鲁迅是半部现代文学史”,为此还受到批评,说我小资产阶级意识严重,无产阶级感情不深。但我心里一直坚持自己的看法,搞科研也有意偏重在鲁迅。

1963 年,我写出第一篇研究鲁迅的论文《对狂人形象的一点认识》。

我从接触鲁迅作品以来,对鲁迅第一篇白话文敌小说《狂人日记》的写作方法和阅读效果就发生了兴趣,反复读了许多遍,也看了一些分析、评论文章,觉得和自己的感受不尽相同,内心有写出自己想法的冲动。于是用了几个晚上写出这篇文章。文章完成后即请唐弢审阅,得到他的热情肯定并经他推荐发表在《文学评论》1963 年第 3 期上。文章发表后引起一些人注意,也有人写文章进行讨论。

现在看来,我那时也是年少气盛。在文章里逐一辨析了以往研究中对狂人形象的种种解释,力排众议,提出了自己的见解。我的基本论点是:狂人作为一个完整的艺术形象,所言所行确是一个真实的狂人,但因为作者塑造该艺术形象时采用了独特的手法,以含蓄、语义双关的方式,为读者提供了充分的想象空间,因此,读者在阅读中加以联想和发挥,就接通了作者想传递给读者的思想——揭露封建礼教吃人的本质。那时西方接受美学理论还没有传到中国,而我因为年轻,理论水平、概括能力也不高,未能把问题提到更高的理论高度来阐释。但我的论述因为实际上与接受美学理论的思路和方法相通,因此在当时鲁研界感到比较新鲜,也在一定程度上解决了狂人的真实性与象征性的关系问题。我的文章发表之后很多年,还时有研究者们提及,有争论也有认同,这让我感到欣慰。

这篇文章的发表在我的鲁迅研究以至学术研究确是个好的开头。此后《文学评论》开始向我约稿,还邀请我参加作者撰稿会。正当我科研势头有好的开始时,全国范围内开展起"四清运动",紧接着就发生了为期 10 年的"文化大革命"。开始那年我 30 岁,10 年后结束我是 40 岁。我们这代人最好的年华都陷在了无休止的政治运动中,真不是一句"蹉跎岁月"或"浪费青春"就能概括得了的。

二

一直到"文化大革命"后期,政治气氛仍然恶劣,我就偷偷地进行鲁迅研究和写作。那时虽然并不知道什么时候能有机会发表,但文章还是坚持写的。"四人帮"刚倒台,我就在《中山大学学报》1977 年第 4 期同期发表了两篇论鲁迅旧诗的文章:《对鲁迅

〈秋夜有感〉诗的理解》和《论鲁迅两首和屈原有关的诗》。当时“文化大革命”风气犹在,以个人署名发表文章极难,作者还必须先通过政审。感谢时任《中山大学学报》主编的楼栖对我十分信任和赏识,在看了我的文章后立即决定刊发,并且是两篇文章不作任何修改在同一期学报发出。他只提了一个要求:从编辑版面考虑,第二篇文章作者署名改用笔名,我即改署笔名“漳河”(与我的名字“张恩和”音近)。“文化大革命”一结束我就这么早这么快以个人名字发表文章,而且是一口气发两篇,这在当时一般刊物可能是绝无仅有,在我们单位更是开风气之先。这两篇论文发表,也确实引起了学界注意。很快有人对我的观点表示认同、补充和商榷,在几个刊物上展开了不大不小的讨论。文章还得到著名鲁迅研究专家李何林的首肯,说很高兴看到我在文章中表现出古典诗词的学养和基础。现在看来,我的文章以及由此引发讨论的学术含量倒不见得有多大,意义在它是我个人学术活动的复苏,而且反映出整个学术界政治空气的解压。

新时期开始,特别是 1981 年以纪念鲁迅诞辰 100 周年为契机,学术界恢复了活力,鲁迅研究也空前活跃,“鲁学”成为“显学”,我也能够甩开膀子大着胆子光明正大进行鲁迅研究。从那时起,我陆陆续续、长长短短写了 30 多篇文章,(文章后来收入 2014 年出版的《踏着鲁迅的脚印——鲁迅研究论集》),加上出版的几本有关鲁迅研究的专著——《鲁迅旧诗集解》(天津人民出版社 1981 年版),《鲁迅诗词解析》(吉林文史出版社 1999 年版)、《鲁迅与郭沫若比较论》(天津人民出版社 1989 年版)、《鲁迅与许广平》(中国青年出版社 1995 年版,2008 年湖北人民出版社重订出版)——算是这些年鲁迅研究的成绩。

在我研究鲁迅的文章中,我比较看重的是讨论鲁迅反对封建思想的那几篇论文,即《鲁迅——伟大的反对封建主义的战士》(1985)和《鲁迅对中国封建社会的认识》(2002)等。我强调的是鲁迅对封建主义认识的深刻性、斗争的坚韧性以及战斗的前瞻性。

在我看来，与封建主义的斗争，是鲁迅一生中最重要的斗争；对封建主义本质的揭露和批判，也是他最重要的功绩。我的观点是：由于中国的封建社会历史特别长，为世界所罕有，封建制度和它的思想体系发展得最完备最顽固，加之帝国主义的侵略使民族矛盾有时上升到主要地位，掩盖或冲淡了人民大众与封建主义的矛盾，致使封建主义得以保存实力、延长统治，这些因素使得中国人民的反封建斗争变得非常复杂和艰巨。特别是，长期的封建制度对于人的精神束缚和思想统治的力量是极为强大的，因此在中国数千年的封建社会的历史上，尽管有多次改朝换代，尽管有局部的调整或改变，但总体上，封建主义的思想体系始终没有很大变化，封建的意识形态总是处于统治地位。

鲁迅的思想就是建立在这个认识的基础上的。因此他的反封建，针对的是整个的封建制度及其思想体系。他批判复古主义和所谓"国学"、批判迷信偶像和"二重思想"、批判孔孟之道和"寡妇主义"……，凡属封建主义思想体系，他都决不放过。比如《我们现在怎样做父亲》批判"父为子纲"、《我之节烈观》批判"夫为妻纲"，就是从封建社会最基本的细胞——家庭入手，动摇封建主义的基础。他在《春末闲谈》和《灯下漫笔》中直刺"圣君，贤臣，圣贤，圣贤之徒"，指出中国的历史不外乎"想做奴隶而不得的时代"和"暂时做稳了奴隶的时代"。从《狂人日记》开始，他就说出了中国封建制度的历史是"吃人"的历史，后来在杂文中他又不断指出："所谓中国的文明者，其实不过是安排给阔人享用的人肉的筵宴。所谓中国者，其实不过是安排这人肉的筵宴的厨房。""大小无数的人肉筵宴，即从有文明以来一直排到现在，人们就在这会场中吃人，被吃，以凶人的愚妄的欢呼，将悲惨的弱者的呼号遮掩，更不消说女人和小儿。"因此，现代青年的使命就必然是"扫荡这些食人者，掀掉这筵席，毁坏这厨房"，"创造这中国历史上未曾有过的第三样时代”。

像鲁迅这样一生坚持反对封建主义的作家不是很多,像他这样深刻洞察历史的人更少。认识到这点对学习和研究鲁迅有关键意义。

洞察历史的意义和目的在于认清现实与未来。鲁迅是深刻地认识到封建主义流毒对民族发展的阻碍作用的。我们一直都强调鲁迅反封建的意义,但对其精髓的认识是否足够准确和深刻还是一个问题。据一位与周扬晚年接触较多的人说,周扬晚年对鲁迅真正是心悦诚服,说他认识到鲁迅最伟大的有两点,一是对中国历史有着极深刻的认识;二是对中国社会现实有着极清醒的认识。显然,周扬指的是鲁迅对封建主义的深刻认识(历史的和现实的)。周扬过去不理解鲁迅,年轻气盛时还对鲁迅有过不恭,后来态度有所改变,还写了许多学习鲁迅的文章,说了许多赞扬鲁迅的话。但从他晚年深有感触的话可以看出,在此之前他对鲁迅的认识还缺乏应有的深度,没有真正到位。直到“文化大革命”之后,他从事实的教育而获得智慧,才真正认识到鲁迅的伟大价值。这种感悟是和他自己后来对中国历史和社会有了深刻的认识分不开的。像周扬这样的智者对鲁迅反对封建主义的认识都走了这样一条漫长的路,可见要真正认识鲁迅的伟大,理解鲁迅精神,并不是那么容易。

三

鲁迅研究从新时期算起,至今也有40年了。

新时期以来,对鲁迅的评价也有一些调整,或者说“再认识”。一些学者在反思历史时提出所谓“重新回到鲁迅那里去”,反对“神化”和“圣化”鲁迅,要把鲁迅“回复到人”。这个观点的出发点是对的,但具体思路和观点还值得商讨。我曾为此写了许多文章,比如《鲁迅的命运》《时风时雨说鲁迅》《谈新世纪的鲁迅研究》《鲁迅研究的历史传统》等。我的基本观点是:第一,过去对鲁迅没有“神化”,只是太“政治化”。那不是“历史错误”,只能说是“历史现象”,可以分析也可以理解。第二,的确,鲁迅是人不是神,甚至也可以说不是“圣”,但人有千差万别,有的顶天立地是真正的人,有的浑浑噩噩糊涂终身,有的投机取巧蝇营狗苟,也有的身披羊皮是伪君子……,而鲁迅不是一般的人,是顶天立地浩气长存的“伟人”,是我们“民族的脊梁”。第三,毛泽东说鲁迅是“伟大的文学家、思想家、革命家”,说他的“骨头是最硬的”,“没有丝毫的奴颜和媚骨”,没有错。

有些人承认鲁迅是“伟大的文学家”“伟大的思想家”,但不认为鲁迅也是“伟大的革命家”。鲁迅是不是、算不算“伟大的革命家”,其实不是一个难辨的问题。关键是对“革命家”的内涵和定义如何理解,如何认识。“革命家”并不都一定要拿着枪杆上战场。有各种各样的“革命家”:思想革命家、宗教革命家、文化革命家……只要他一生以“革命”为职志,坚持斗争,始终不渝,矢志不改,就应该视为“革命家”。鲁迅就曾称一代大儒章太炎先生为“有学问的革命家”。至于鲁迅,连与他志趣迥异、观念有别的林语堂在他逝世时都说过:“鲁迅与其称为文人,不如号为战士。战士者何?顶盔披甲,持矛把盾交锋以为乐。不交锋则不乐,不披甲则不乐,即使无锋可交,无矛可持,拾一石子投狗,偶中,亦怏然于胸中,此鲁迅之一副活形也。德国诗人海涅语人曰,我死时,棺中放一剑,勿放笔。是足以语鲁迅。”话说得这样清楚,时至今日,难道我们还不如林语堂的认识,还说鲁迅不是“革命家”吗?

我曾经写过文章,说有些朋友否认鲁迅是革命家,是把革命家跟政治家混淆了。他们不知道革命家和政治家有两点根本区别:一是革命家讲原则、讲信守,为了原则奋不顾身,决不妥协;政治家则讲实利、讲权变,今天说的明天可以完全改变,今天跟你是朋友兄弟,明天可以兵戎相见。二是政治家凭集群、搞党派、党同伐异;

革命家则讲独守，一个人也要往前冲。鲁迅就是这样，正因此，我们可以说鲁迅不是政治家，但确是革命家。

我一向认为，研究鲁迅不应简单地将他当作历史、当作一般作家研究，而应该把他当作一种精神上的对话者或引领者，以他为精神偶像。研究鲁迅不仅不同于研究自然科学，甚至也不同于一般的社会科学研究。在那些研究中，研究者和研究对象保持一定距离，保持客观冷静的态度，研究者本身是不必要也不应该投入自己的热情和主观精神的。而在研究鲁迅时，则应该有主观精神的融入，用胡风的话说，简直是应该表现出不能抑制的热情，用全身心投入并拥抱他，并且应该表现出研究和学习相结合，即人们常说的“知行合一”。对鲁迅要有一种以之为范，“虽不能至，心向往之”的心情和态度。我最不以为然的是，有人说鲁迅的是非是一套，自己的作为又是一套。他们不是“以鲁迅之‘是’为是，以鲁迅之‘非’为‘非’”，甚至引起一些人对鲁迅的精神和价值产生怀疑、误解、不满。这是应该引起我们鲁迅研究者充分注意、充分重视的。

纪念

追忆世家兄二三事

李春林

2018 年 12 月 12 日下午 5 时许，接到吴晨发来的微信说拟编《纪念王世家先生专辑》，方知噩耗。当即给吴女士回了这样几句话："惊闻世家先生过世，实在不敢相信。今年春节期间，还曾通电话互相问候，并对王富仁先生的过世甚为哀痛。想不到世家先生竟也追随而去。想到世家先生生前对我的提携，看到书架上赠予我的《鲁迅回忆录》和《鲁迅著译编年全集》，不胜唏嘘。"先后将此噩耗用微信转给了杜一白，用电子信箱转给了彭定安；杜先生的回复是：

> 惊闻世家同志仙逝，十分悲痛。世家为人正直，待人诚挚，一生敬业，淡泊名利，为人作嫁，无私奉献。他的去世，是鲁研界的一个损失！愿逝者安息，生者珍重！

彭先生的回复是：

> 哀哉！痛哉！
> 朋友云散尽，余亦等轻尘！
> 世家对鲁迅研究有贡献，对鲁博有贡献，对鲁迅研究刊物

有贡献,对鲁迅研究者们有帮助!

他的一生有意义、有价值、有奉献!

谨致诚挚、沉痛的哀悼!

彭定安

辽宁省鲁迅研究会的两位名誉会长和我这个顾问同声哀悼世家的过世!

是夜,几不能眠,想起了近年过世的许多同调师友:杜秀华(沈阳师大中国现代文学教研室)、王积彬(辽宁民间鲁迅研究者)、臧恩钰(沈阳师大中国现代文学教研室,曾任辽宁鲁迅学会副会长兼秘书长)、李万庆(沈阳师大中国现代文学教研室,山东大学孙昌熙先生高足)、李福田、袁良骏、王富仁、王观泉,……尚未从恩师朱德发过世的余悲中完全走出,又得此凶耗,无量悲哀。想起当下许多人享年九十属平常,百岁左右不罕见,而我辈中许多人都没活过平均年龄(世家亦如是。而杜秀华才活了58岁),心中很是遗憾……

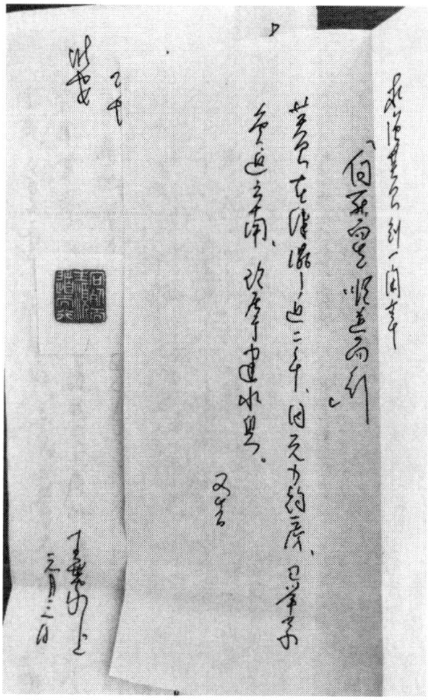

图1　2013年元月3日信末钤印:“向死而生　顺道而行”

翌日(12月13日)晨起,翻出世家生前给我的信、明信片等20余通(实际上远远超过这个数目),他的音容笑貌又活跃在我的眼前……

我和世家的初次相见,是1984年9月大连鲁迅会议期间。当时他与王观泉每每并肩一起散步，而我是个刚刚踏入鲁研界的初学者，未与世家先生多作交谈。以后在几次学术会议上接触多了起来，一方面我们是东北老乡；另一方面他不仅给我发过稿子，而且在通信中多有指教。联系最多的时候是1999—2004年，我在北京给个体书商打工以贴补家用，当时还编了《鲁迅书话》和其他有关现代文学书话的书籍，有时到鲁博查找资料拍照；而世家又担心我一人在京孤独，所以他和张杰、楠本等人每有聚会，经常也会把我叫去，这样见面的机会自然多了起来，在一起摆龙门阵，可以说相见甚欢。彼此也有了更多的了解，发现不仅对学术界的看法每每一致，就是对人间世相的评骘亦往往共鸣。

其中令我印象最深的就是世家对学人的品性、品格的高度重视。他在约我给他编的《林辰文集》写书评时，多次强调不单要写出林先生的学术贡献，而且要写出林先生的人品。

2010年10月1日信中写道："《林辰文集》书评事不必急（按：我接到他的约写书评信后，曾回信说当时正忙于其他事情，而《林辰文集》有四大卷，我又没有仅翻翻看看即可写书评的水平，特别是对于林辰这样的前辈大家，倘若如是为之也是对他的不尊重。我非得看完全书再动笔，这样交稿时间就要拖后），有闲时再做。如写文，以说林辰先生的学术成就为主，至于编辑出版过程，一笔带过可矣，无须多言。"在世家看来，林辰先生可以映照出当下中国学界的情形；同时也透视出世家为人的低调——其实他为此书付出的精力和时间实在太多了，前后共有5年之久。林辰先生早已过世，若不是世家的张罗，且身体力行，能否最后出书，亦是未知之数。

2010年10月14日来信又强调："此文亦无须急急，有时间再写不迟。评文以宣扬林先生学术成就及人格为主，像先生这样甘于寂寞，人文如一，不张扬，不趋时，不虚饰，不投机取巧，认真埋头于学问又不受意识形态影响者，鲜见也。在建国后历次政治运动中,先生未写过一篇批判×××的文章,十分难得。集中几篇序跋文尚值参考。”读罢《林辰文集》四卷,确实觉得世家所言不虚:林辰先生堪为中国知识分子的楷模。所以我给《林辰文集》写书评的过程对于自己而言,不独在为学方面多有收获,同时也是一次自我的精神洗礼。

同年 10 月 26 日信中对约我为《林辰文集》写书评的原因又作了解释:“《林辰文集》属‘叫好不叫座’之*(按:此字我未认出)的书,在当下学界,没有几个人会去读林辰的文字。之所以请几位友人评介,为对付出版社——山教社的责编来电话云:我们赔本印制林辰文集,主要是为‘社会效益’,希望将《林辰文集》的反应告知他们。如此而已。兄不必急急,既然陈子善已应允可在他的刊物上发表八千字,兄不妨放开写,林辰的文字尚值得一评。”世家办事有始有终,负责到底。既对出版社尽责,又对书评作者负责。后来拙文确实刊于陈先生主持的《现代中文学刊》。同时还写有另一短评,侧重谈林先生的人格,则由《天津文学》主编张映勤(王国绶的高足)大力协助发表于该刊。

其实他退后所做的事情,对于鲁研界有着重要意义,最突出者即是《鲁迅著译编年全集》的编纂出版。2006 年 10 月 1 日信曾谈及此事:“近十个月,一直在忙于《鲁迅著译编年全集》事,八月中旬廿卷全部校讫,年内将由吉林出版集团出版。质量如何,只能待看到书后由方家去评说了。”同年 11 月 12 日信再谈《编年全集》事:“为那套《编年集》,已忙乱了近一年时间,再有一个月,能看完二校样,可暂告一段落。吉林出版这样的书,实在是勉乎其难。”2010 年 4 月 27 日信又谈到《编年全集》事:“近一年来在修订《编年全集》(只限于改错字),又通读了两遍,已完成,五月份交厂印行第二版。还有一套《林辰文集》,正在付印中。”可以看出世家为学界所付出的巨大辛劳。

他默默地工作,甘于为他人做嫁衣,对香港鲍耀明帮助甚大,协助他出版了一些著译。2010 年 11 月 17 日信中提及:“香港鲍耀明先生新译出一本日本古典名著,拟在内地出版,止庵帮助找好了出版社,这几天校样就要来了,我负责三个校次,但字数不足 20 万,不会太费事。”

其实,岂止这一本书(鲍耀明就不止这一本),所献力者实在太多了。长期的高强度劳作,无疑损害了他的健康。要不然也不会走得太早。2013 年元月 3 日信中说:“近一年来老年病并发,脊椎增生,时好时坏,难以久坐;白内障严重,难以看书报,看来只有手术一途……”信末钤有一印:“向死而生,顺道而行。”(系强英良先生所刻)这是他此时的真实心境,与鲁迅思想相合。

他对朋友的学术成果的评判亦显出诤友的品格。《鲁迅世界性的探寻——鲁迅与外国文化比较研究史》出版后,他虽然在《月刊》上刊发了一篇书评,同时也对我说,该书述多评少。可谓一语中的。当我告诉世家,单位拟给成果数量和质量达到要求的正高出一本文集时(最初规定字数不得少于 30 万字,核心期刊比例不得低于 70%。后因达到此标准者不多,规定就被未达到标准者破掉),他于 2011 年 7 月 29 日给我的信中对自费(本人或单位)出书现象作了评说:“观泉手中有点闲钱,故付四万自费重印《怀念萧红》,曾劝他不必如此‘执着’,他却执意要印,只好与东方社联系。现在出版社凡自费者,无不欢迎,除保住了成本,尚可售出若干,有赚头的。很多大学及科研单位在为专家学者们印制著作,少则五百[按:我单位是六百],多则二千册,当政者视为‘政绩’,作者则视为‘荣光’。有好的,不多。兄如入选,不妨选出精品若干篇,印出一册,也是个纪念。”世家看到我的论文选后,大体满意,但也指出不足,不应收入一篇影评。在我当时的想法是要展现自己的研究范围,但这样就不够集中了(本院《社会科学辑刊》主编高翔也提出选文分散,不如集中到鲁迅学上,也不是符合入选标准文章不够)。从这封信上,既透视出世家观察人间世相特别是文化学术界的敏锐眼光,也蕴含着对我的深切关心和情意:不要太在意此事;要出就要选精品。

世家总是关心友朋们的方方面面,不单是学术方面,即便是生活方面亦如此。他在一封信中(某年十一月十日——世家的信落款处通常仅有月日而无纪年,可用信封邮戳判定。但此信不知何故仅余信而无信封)一方面批评学界乱象,某些导师们利用学生干事等,同时高度评价杜一白远离乱象,把一切都看得很透;同一信中还挂念着彭定安的丧子之痛、夫人的病,以及王国绶夫人的骨折……至于我的住房问题更是挂在心上,信中每每提及,并提出很好的建议。2006 年 11 月 12 日信中这样谈及彭定安:“彭先生的寂寞,诚如兄所云,是‘内心深层’的寂寞,我只能安慰之,去信告知,京中的很多朋友还没有忘记他。”世家的心中,总在想着别人,总有融融的暖意,送去抚慰的春风。得知家母病逝,他也来信安慰:“老人已逝,都解脱,生死有命,无可奈何。盼早从阴影中走出来。”(2009 年 11 月 26 日信)2010 年 4 月 27 日信中挂念着臧恩钰的重病。结尾处又写道:“杜一白先生近况如何?彭先生常有信来,在伺候病妻,甚苦。他来信说见到兄,说精神很好。深值欣慰。”

世家与朋友情谊绵长,有时一封信能写四五页之多,有时封口之后,还有话说,所以信封上也不时会再补充几句。如 2010 年 4 月 27 日信的信封背面又写道:“另装由书屋代寄一册新出版的许广平《鲁迅回忆录》手稿排印本,请查收。封及。先后购得五册送与友人,然无学术价值。”他始终关心着老朋友,读他的信,总是让人心中十分温暖。最末一句自是他的自谦自抑:此是他一贯的为人处世风格。

他赠我一套《鲁迅著译编年全集》,包装甚为结实仔细,避免了现在邮递部门装卸所造成的破损。排印错讹之处,一一用红笔改正,令我非常感动,这昭示出世家兄一贯的认真负责精神。且在随后发来的信中附上邮寄单据复印件,以便万一未能及时收到我持此件去邮局查询。考虑之周密,也是与他为人为学作风一致的。

他对当下的世风人情,既很不屑,又极达观。

2013 年元月 14 日信中谈及李福田先生的过世时写道:“福公病逝后事甚为萧条,令人感慨系之,然细想亦属正常,隆重、热闹又怎样? 死后万事空,何必让人记念加重**(按:此二字我未认出)的负担。”接着又写道:“近数年来已彻底退出所谓的‘鲁研’这块‘江湖’,回到生活的原点,终于过上了平静、平和、平淡的生活。尽其所能做点有限的事情,如此而已。”再次显示出世家为人的低调。

世家写信多用毛笔,且信笺每每也很讲求,有图案或暗纹,与潇洒的文字相映生辉,甚是精美。贺年卡也时有自己制作者,更是堪称艺术品。而此种情趣,与鲁迅亦可谓同调。

要之,世家长期浸润于鲁迅著作和鲁迅研究成果的编辑中,必然会受到鲁迅思想与精神的熏陶与影响,自觉或不自觉地染有浓烈的鲁迅质素。张恩和说过:鲁研界集中了一批中国最优秀的知识分子,王世家当之无愧地也是其中的一位。

2018 年 12 月 17 日改定,是日世家过世第十日

鲁迅与山东金乡朱鲔石室

王海玉

众所周知,鲁迅是民国时期伟大的文学家、思想家、新文化运动的领军者,但同时他的中国传统文化研究造诣颇深,对古代优秀传统文化仍是十分推崇。先生“爱好艺术,自幼已然,爱看戏,爱描画”,[①]在其回忆性散文《阿长与〈山海经〉》一文中可以看到,鲁迅自幼爱看《山海经》《花镜》这类的绘本书,随后陆续搜集到《尔雅音图》《毛诗品物图考》《点石斋丛画》《诗画舫》等,并对这些书一直爱不释手。[②]通观鲁迅日记所记载的书账,其所购书籍中很大一部分是关于美术类的。[③]因而他对古代流传下来的美术图像资料必然很感兴趣。

这里不得不提另一个机缘,1912 年,鲁迅北上任职北洋政府教育部,被任命为教育部社会教育司第一科科长,主管文化、科学、美术方面的工作,致力于推行教育总长蔡元培“以美育代宗教”的思想,对口的就是如图书馆、美术馆、博物馆这类的单位[④],有机会接触到文化艺术相关的人士和资料。于是,工作之余,兴之所至,鲁迅就开始了古书籍、金石拓本(也有少量古钱币和铜镜等文物)等的搜集、整理和研究工作,通过频繁出入北京琉璃厂、小市购买或托人购买(也包括托人拓印)或友人相互赠送等方式,几年的时间就收获颇丰。其中,对汉画像石拓本的收藏始于 1913 年,友人胡孟乐赠送鲁迅10枚山东汉画像石拓本[5]，由于童年以来的美术爱好和工作积累，我们不难理解先生一接触汉代画像，就对其有着天然好感，对其美术价值尤为欣赏看重，至此后一生都在尽力收集汉画像石拓本，共收藏700余幅，其中山东340余幅，河南320余幅，余者分属于四川、重庆、江苏、甘肃等地。[6]

一、鲁迅汉画像收藏之朱鲔石室画像石

鲁迅汉画像石拓本收藏的前半段主要集中于收藏山东汉画像石，当时社会上流传的山东汉画像石拓本，先生基本都有，包括著名的嘉祥武氏祠、孝堂山郭巨石祠以及朱鲔石室等。其中，朱鲔石室收藏数量相对较多。[7]

综观鲁迅全集，先生生前的著述中至少有6次确切地提到朱鲔石室，提到了其购买、搜集拓本的情况，述及画像内容、画像的年代以及拓本出版等情况，按时间先后依次如下：

（1）1916年5月7日，鲁迅日记中提到："午后往留黎厂以拓片付表。又买《吹角坝摩厓》一枚，二元；《朱鲔室画象》十五枚；杂山东残画象四枚，五元；杂六朝小造像十六枚，三元。"[8]

日记中简单提到在北京琉璃厂购得朱鲔石室画像石拓片15枚（即15幅），其他内容未述，这是鲁迅收藏朱鲔石室画像拓本的开始。

（2）1919年6月6日，鲁迅日记中提到："午后往留黎厂买《朱鲔石室画象》残拓十四枚，券三元。"[9]

这是第二次亲赴琉璃厂购买朱鲔石室拓本，依然是简单交代，我们只了解到这批拓片有些残缺，与第一批15枚是否有重复不清楚。

在汉画像石拓本收藏过去一个高峰，于1926年离开北京后，鲁迅在给友人的信中首次提到了想集成出版的想法，他在《厦门通信（三）中》写道："我最初的主意，倒的确想在这里住两年，除教书

之外，还希望将先前集成的《汉画象考》和《古小说钩沉》印出……及至到了这里，看看情形便将印《汉画象考》的希望取消。”[10]信中他已经拟定了《汉画象考》的书名。

（3）1934年3月6日，鲁迅在给姚克的信中说：“汉画象模糊的居多，倘是初拓，可比较的清晰，但不易得。我在北平时，曾陆续搜得一大箱，曾拟摘取其关于生活状况者，印以传世，而为时间与财力所限，至今未能，他日倘有机会，还想做一做。汉画像中，有所谓《朱鲔石室画象》者，我看实是晋石，上绘宴会之状，非常生动，与一般汉石不同，但极难得，我有一点而不全，先生倘能遇到，万不可放过也。”[11]

这里鲁迅向姚克提及了关于汉画像石的几点看法：

1. 汉画像拓本初拓最为清晰，可惜不易得。

2. 想把已经搜集到的汉画拓本拟选取其中关于生活状况的“印以传世”，这其中就包括朱鲔石室的拓本。

3. 朱鲔石室的画像是关于宴会场景的，画面十分生动，与一般汉代石刻不同，认为是晋代的石刻。

4. 鲁迅还提到此画像极为难得，自己收藏的仍不全，若再遇到万不可错过。

足见，先生是十分珍视这批画像的。

相隔不久的3月24日和4月9日，在致姚克的信中，鲁迅又一次提到了欲将其收藏的汉唐画像有关社会风俗的部分整理出版，苦于没有时间和精力，但还是决定“无论如何，此事终当了之”。[12]

（4）1934年4月22日，致姚克的信：“石刻画象印起来，是要加一点说明的，先生肯给我译成英文，更好。但做起来颇不易，青年也未必肯看，聊尽自己的心而已。《朱鲔石室画象》我有两套，凑合起来似乎还不全，倘碑帖店送有数套来，则除先生自己所要的之外，其余的请替我买下，庶几可以凑成全图。这石室，四五年前用泥塞起来了（古怪之至，不知何意），未塞之前，拓了一次，闻张继委员有一套,曾托人转辗去借,而亦不肯借,可笑。"[13]

这里鲁迅再次表达了想搜集补全朱鲔石室全图的愿望,同时我们也注意到当时姚克、张继等社会知识分子阶层不少有收藏汉画像石拓本的爱好,不同于张继这样不肯分享收藏的行为,鲁迅却是多次向友人表达了其欲将收藏出版向社会共享的愿望;而信中提到的朱鲔石室约在20世纪20年代又被人用泥塞了起来,可能是当地出于对其保护的考虑,也可能是拓片古董商为变相提高其价格也未可知。

(5) 1934年6月9日,鲁迅在给台静农的信中提到:"对于印图,尚有二小野心。一,拟印德国版画集,此事不难,只要有印费即可。二,即印汉至唐画象,但唯取其可见当时风俗者,如游猎,卤簿,宴饮之类,而着手则大不易。五六年前,所收不可谓少,而颇有拓工不佳者,如《武梁祠画象》《孝堂山画象》《朱鲔石室画象》等,虽具有,而不中用;后来出土之拓片,则皆无之,上海又是商场,不可得。兄不知能代我补收否? 即一面收新拓,一面则觅旧拓(如上述之三种),虽重出不妨,可选其较精者付印也。"[14]

在此,鲁迅再次提到印汉唐画像之事的难度。同时他对于拓片质量极为看重,并托台静农等帮忙补收,对于像《武梁祠画象》《孝堂山画象》《朱鲔石室画象》这样的拓本,不论新拓旧拓,重复也无妨,只求可选出品质较好的可付印出版。

(6) 1934年鲁迅日记的书账中,记载其7月1日购入"朱鲔石室画象二十六枚,九元"[15]时隔15年,鲁迅第三次购买到了朱鲔石室的拓本,至此,共收集到朱鲔石室画象拓本(不论完残)共55枚(幅)。[16]这也是先生对朱鲔石室最后的一条专门记录。

1935年11月15日致台静农的信中,[17]鲁迅再次强调了其印制出版汉画像集的考虑,并拟定了图目,但终未实行。

从对朱鲔石室6条简单的记录中,我们大致可以了解到鲁迅对待汉画收藏的严谨和认真,边收藏,边记录整理研究,并时时考虑结集出版，使汉代的文化艺术得到更广的传播，虽然最后囿于时间和经费等问题，先生生前终究未完成这一心愿，但他的行为堪为收藏界中的良心。

二、从鲁迅对朱鲔石室的著录引发的思考

虽然在《鲁迅全集》洋洋洒洒 16 卷的著述中，对朱鲔石室只有极少量的提及，但相较于其他收集到的汉画像石拓本，针对具体某种画像石的专门叙述，朱鲔石室又算是较为突出的，由此鲁迅对朱鲔石室的重视可见一斑。我从中注意到了三点，具体来看：

（一）年代判断

鲁迅观察到朱鲔石室刻画的生动的宴会场面，与一般汉代石刻明显不同，而将其推断为晋代的石刻。

这一年代推定到今天看来应该是站不住脚的，朱鲔石室的年代虽然没有明确的纪年，但结合文献和考古发现的证据，目前学界一般倾向为东汉晚期。[18]我们在此再简单梳理一下，文献中最早提到朱鲔石室的是北魏郦道元，在其《水经注》卷八载："菏水又东迳汉平狄将军扶沟侯淮阳朱鲔冢。墓北有石庙。"[19]这里提到了汉代，并且与扶沟侯朱鲔这一历史人物结合在一起。北宋沈括在《梦溪笔谈》中提到了朱鲔石室石壁画像情况，并认为这是"汉大司徒朱鲔墓"。[20]清代黄易在《前石室画像跋》中对朱鲔石室与武氏前石室和孝堂山石祠形制作比较[21]，也将其认为东汉遗存。清代其他金石学家在其金石著录中也多将其认定为汉代，他们有的如黄易到过实地考察，从其形制和画像旁的题字认为是汉代，有的无考证，仅是附会前人说法。清代的《金乡县志》也认为是汉代。[22]

当然，从清代开始，也有学者对石室的年代有异议，如毕沅、阮元在《山左金石志》中提到"今以拓本验之，全与武祠诸刻异，其中人物衣冠萧疏生动，颇类唐宋人画法，或是扶沟后人追崇先世而作耳"。[23]两人认为石室为唐宋时期的遗迹。日本学者桑原骘藏等也

认为石室可能是魏晋以后的作品,并附和毕沅二人的观点"庶几允当"。[24]鲁迅也认为是晋代的遗物。但他们都忽视了北魏《水经注》既已记载的事实,也就是石室的年代应不会晚于北魏。

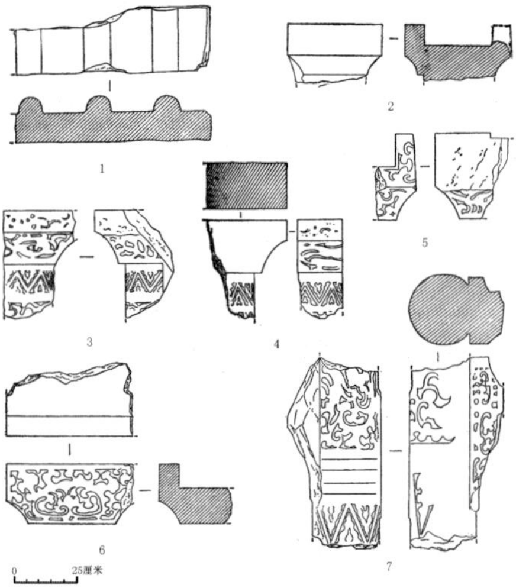

图 1　密县打虎亭 1 号墓墓道出土疑似祠堂残石

中华人民共和国成立后,陆续有了可资对比的汉代画像石墓的发现,如沂南北寨村汉画像石墓、诸城前凉台画像石墓、河南密县打虎亭 1 号墓,他们在雕刻技法、画像内容、装饰花纹等方面都有许多相似和相同之处。[25]特别是朱鲔石室与密县打虎亭 1 号汉墓图像尤为相近,如相同的雕刻技法,几乎相同的侍女人物装饰、折弯腿的长案几(有学者认为应是桯[26])、围屏图像,相同的卷云纹装饰,甚至人物多是 3/4 侧身像等,说明两者极有可能采用了相同的画像粉本,出自相同的工匠集团。而且,在打虎亭 1 号墓填土中还出土有疑似石祠构件(图 1),其结构和纹样与朱鲔石室所见仿木结构的斗拱、横枋、立柱,以及上面的花纹装饰十分相似,[27]说明打虎亭汉墓或许也存在与朱鲔石室类似的石祠堂。沂南北寨村汉墓、密县打虎亭1号墓等虽无明确纪年，但根据其墓葬形制等，基本都被推定时代在东汉晚期，而朱鲔石室的年代应与其大致相当。

我们现在看来鲁迅关于朱鲔石室年代的判断是不准确的，但抛开其结论正确与否不谈，先生不盲从北魏以来大部分金石学家对该石室时代认定的汉代倾向，坚持自己的观察分析得出时代判断，从方法论来看在今天仍是有其可取之处的。

（二）石室的主人

我们同时可以注意到一个似乎矛盾的地方，即鲁迅在判定石室年代为晋石的同时，石室的名字仍沿用前人惯用的称呼“朱鲔石室”，认定祠主为朱鲔，而朱鲔本人却是生活在两汉之际到东汉早期的历史人物，时代上应该与“晋石”无关。除非鲁迅也认为该石室是朱鲔后人追思先祖而建立的，但我们今天已经无从考证了。只能说到民国初年，朱鲔石室这个名字已经成了一个响当当的惯用名称，无关乎其具体人物和年代了。

遍览《汉书》《后汉书》关于朱鲔的记述，其生平活动区域都跟金乡甚至山东没有关系，死后更没有葬在金乡。[28]作为金乡县城西一座东汉晚期不明主人的祠堂，我们不清楚是什么时候开始，其主人被附会成了生活在两汉之际的朱鲔。可能是北魏的郦道元，也可能在他考察至此的时候，当地已流传这种说法。无独有偶，同样在北魏时期，著名的孝堂山石祠也被附会成了来自河南的孝子郭巨的祠堂，根据孝堂山石祠内留下的丰富的后人题记，我们可以得知它由无名石祠演变为“郭巨祠”的历程。[29]而这座金乡石祠，现在能辨识的只有

图2 朱鲔石室西壁4号石“朱长舒之墓”题刻拓本

一个不知道何年代的“朱长舒之墓”（朱鲔字长舒）题刻（图2），这就是后代金石学家把石祠与历史上的朱鲔产生关联的重要依据。

对于这个题刻，清代学者翁方纲认为“朱长舒之墓”5字字体多“夭斜不工”[30]，虽然仿东汉的隶书，但字迹刻画浅细。且题刻文字位于西壁靠门的石板上，与一般祠堂祠主题刻位置不符。[31]加之“朱长舒之墓”这样的措词基本不符合汉代题刻的习惯，因而邢义田认为应该是魏晋以后的人根据附会的传说增刻的榜题，与原墓主无关。[32]而从北魏以后“朱鲔石室”这个名称就这么传播开来了。

至于其真正的主人，目前仍无可对照的具体信息。但有一点，朱鲔石室是目前已发现并保存下来的最高大的东汉画像石祠堂，在建筑体量上可与其相比肩的，可能就是诸如《水经注》记载的东汉荆州刺史李刚祠堂。[33]参照孝堂山石祠和武氏诸祠的祠主情况，蒋英炬等人推测朱鲔石室的主人应当是东汉时期的二千石上下的中高级官吏或者富豪。[34]考虑到朱鲔石室的图像以日常宴饮场景为主，未见到如武氏诸祠等刻画的帝王、忠臣、义士、孝子、列女等教化类图像，我倾向于石室的主人为地方豪强的可能性更大一些。[35]

（三）画像艺术风格

鲁迅提到了朱鲔石室的画像内容，主体刻画的是生动的宴会场面，与当时他见到的其他汉画图像刻画明显不一样，先生敏锐地觉察到了其独特的画像艺术风格。这一点鲁迅的观察仍然是正确的，至今尚未发现另一座以宴饮场面为主体的画像祠堂。但这绝不是朱鲔石室独有的风格，只是鲁迅生前的时代，还没等来沂南北寨村汉画像石墓、密县打虎亭汉墓等的考古发现，否则先生一定会注意到这代表了当时一类的画像艺术风格，出自相同的工匠集团，都采用磨面阴线刻，用刀刻画细腻流畅，接近用笔描绘，属于滕固先生的石刻画像分类之拟绘画这一类。[36]这其中又以朱鲔石室的线刻技法更为成熟和精妙，画面布局更符合观者的目光。

郑岩分析石室的画面采用了“平行透视”的技法，即将其中的屏风等家具处理为斜向的平行四边形，这样画像与观者之间可以形成更好的互动，人物3/4侧面呈现，不管是家具还是人物，特别是人物细部以及人物的衣着、头饰等表现都非常写实传真，而且人物还采取了近大远小的方式表现，加深了画像的纵深感和三维立体感，让当时进入祠堂的观者有身临其境之感。[37]

图3　费慰梅绘朱鲔石室北壁内部画像

图4　楼阁拜谒图（取自嘉祥五老洼第六石）

蒋英炬等人认为朱鲔石室刻画的人物宴饮场面(图3)是对诸如武氏祠后壁“楼阁拜谒图”(图4)的无限放大,把观者的视线移到了楼阁内部,让我们得以了解较为真实的东汉贵族日常宴会的景象。[38]我也赞同朱鲔石室的画面是反映祠主生前生活场景的,而不是死后的祭祀场面。美国学者包华石将朱鲔石室归为与当时宫廷或官宦阶层有关,画面是更重视日常生活与视觉复杂性的“描述性风格”(descriptive style)。[39]

图5　青州傅家北齐线刻画像石之主仆交谈(夏)

鲁迅认为朱鲔石室画像“实为晋石”,大约是看到了魏晋北朝时期存在相类似的画像资料,如1971年发现的青州傅家北齐线刻画像石[40](图5),其画面和人物形象与朱鲔石室画像一脉相承,只是线条更成熟、人物形象更灵动;同样,清代毕沅等人称朱鲔石室画像中的“人物衣冠萧疏生动,颇类唐宋人画法”,[41]一定程度上也说明其画像艺术风格对唐宋时期的绘画仍存在一定的影响。如此,我们正好可以看到朱鲔石室的画像风格从东汉到魏晋南北朝再到唐宋时期,对我国传统绘画艺术的影响脉络。

三、余　　论

由鲁迅收藏朱鲔石室画像拓本,以及对朱鲔石室的简单分析著录,引发我们对石室的年代、主人、画像艺术特征等问题进行再分析、再思考,在今天现有的材料基础上,我们得出朱鲔石室的年代应在东汉晚期,石室的主人应与扶沟侯朱鲔无甚关联,石室的画像风格代表了东汉晚期一类较为成熟的艺术风格,极有可能还影响了魏晋至隋唐的绘画艺术。虽然,受制于时代和材料的局限性,在鲁迅的年代他得出的分析,我们今天看来不准确,但其坚持自己分析思考的方法是仍然值得我们学习的。

以上是鲁迅汉画像石收藏的一个个案。我们从中也看到,鲁迅收藏汉画像石更重视汉画像石画像材料的本身,这明显区别于以前金石学家(甚至同时代国内不少学者)重画像石题记文字而轻画像本身的视角。他深为欣赏并自豪于汉画艺术的精妙,曾对好友许寿裳说过:"汉画象的图案,美妙无伦,为日本艺术家所采取。即使是一鳞一爪,已被西洋名家交口赞许,说日本的图案,如何了不得,了不得。而不知其渊源出于我国的汉画呢!"[42]而他的收藏又不仅仅是为了美术鉴赏,主要是为了更充分的了解汉代历史、汉代文化艺术,深入挖掘中国文化精神,并将这种优秀传统文化传播出去,为当代文化艺术服务。如 20 世纪 30 年代鲁迅推动的新木刻版画运动中,他就提到"倘参酌汉代的石刻画像,明清的书籍插画,并且留心民间所赏玩的所谓'年画',和欧洲的新法融合起来,许能够创出一种更好的版画"[43]、"惟汉人石刻,气魄深沉雄大,唐人线画,流动如生,倘取入木刻,或可另辟一境界也。"[44]这里他就强调,可以参酌借鉴汉代石刻画像等的艺术元素,融汇古今中外,创造版画艺术的新境界。

鲁迅故去已近 83 年,我们今天再提及他与汉画像石收藏和研究,就是为了学习他对以汉画像石为代表的中国传统文化的深入探索与推崇,在当代更好地挖掘"深沉雄大"的汉代文化的更多内涵,更好地树立文化自信。

(作于山东省石刻艺术博物馆。本文在写作过程中得到山东省石刻艺术博物馆杨爱国先生指导,在此致以诚挚谢意!)

注释

① 许寿裳:《亡友鲁迅印象记》,当代世界出版社 2015 年版。"鲁迅爱好艺术,自幼已然,爱看戏、爱描画,中年则研究汉代画像,晚年则提倡版画。"

②《朝花夕拾·阿长与〈山海经〉》,《鲁迅全集》第二卷,人民文学出版社 2005 年版,第 250—257 页。

③ 参见《鲁迅全集》第十五卷、第十六卷,人民文学出版社 2005 年版。

④《鲁迅全集》第十八卷,人民文学出版社 2005 年版,第 626—633 页。

⑤《鲁迅全集》第十五卷,第 78 页。

⑥ 北京鲁迅博物馆编:《鲁迅藏拓本全集·汉画像卷》,西泠印社出版社 2014 年版。

⑦ 北京鲁迅博物馆、上海鲁迅纪念馆编:《鲁迅藏汉画象》(二),上海人民美术出版社 1992 年版。参考该书大致了解鲁迅收藏的山东汉画像石拓本中,朱鲔石室拓片数量相对较多,而且该书还将朱鲔石室的拓片 19 幅放在开篇,凸显其重要性。

⑧《鲁迅全集》第十五卷,第 226 页。

⑨《鲁迅全集》第十五卷,第 370 页。

⑩《华盖集续编的绪编·厦门通信(三)》,《鲁迅全集》第三卷,人民文学出版社 2005 年版,第 413 页。

⑪《书信·340306 致姚克》,《鲁迅全集》第十三卷,人民文学出版社 2005 年版,第 39 页。

⑫《书信·340324 致姚克》、《340409 致姚克》,《鲁迅全集》第十三卷,第 48、68 页。

⑬《书信·340422 致姚克》,《鲁迅全集》第十三卷,第 82 页。

⑭《书信·340609 致台静农》,《鲁迅全集》第十三卷,第 145 页。

⑮《鲁迅全集》第十六卷,人民文学出版社,2005 年,第 502 页。

⑯ 不知是否这 55 幅中有重复或者实际不属于朱鲔石室的拓本? 如今的著述里一般提及鲁迅藏有朱鲔石室画像 52 幅,如北京鲁迅博物馆、上海鲁迅纪念馆编《鲁迅藏汉画像》(二)中提到鲁迅收藏朱鲔石室画像 52 幅,分三包装,应是代表了他三次购买的部分。

⑰《书信·351115 致台静农》,《鲁迅全集》第十三卷,人民文学出版社 2005 年版,第 582—583 页。

⑱ 蒋英炬、杨爱国、蒋群:《朱鲔石室画像的年代》,出自《朱鲔石室》,文物出版社 2015 年版,第 77—84 页。书中对与朱鲔石室相关的文献资料逐一梳理,并将朱鲔石室画像与孝堂山石祠、沂南北寨村画像石墓、密县打虎亭 1 号墓画像等进行了细致比对,最后得出了年代为东汉晚期的结论;邢义田、郑岩等学者也都是此观点,详见邢义田:《汉代画像内容与榜题的关系》,氏著:《画为心声:画像石、画像砖与壁画》,中华书局 2012 年版,第 69—89 页;郑岩:《视觉的盛宴——"朱鲔石室"再观察》,《国立台湾大学美术史研究集刊》第 41 期(2016 年),第 61—144 页。

⑲ [北魏]郦道元著,陈桥驿校证:《水经注校证》,中华书局 2013 年版,第 205 页。

⑳ 张富祥:《梦溪笔谈译注》,中华书局 2009 年版,第 210—211 页。

㉑ 方朔:《枕经堂金石题跋》卷二,《石刻资料新编》第二辑第 19 册,台北新文丰出版社 1979 年版,第 14253 页。

㉒ 这些在《朱鲔石室》一书中都有详细的梳理,可参考该书第 13—22 页。

㉓ 毕沅、阮元:《山左金石志》卷八,《石刻资料新编》第一辑第 19 册,台北新文丰出版社 1982 年版,第 14456 页。

㉔ [日]桑原骘藏著,张明杰译:《考史游记》,中华书局 2007 年版,第 156—158 页。

㉕ 蒋英炬、杨爱国、蒋群:《朱鲔石室》,第 77—84 页。书中对三者之前的画像分析对比非常详细清楚。

㉖ 郑岩参考孙机先生的《汉代物质文化资料图说》一书,认为长案几称为"桯"更合适,详见郑岩:《视觉的盛宴——"朱鲔石室"再观察》,《台湾大学美术史研究集刊》第 41 期(2016 年),第 61—144 页。

㉗ 河南省文物研究所:《密县打虎亭汉墓》,文物出版社 1993 年版,第 188—191 页。

㉘ 关于两汉书中对朱鲔的记载详见蒋英炬、杨爱国、蒋群:《朱鲔石室》,第 88 页。

㉙ 杨爱国:《故事是如何生成的——以山东长清孝堂山郭氏墓石祠为例》,《社会科学战线》2016 年第 9 期。

㉚ 翁方纲:《两汉金石记》卷十四,《石刻资料新编》第一辑第 10 册,第 7401—7402 页。

㉛ 安徽宿县褚兰东汉灵帝建宁四年胡元壬祠堂后壁中下部刻一碑形框，框内额题"辟阳胡元壬□墓"，参见王步毅：《安徽宿县褚兰汉画像石墓》，《考古学报》1993年第4期。"朱长舒之墓"所在位置明显与之不同。

㉜ 邢义田：《汉代画像内容与榜题的关系》，氏著：《画为心声：画像石、画像砖与壁画》，第69—89页。

㉝ 根据《水经注》的记载推测汉代应该存在一类与朱鲔石室体量相当或更为高大的石祠堂，只是未得以保存下来。如《水经注》卷八载："黄水东南流，水南有汉荆州刺史李刚墓。刚字叔毅，山阳高平人，熹平元年卒。见其碑。有石阙、祠堂、石室三间，椽架高丈余，镂石作椽，瓦屋施平天造，方井侧荷梁柱……作制工丽，不甚伤毁。"［北魏］郦道元著，陈桥驿校证：《水经注校证》，中华书局2013年版，第206页。（郑岩根据北魏到西魏民间的度量衡制度，推测丈余大概在3米左右）

㉞ 蒋英炬、杨爱国、蒋群：《朱鲔石室》，第89页。

㉟ 王海玉：《朱鲔石室特征考察》，《图像的表征——中国汉画学会第十五届年会论文集》，人民美术出版社2015年版，第578—586页。

㊱ 滕固：《南阳汉画像石刻之历史的及风格的考察》，《张菊生先生七十生日纪念论文集》，商务印书馆1937年版，第483—502页。

㊲ 郑岩：《视觉的盛宴——"朱鲔石室"再观察》，《台湾大学美术史研究集刊》第41期（2016年），第61—144页。

㊳ 蒋英炬、杨爱国、蒋群：《朱鲔石室》，第90页。

㊴ Martin J.Powers. *Art and Political Expression in Early China.*

㊵ 青州市博物馆编：《山东青州傅家北齐线刻画像石》，齐鲁书社2014年版。

㊶ 毕沅、阮元：《山左金石志》卷八，《石刻资料新编》第一辑第19册，第14456页。

㊷ 许寿裳著，马会芹编：《回望鲁迅·挚友的怀念——许寿裳忆鲁迅》。河北教育出版社2000年版，第22页。

㊸《书信·350204致李桦》，《鲁迅全集》第十三卷，人民文学出版社2005年版，第373页。

㊹《书信·350909致李桦》，《鲁迅全集》第十三卷，人民文学出版社2005年版，第539页。

峨眉路 108 号:从里见医院到须藤医院

陈祖恩

峨眉路 108 号,位于北外滩地区不显眼的街角,1910 年代建成的英式红砖建筑,曾是上海两家日本医院的所在地,也是中日两大文豪芥川龙之介和鲁迅就医的地方。

20 世纪 20 年代,日本人创办的大小医院蜂拥而起,包括妇科、小儿科、齿科在内的各类日本医院有 48 所,大部分集中在虹口地区。其中来自长崎的里见医院是比较早的一所。创始者里见义彦,原籍鸟取县,后转籍长崎,1875 年 2 月出生,1902 年毕业于长崎医学专门学校,同年 12 月获取医师资格(16403 号)。1907 年 1 月来沪,在文监师路(今塘沽路)8 号开诊疗所,又名"里见病院"。后数度转移到武昌路、四马路等地,后来设在密勒路(今峨嵋路)6 号 A,也就是现在的 108 号。当时,这幢东西朝向的英式建筑落成不久,里见医院租用该建筑的左半部,上下 4 层,当时朝南的方向均有窗口,高处可望见外滩的景色。

1921 年 3 月 30 日,日本作家芥川龙之介作为《大阪每日新闻》的特派员来到上海,芥川是当时日本文坛首屈一指的人物,新兴文艺的代表性作家,同时也是熟悉与爱好中国传统文化的人。《大阪每日新闻》派其来中国采访,想通过他的观察向日本读者介绍民国之后的中国政治、风俗、思想及其他方面的情况。

报社给芥川预定的旅馆是位于北苏州河路、河南北路交叉处的东和洋行,但那里曾发生过金玉均被刺杀的事件,而预留的房间光线昏暗、有点儿古怪,芥川感到"没法安心住下来,除非是金玉均的幽灵,"于是改往西华德路(今长治路)、闵行路交叉处的万岁馆,这是建于1903年的著名日本旅馆。

图1　上海市峨眉路108号　　图2　访问中国时的芥川龙之介(左)

没想到,芥川到上海的第二天便病倒了,第三天住进里见医院,病名是干性患肋膜炎。病房是2楼面对细细走廊的有阳台的房间。由于低烧始终不退,芥川担心大白天躺着会突然死去,于是瞒着医生尽量读书,抓到什么就读什么书。晚上就吃安眠药,但常常天亮以前就醒了,此时他几度吟唱明代文人王次回《疑雨集》中的诗句:"药饵无征怪梦频"。虽然这是王次回吟咏其夫人患重病时的诗句,但芥川认为此诗句吟咏当时的自己,也是颇为贴切的。

由于芥川的名声,始终不断地有人来医院看望,包括不认识的人。每天有许多鲜花、水果之类的礼物,有一次罐头、饼干等在枕边排起了长队,真不知如何处置才好。为了让芥川能安静地养病,里见医生不得不亲自出面,谢绝客人的探视活动。

为了能早日游览江南，芥川也曾一天隔一天地要求里见医生给他注射滋补针剂，帮助其早日恢复健康。经过 3 个多星期的住院治疗，芥川终于在 4 月 24 日病愈出院。当天，他回到旅馆给舅父芥川道章写信，报告住院情况，说“幸亏得到了及时的治疗”。

里见医生是一位很新潮的俳句诗人，他向芥川介绍了活跃在上海的日本文人，如岛津四十起（金风社社长）、大岛葎花等，他们都是“海红”会的俳句诗人。芥川也向里见医生介绍了村田孜郎（大阪每日新闻上海支局长）等人。在芥川住院期间，里见医院的病房，成为这些俳句诗人聚会的场所。芥川记得里见医生有这样的俳句：“孕妇添炉炭，诉说腹中胎儿动。”

第一次上海事变（1932 年）以后，里见医院搬到在狄思威路（今溧阳路）744 号，1943 年 11 月 5 日，里见义彦在上海逝世，享年 69 岁。第二任里见医院院长由其子里见正义继任。里见正义，1912 年出生于上海，1925 年毕业于上海北部日本人小学，后来回日本学习，获医学博士学位。

图 3　须藤五百三像

作为鲁迅最后生涯的主治医生须藤五百三,其创办的须藤医院,后来也设立在峨眉路108号。

须藤五百三,1876年(明治九年)6月18日出生于冈山县下原村(现为川上郡成羽町)。曾在日本第三高等学校医学部(现为冈山大学医学部)学习,1897年毕业,同期毕业的共62名。1898年,取得医师执照后就任陆军三等军医。此后,随军到过中国大陆和台湾,在日本国内善通寺预备病院和姬路卫戍病院等工作,还以军医身份任朝鲜总督府立黄海道(海州)慈惠医院院长。1918年退伍后不久即在上海创立须藤医院。须藤医院初设时仅有内科、小儿科,实际上外科、妇科都有,近于全科。《鲁迅全集》(人民出版社1981年版)在有关注释中称须藤五百三"1933年时在上海设立须藤医院",这是不正确的。至少在1926年出版的《上海年鉴》(上海日报出版部)的《上海邦人营业别》中已有"须藤医院"的名字,当时的地址是蜜勒路(今峨嵋路)6号。1936年《邦人人名录》显示的地址,已经搬到密勒路108号。

1929年9月,鲁迅的孩子周海婴在福民医院出生。周海婴自幼体弱多病,鲁迅最初选择离家最近的福民医院和石井医院给他看病。可能是嫌治疗费太贵的原因,从1932年起,鲁迅经内山完造介绍,舍近就远到位于文监师路(今塘沽路)篠崎医院,请该院小儿科医生坪井芳治看病,前后有一年多的时间。坪生芳治出生医生世家,京都帝国大学医学部毕业,1926年秋来上海就职。1932年12月31日,鲁迅赠诗幅给他:"皓齿吴娃唱柳枝,酒阑人静暮春时。无端旧梦驱残醉,独对灯阴忆子规。"

位于蜜勒路(今峨嵋路)的须藤医院,与篠崎医院相距不远,须藤与内山完造是冈山的同乡,两人的出生地也很近。1932年,经内山完造介绍,须藤与鲁迅相识。同年10月,鲁迅写信给须藤,这是他俩交往的开始。1933年4月23日,鲁迅在知味馆设宴,内山完造、须藤五百三等20名侨居上海的日本友人出席。6月2

日,鲁迅代人请须藤看病。7 月 1 日,开始请须藤为周海婴看病,从此频繁交往。在前后 3 年间,仅请须藤看病就达 150 次以上。在为周海婴治病的过程中,须藤上门的次数较多,有时诊治后鲁迅立即随须藤到医院取药。鲁迅和夫人也不时地抱周海婴上门看病。1934 年 4 月 17 日,鲁迅自己也到须藤医院看胃病,之后,须藤几乎是鲁迅唯一的主治医师,鲁迅一直到逝世都接受他的诊治。

鲁迅对须藤五百三非常信任。他曾在给友人的信中推荐须藤医生说:“他是六十多岁的老手,经验丰富,且与我极熟,决不敲竹杠的。”除了医患关系外,私交也很好。1935 年 6 月 20 日,鲁迅收到日本出版的《鲁迅选集》(岩波书店出版)仅 2 本,就将其中的 1 本赠送给须藤,有时也赠送荔枝等土产。鲁迅携周海婴往须藤医院治病时,须藤也会送上巧克力等礼物。但是,鲁迅与须藤的交往基本还是所谓“亲兄弟,明算账”的通行方式。如 1935 年 1 月 10 日上午,鲁迅与夫人携周海婴往须藤医院诊时,将《饮膳正要》给需用的须藤,须藤按书价付款 1 元。同年夏天,鲁迅将《野菜博录》赠送给须藤医生,须藤拿到书后即送来书款 2 元 7 角,鲁迅也收下了。

1936 年 3 月 2 日,鲁迅往位于今溧阳路的藏书室找书,因中寒患气喘,经医生治疗,至 3 月中旬小愈。5 月 16 日起连续发热并气喘。自日起病情严重。鲁迅说:须藤医生“虽不是肺病专家,然而年纪大,经验多,从习医的时期说,是我的前辈,又极熟识,肯说话。”事实上,一位被称是上海唯一的西洋肺病专家的美国医生(Thomas Balfour Dunn, M.D.1886—1948)曾给鲁迅作过诊断,说他是最能抵抗疾病的典型中国人,如果换上欧洲人,则早在五年前就已经死掉了。6 月 25 日,由鲁迅拟稿,许广平抄寄的给友人的信中说:“大约十天前,去用 X 光照了一个肺部的相,才知道他从青年到现在,至少生过两次危险的肺病,一次肋膜炎。两肺都有病,普通的人,早已应该死掉,而他竟没有死。医生都非常惊异,以为大约是:非常善于处置他的毛病,或身体别的部分非常结实的原故。这是一个特别现象。"鲁迅与肺病搏斗了好几个月,最终因不治,于10月19日逝世。在其病重期间,须藤医生差不多天天给鲁迅治疗。两人在治疗中进行了毫无拘束的交谈。鲁迅逝世后,须藤医生在日语《上海日报》(1936年10月20日)与中文杂志《作家》发表了题为《医学者所见的鲁迅先生》的文章,并附录"鲁迅先生病状经过"。一年后在《鲁迅先生纪念集》中刊登。

1946年,须藤五百三回到冈山,在成羽町出生的家中重开医业。当地为表彰他"医有仁术"的理念和实践,成立"须藤老医表彰会"。1959年11月6日,须藤五百三逝世,享年83岁,葬于当地的龙泉寺。

关于鲁迅作序跋的书之二

顾　农

20世纪80年代中叶，为了纪念鲁迅逝世50年，上海鲁迅纪念馆与上海书店合作，出版了一套《鲁迅作序跋的著作选辑》，据原书影印，凡15种，很受读者欢迎。昔尝读此诸书，做过一点简单的笔记，业已记录在案。在此15种以外，鲁迅为作序跋的书还有将近50种，不妨继续简单一谈。计开——

一、著作部分

1.《绛洞花主》

1926年厦门大学教育系学生陈梦韶根据小说《红楼梦》创作了一部十四幕（前有序幕）的社会家庭问题剧，请鲁迅作序；鲁迅在小引中热情地肯定了作者"熟于情节，妙于剪裁"，此剧"如果排演，当然会更可观"。鲁迅又说，《红楼梦》是一本复杂的大著作，"单是命意，就因读者的眼光而有种种，经学家看见《易》，道学家看见淫，才子看见缠绵，革命家看见排满，流言家看见宫闱秘事……"，他肯定了作者以为此书是写社会家庭问题的思路。这份《小引》曾印入单行的剧本中，后又根据手稿收入《集外集拾遗补编》。

话剧剧本《绛洞花主》曾由鲁迅推荐到北新书局去，老板李小峰同意接受。据作者说，"1928年冬，李小峰又来信说，剧本印出一千册，并寄给我两本不裁边的书，《绛洞花主》的《小引》，就印在剧本的最前面。又过了不久，李小峰老板写信来，说北新书局遭受捣毁，《绛洞花主》剧本已印出的书及制版，都被烧毁，变成灰烬了。”(《回忆鲁迅为〈绛洞花主〉剧本作小引的经过》，载《鲁迅回忆录》第二集，上海文艺出版社1979年6月版)后来到1935年，在地方性的《闽南日报》副刊上发表过鲁迅的《小引》、序幕加前八幕的节录本，作者存了一份这种报纸本的剪贴本；但经过抗日战争和“文化大革命”，全剧的毛边本和报纸剪贴本都完全失去了。作者晚年根据失而复得的剪贴本，并努力回忆，终于重新写成了全本《绛洞花主》，此本于2005年1月由厦门大学出版社正式出版问世，这时离作者创作此剧已经将近80年过去了。

2.《苏联闻见录》

本书作者林克多原在法国打工，后到苏联，他用平实的文字写成的《苏联闻见录》，很得鲁迅称赞，认为可以帮助人们了解苏联的真相，遂于1932年4月为之作序(后收入《南腔北调集》)，其书于当年11月由上海光华书局出版。

鲁迅在序中提到，关于苏联近况而可以“不必用心戒备”来的读的书，还有胡愈之的《莫斯科印象记》(上海新生命书局1931年8月版)。

3.《守常全集》

《守常全集》是经过编辑的革命先烈李大钊(1889—1927)的文集稿本。李大钊牺牲后，其同乡后辈李乐光搜集整理其遗稿，编为四卷，后来经过种种波折，终于通过周作人送到上海争取出版。1933年4月上海群众图书公司拟将其前两卷的30篇文章重编为《守常全集》上下卷出版，委托曹聚仁请鲁迅作序。1833年5月7日鲁迅在答复曹聚仁的信中说：“守常先生我是认识的，遗著上应该写一点什么，不过于学说之类，我不了然，所以只能说几句关于个人的空话。”这是鲁迅的谨慎处，也表现了他写序跋的行文策略。

后来在写成的题记中果然体现了信中所说的两点，关于著者其人，文章一开头就说："我最初看见守常先生的时候，是在独秀先生邀去商量怎样进行《新青年》的集会上，这样就算认识了。不知道他其时是否已是共产主义者。总之，给我的印象是很好的，诚实，谦和，不多说话。《新青年》的同人中，虽然也很有喜欢明争暗斗，扶植自己势力的人，但他一直到后来，绝对的不是。"后文继续描写其人，简而得要，给读者的印象大抵像一位儒商。

鲁迅又写道："不幸对于遗文，我却很难讲什么话。因为所执的业，彼此不同，在《新青年》时代，我虽以他为站在同一战线上的伙伴，却并未留心他的文章，譬如骑兵不必注意于造桥，炮兵无须分神于驭马，那时自以为尚非错误。所以现在所能说的，也不过：一，是他的理论，在现在看起来，当然未必精当的；二，是虽然如此，他的遗文却将永住，因为这是先驱者的遗产，革命史上的丰碑。"看来鲁迅对他的理论也并非不懂。鲁迅写文章历来往谦虚自抑的方向去说。

《〈守常全集〉题记》后收入《南腔北调集》。

4.《中国新文学大系·小说二集》

上海良友图书公司印行的《中国新文学大系》是新文学第一个10年（1917—1926）的重要文献，这一阶段创作和理论的经典化由此而正式形成。大系凡10集，其中小说分3集，散文分2集，另有理论建设集、文学论争集、诗集、戏剧集、史料·索引集。编选小说的分工是：一集，以文学研究会方面的为主，茅盾负责；三集，以创造社方面的为主，郑伯奇负责；二集，以《新青年》、《新潮》以及后来几个较小社团（弥洒社、浅草—沉钟社、莽原社、未名社）为主，鲁迅负责。该集1935年7月出版。

《大系》小说三集中以这个第二集头绪最为纷纭，涉及的小家甚多，共选了33位作家的小说59篇。由于鲁迅对文坛情况相当熟悉，又是从事选本的斲轮老手，故能举重若轻，其序言更是精彩迭出，益人神智。这份长篇序言作于1935年3月，后收入《且介亭杂文二集》。

5.《孩儿塔》

白莽（徐祖华的笔名，其另一笔名为殷夫，1909—1931）。他和其他23位革命者牺牲后，鲁迅作《为了忘却的记念》，开始就写自己同白莽的交往。1936年3月，鲁迅忽然接到一封署名“齐涵之”的来信，自称他是白莽在同济学校的同学，手上有白莽诗集《孩儿塔》的手稿，打算为之出版，请鲁迅为作一序。鲁迅很高兴有这样深念旧日友情的青年，立即于1936年3月11日抱病为作一短序，称颂烈士的作品具有重要的意义：“这是东方的微光，是林中的响箭，是冬末的萌芽，是进军的第一步，是对于前驱者的爱的大纛，也是对于摧残者的憎的丰碑。一切所谓圆熟简练，静穆悠远之作，都无须来作比方，因为这诗属于别一世界。”这篇序言又曾发表于上海《文学丛报》第一卷第一期（1936年4月）。后编入《且介亭杂文末编》。

可是很快鲁迅就知道自己上了骗子的当，“齐涵之”乃是当时一个无行文人史济行的化名，他的来信无非是为了骗取鲁迅的文稿，为他自己编辑的刊物武汉《人间世》（仅出两期，后改名为《西北风》）装点门面。于是鲁迅作《关于白莽遗诗序的声明》，揭露史济行的无耻行径。这份声明后发表于上海《文学丛报》第一卷第二期（1936年5月），该文后来编入《且介亭杂文末编》时改题《续记》。

鲁迅在声明里就自己的受骗发表感慨说：“我虽以多疑为忠厚长者所诟病，但这样多疑的程度是还不到的。不料人还是大意不得，偶不疑虑，偶动友情，到底成为我的弱点了。”“齐涵之”利用鲁迅对青年战友的感情行骗，其人之下流颇为可观，他后来也终于没有什么好下场。

6.《中国杰作小说》

所谓《中国杰作小说》是鲁迅应日本改造社社长山本实彦

(1885—1952)之请编选的中国左翼青年作家的短篇小说的结集,商定各篇在《改造》月刊陆续发表。原定10篇,但只发了6篇,即因鲁迅去世而告中断。

鲁迅为此书撰写的小引是用日文写的,原无标题,发表于《改造》月刊1936年6月号,后来转译回来,编入《集外集拾遗补编》。

二、翻译部分

1.《劲草》

周作人留学日本时曾从英语转译俄国作家阿·康·托尔斯泰(1817—1875)的历史小说《谢历勃里亚尼公爵》(可意译为《银公爵》),鲁迅为之修润文字,又为代作序言,文末署“己酉三月译者又识”,其时即1909年春夏之交。可惜《劲草》未能出版,保存下来的鲁迅所作的序言亦残缺不全,后收入《集外集拾遗补编》。

周作人晚年在回忆录中说到此事,略云:“伊凡四世是俄国十八世纪中的沙皇,据说是很有信心而又极是凶暴,是个有精神病的皇帝,被人称作可怕的伊凡。银公爵虽是呱呱叫的忠臣义人,也是个美男子,可是不大有什么生气,有如戏文里的落难公子,出台来唤不起观众的兴趣。倒是那半疯狂的俄皇以及懂得妖术的磨工,虽然只是二花面或小丑的角色,却令人读了津津有味,有时回想起来还忍不住发笑。这部小说很长,总有十多万字吧,阴冷的冬天,在中越馆的空洞的大间架里,我专管翻译起草,鲁迅修改誊正,都一点不感到困乏或是寒冷,只是很有兴趣的说说笑笑,谈论里面的故事,一直等到抄成一厚木。蓝格直行的日木皮纸近三百张,仍旧以主人公为名,改名《劲草》,寄了出去。可是这一回却是失败了,不久接到书店的复信,说此书已经译出付印,原稿送还。这是没有办法的事情,自然只好罢了。但是觉得这《劲草》还是有它的长处。过了几时那译本果然出来了,上下两册,书名《不测之威》。看了并不觉得怎样不对,但敝帚自珍,稿本也一直保存着。到了民国初年鲁迅把它带到北京，送给杂志或日报社，计划发表，但是没有成功。后来辗转交付，终于连原稿也遗失了。”（《知堂回想录》，香港三育图书文具公司1980年版，第211页）

《不测之威》是上海商务印书馆1908年出版的；鲁迅在序中申论同一著作可以有不同的译本，以便在“信”和“达”两方面更近于原著。序言中又解释俄国人名的构成，当时的读者对此很不熟悉。后来到1935年鲁迅作《非有复译不可》（后收入《且介亭杂文二集》），与此序颇可互相释证。

2.《苏俄的文艺论战》

任国桢（1898—1931）译《苏俄的文艺论战》列入鲁迅主编的《未名丛刊》，由北新书局出版（1925年8月版）。

《苏俄的文艺论战》包括4篇文章，介绍苏联1923—1925年文艺界的状况、各派的辩论、联共（布）中央的文艺政策等等。1925年4月鲁迅为该书作前记，概述并分析了当年苏联文艺界的流派和纷争，表现出他对十月革命后俄国文学的关注和对马克思主义文论的高度热情。

鲁迅的《苏俄的文艺论战》前记当时印入该书卷首，后收入《集外集拾遗》。

3.《穷人》

陀思妥耶夫斯基的首部长篇小说《穷人》由未名社成员韦丛芜译成中文，他是根据两种英文译本转译的，两本的歧异之处则由鲁迅据日译本决定去取，并“修改若干处”（详见韦丛芜《未名社始末记》，《鲁迅研究资料》第19辑，中国文联出版社1988年版，第191页），花了很多功夫。鲁迅为此本写了《小引》，对陀斯妥也夫斯基其人及其作品的特点提出了精彩的分析。小引作于1926年6月，后收入《集外集》。

韦丛芜几乎终身关注陀斯妥也夫斯基。未名社的另一成员李霁野则译出了陀斯妥也夫斯基另一部长篇《被侮辱与被损害的》。

未名社的人很热爱这位残酷的天才，在韦素园的房间里挂着这位大作家的画像。

1935年鲁迅替一家日本出版社写过一篇《陀思妥夫斯基的事》，作为他们所出的陀氏全集的导言；其中的议论颇可与十年前的《穷人》小引互相发明。文中说起中国读者接受陀思妥耶夫斯基式“忍从”的困难，有一句深刻的话：“在中国，君临的是‘礼’，不是神。”足以发人深思。

4.《十二个》

胡成才译苏联诗人勃洛克(1880—1921)的长诗《十二个》，亦列入鲁迅主编的《未名丛刊》，由北新书局出版(1926年8月版)。鲁迅为该书撰写的后记作于1926年7月，又给添译了一篇托洛茨基的《勃洛克论》。不久他就南下到厦门去了。

勃洛克是十月革命前后一度非常活跃的象征派都会诗人，鲁迅在后记中对这位诗人及其语境提出了若干深刻的分析。鲁迅后来在不少文章和讲演中提到勃洛克其人以及他所代表的类型：讴歌革命，却又碰死于革命。

鲁迅的《十二个》后记当时印入该书卷末，后收入《集外集拾遗》。

5.《争自由的波浪》

董秋芳从英语转译的俄苏小说散文集《争自由的波浪》亦列入鲁迅主编的《未名丛刊》，由北新书局出版(1927年1月版)。

《争自由的波浪》包括高尔基《争自由的波浪》《人的生命》、但兼珂(现通译丹钦科1844—1936)《大心》、列夫·托尔斯泰《尼古拉之棍》等4篇小说：列夫·托尔斯泰《致瑞典和平会的一封信》和未署名的《在教堂里》《梭斐亚·卑罗夫斯凯娅的生命的片段》等3篇散文。

鲁迅为此书所写的《小引》作于1926年10月，其时他在厦门。鲁迅在这里发表他对革命后专政的感想道：“俄皇的皮鞭和绞架,拷问和西伯利亚,是不能造出对怨敌也极仁爱的人民的。”又道:“改革的标语一定是较光明的;做这书中所收的几篇文章的时代,改革者大概就很想普给一切人们以一律的光明。但是他们被拷问,被幽禁,被流放,被杀戮了。要给,也不能。这已经都写在账上,一翻就明白。假使遏绝革新,屠戮改革者的人物,改革后也就同浴改革的光明,那所处的倒是最稳妥的地位。然而已经都写在账上了,因此用血的方式,到后来便不同,先前似的时代在他们已经过去。”这些都是非常深刻的观察。

鲁迅的《争自由的波浪》小引当时印入该书卷首,后收入《集外集拾遗》。

6.《国际劳动问题》

《国际劳动问题》一书,日本浅利顺次郎著、张秀哲译,广州国际社会问题研究社 1927 年出版。张秀哲是台湾人,请鲁迅作序,印入卷首,题作《国际劳动问题》小引,后编入《而已集》,改作《写在〈劳动问题〉之前》。

台湾当时还在日本统治之下(抗日战争结束后才归还中国),而心系中华的台湾青年“希望中国革命的成功,赞助中国的改革,总想尽些力,于中国的现在和将来有所裨益。”鲁迅对此大加表彰,至今读去仍觉意味深长。

7.《近代世界短篇小说选》

《近代世界短篇小说选》两册是朝花社的出版物,鲁迅以“朝花社同人”名义撰写的小引先印入书中,后收入《三闲集》。

朝花社建立于 1928 年 11 月,其成员有青年作家、翻译家柔石、前厦门大学学生王方仁、崔真吾以及许广平。做事的骨干是柔石(赵平福、赵平复,赵少雄),鲁迅对他最为看好,可惜不久之后被国民党反动派杀害了,令鲁迅痛惜之至。鲁迅后来说柔石是他在上海“一个惟一的不但敢于随便谈笑,而且还敢于托他办点私事的人”(《南腔北调集·为了忘却的记念》)。经柔石介绍,稍后鲁迅又结识了后来同他关系很大的冯雪峰。当时柔石以及王方仁、崔真吾的住处本是鲁迅的旧寓(景云里 23 号)同鲁迅现在的寓所(景云里 18 号、17 号)非常靠近,得以随时向鲁迅请教。朝花社在介绍外国版画方面取得了很好的成绩;翻译方面最引人注目的成果是《近代世界短篇小说集》,一共出过两本,即《奇剑及其他》《在沙漠上及其他》,共收入短篇小说 25 篇。

第一册《奇剑及其他》(1929 年 4 月出版)包括 13 篇作品,其中有鲁迅翻译的《捕狮》《食人人种的话》(法国路易·菲立普著)、《一篇很短的传奇》(俄国迦尔洵著)、《贵家妇女》《波兰姑娘》(苏联淑雪兼珂著)。这里既有鲁迅早就很感兴趣的迦尔洵,也有新近特别注意的"同路人"的新作,同时也有西欧的作品。第二册《在沙漠上及其他》(1929 年 9 月出版),此书短篇小说 12 篇,内有鲁迅译文 4 篇:苏联伦支《在沙漠上》、雅各武莱夫《农夫》、西班牙巴罗哈《跛司珂族的人们》《放浪者伊利沙辟台》。其余的译文出于柔石、梅川(王方仁)、真吾之手。鲁迅在小引中有两段关于短篇小说的经典性论述:

"在巍峨灿烂的巨大的纪念碑底的文学之旁,短篇小说也依然有着存在的充足的权利。不但巨细高低,相依为命,也譬如身入大伽蓝中,但见全体非常宏丽,眩人眼睛,令观者心神飞越,而细看一雕栏一画础,虽然细小,所得却更为分明,再以此推及全体,感受遂愈加切实,因此那些终于为人所注重了。"

"在现在的环境中,人们忙于生活,无暇来看长篇,自然也是短篇小说的繁生的很大原因之一。只顷刻间,而仍可借一斑略知全豹,以一目尽传精神,用数顷刻,遂知种种作风,种种作者,种种所写的人和物和事状,所得也颇不少的。而便捷,易成,取巧……这些原因还在外。"

序跋文除了谈与作者该书直接有关的事项之外,最好能有些高远之思,令读者得到某一方面的知识和启发;完全死盯于原书之下容易落入第二义。

8.《进化与退化》

周建人关于进化论译文的精选本《进化与退化》1930 年 7 月由上海光华书局出版，鲁迅为之写的小引作于当年 5 月，除印在书首之外，后又编入《二心集》。

书中的最后两篇同中国有关，一篇《沙漠的起源，长大，及其侵入华北》，一篇《中国营养和代谢作用的情形》，鲁迅就此指出："沙漠之逐渐南徙，营养之已难支持，都是中国人极重要，极切身的问题，倘不解决，所得的将是一个灭亡的结局。可以解中国古史难以探索的原因，可以破中国人最能耐苦的谬说，还不过是副次的收获罢了。"解决问题的措施在于治水和造林，而这涉及社会问题，不是单靠自然科学能解决得了的。

自然科学很重要，而更进一步来解决问题的，要靠社会和人文学科——鲁迅早年弃医学文的思维逻辑，其实也正在这里。

9.《浮士德与城》

俄苏革命家、思想家、文学家卢拉察尔斯基(1876—1933)的剧本《浮士德与城》由柔石从英文译本传译成中文，经鲁迅审定后收入《现代文艺丛书》，神州国光社 1930 年 9 月出版，是这一套丛书中出版最早的一部。鲁迅为之撰写的后记作于 1930 年 6 月，原来即印于柔石译本中，后抽出收入《集外集拾遗》。

《浮士德与城》的主要内容"是俄国革命程序的预想"。哲学家来当王，大约也总会有一段所谓"开明专制"的时期，后来才能与人们一起建设"自由的城"。

卢拉察尔斯基非常重视保护文化遗产，严防受到粗暴的践踏。于是鲁迅在后记中也就讲到文学遗产的问题，作出了有如下的经典性结论："因为新的阶级及其文化，并非突然从天而降，大抵是发达于对于旧支配者及其文化的反抗中，亦即发达于和旧者的对立中，所以这新文化仍然有所承传，于旧文化也仍然有所择取。"

横扫一切决不是马克思主义者的态度。

《现代文艺丛书》是鲁迅应神州国光社的约请而主编的一套专收苏联文学作品的丛书。他很快约人分头翻译，自己也承担其中3本。起先计划出10本，而后来只出版了4种：柔石译剧本《浮士德与城》、贺非译长篇小说《静静的顿河（第一部）》、韩侍桁译中篇小说《铁甲列车 Nr.14-69》和鲁迅自己翻译的中篇小说《十月》。

原先列入这一套丛书的其他几本有3种后来由鲁迅陆续安排另行出版，它们是：

鲁迅译《毁灭》，1931年9月由大江书铺出版，同年10月鲁迅另用“三闲书屋”名义再印了序跋齐全的本子。

曹靖华译的《铁流》，由鲁迅于1931年11月以“三闲书屋”名义自费印行。

卢那察尔斯基作的剧本《被解放的堂·吉诃德》，鲁迅只据德文本及日文本译出了第一幕（载《北斗》月刊第1卷第3期，1931年11月20日）。稍后确知德、日两种译本均有删节，就此打住，另请瞿秋白根据俄文原本译出，并为之安排出版（上海联华书局1934年4月版，为《文艺连丛》之一）。

10.《静静的顿河》

贺非（原名赵广湘，一名侯朴，1908—1934）从德文转译的《静静的顿河》的第一卷上部亦收入《现代文艺丛书》，鲁迅在后记中着重介绍其作者唆罗诃夫（后通译为萧洛霍夫）其人其文，他是一位新锐作家，风格亦颇特异，中国读者对他还相当陌生。

鲁迅的后记当时载入该译本（神州国光社1931年10月版），后编入《集外集拾遗》。

11.《铁甲列车 Nr.14-69》

苏联作家伊凡诺夫（1895—1863）的中篇小说《铁甲列车 Nr.14-69》描写国内战争时期工农游击队同外国干涉者斗争的故事，由（韩）侍桁（1908—1987）从日文本转译为中文，鲁迅校，列入鲁迅主编的《现代文艺丛书》,1932 年 8 月神州国光社出版。

鲁迅以编者的名义撰写后记,其中说起他校改书稿的感想,略云:“这一篇的底本,是日本黑田辰男的翻译,而且是第二次的改译,自云‘确已面目一新,相信能近于完全’的,但参照 Eduard-Schiecmann 的德译本,则不同之处很不少。据情节来推断,亦复互见短长,所以本书也常有依照德译本之处。大约作者阅历甚多,方言杂出,即这一篇中就常有西伯利亚和中国语;文笔又颇特别,所以完全的译本,也就难于出现了罢。我们的译本,也只是在直接的完译未出之前,有存在的权利罢了。”由此可知鲁迅曾经根据德文译本对侍桁的原译颇有订正。据鲁迅后来在 1935 年 5 月 17 日致胡风的信中说,韩侍桁“从日文译出的东西,错误也不少”。然则鲁迅对这些部分的译文也有所订正。

鲁迅为译本写的后记后收入《集外集拾遗补编》。

12.《勇敢的约翰》

《勇敢的约翰》是匈牙利大诗人裴多菲(Petöfi Sándor, 1823—1849,旧译裴象飞、彼得斐)的长篇童话诗,由孙用(原名卜成中,1902—1983)从世界语译出,经过鲁迅的帮助,于 1931 年 10 月由湖风书店出版。鲁迅早在留学日本之时就十分热爱裴多菲的诗,曾在著名的论文《摩罗诗力说》(原载《河南》月刊第 2、3 号,1908 年 2、3 月)中介绍其人其作,其中就曾提到“《英雄约诺斯》(*Janos Vitez*)(按即《勇敢的约翰》)一篇,取材于古传,述其人悲欢畸迹。”后来凡有翻译裴多菲的人,鲁迅都全力支持,例如对于通过德文翻译裴多菲的传记与诗歌的白莽就是如此(参见顾农《鲁迅·裴多菲·白莽》,《新文学史料》2007 年第 1 期),对于通过世界语翻译裴多菲的孙用亦不遗余力地予以支持帮助,详见孙用《感情的负债》(载《鲁迅诞辰百年纪念集》,湖南人民出版社 1981 年版)等多篇回忆鲁迅的文章;又可参见傅惟慈《往事——回忆孙用》(2010 年 4 月 14 日《中华读书报》《文化周刊》)。

孙用当时是一个邮局的职员，用业余时间从世界语译本转译了裴多菲的长诗《勇敢的约翰》（世界语本《勇敢的约翰》译者为匈牙利克·德·考罗卓，布达佩斯环球协会 1923 年印行，书中有 3 幅插图，出于雅克希·阿尔莫斯之手），凡二十七章；1929 年 6 月，他将其中可以独立的第二十六章投寄《奔流》，同时还寄去一篇海涅的诗歌以及匈牙利作家赫尔才格的小说《马拉敦之战》、保加利亚作家伐佐夫的回忆散文《过岭记》等译文凡 4 篇。鲁迅很快回信说，将采用后两篇，海涅的诗已经有人从原文译出，而裴多菲的诗太不完整，很难采用。于是孙用寄去《勇敢的约翰》之全部译稿，鲁迅十分高兴，极其重视，得到译稿后很快回信说，《勇敢的约翰》甚长，于《奔流》不宜，可以出一单行本。鲁迅为译稿作了认真的校订，写出了校后记 3 页，改正了原译中的词语有三四十处，此外还有一页注释，这些手稿孙用后来一直作为珍品保存着（解放后捐给上海鲁迅纪念馆珍藏，详见孙用《鲁迅先生是怎样替〈勇敢的约翰〉“校字”的》，《编辑生涯忆鲁迅》，河北教育出版社 2000 年版，第 258—260 页），并不止一次地写文章表示自己无比的感激之情。

但是后来事情却进行得不大顺利，几经曲折都不得要领，最后决定自行印行；既然完全自己运作，打算干脆印得好一点，于是设法寻找更多的插图，其间又很费了一些周折，终于取得圆满的结局。为了出版《勇敢的约翰》的单行本，特别是想把插图印得好一点，鲁迅费了很大的劲，其间与孙用通信有 10 多封。孙译本《勇敢的约翰》后来终于在 1931 年 11 月由左联自己办的湖风书店印行；湖风也很困难，所以两种插图和作者像乃是鲁迅自己想办法印成后交给书店合成装订的，该书的版税也由鲁迅垫付。

鲁迅为湖风版《勇敢的约翰》写了一篇《校后记》，谈起此书出版的艰难，而又说“无论怎样碰钉子，这诗歌和图画，却还是好的，正如作者虽然死在哥萨克兵的矛尖上，也依然是一个诗人和英雄一样”。后记中还提到关于诗人裴多菲的生平，除本书的介绍外，“还有一篇奥国 Alfred Tenirs 做的行状，白莽所译，登在第二卷第五本，即最末一本的《奔流》中，说得较为详尽”（《鲁迅全集》第 8 卷，第 314、315 页）。这时白莽已经牺牲，鲁迅特别提到他，大有纪念之意。

孙用晚年在一篇纪念文章中写道：“对于鲁迅先生，我们中间有谁不负着很重的债呢？我的第一个译本《勇敢的约翰》，从投稿到出版的经过，就足以说明。……鲁迅先生对于我这个邮局的小职员，一个刚刚开始学习的翻译者，随时随地都予以鼓励、支持和指点；为了这个译本，他还为之奔走，为之张罗出版；此外，他还垫付了插图的制版费和预支的版税。看到了这些，纵使在五十年后的今天，也还是使我感激不已的！”（《感情的负债》，《鲁迅诞辰百年纪念集》，湖南人民出版社 1981 年版，第 109—110 页）孙用后来在翻译工作和鲁迅研究方面都取得了非常丰硕的成果。

鲁迅在校后记中又畅论童话道：“对于童话，现在是连文武官员都有高见了：有的说是猫狗不应该会说话，称作先生，失了人类的体统；有的说是故事不应该讲成王作帝，违背共和的精神。但我以为这似乎是‘杞天之虑’，其实倒并没有什么要紧的。孩子的心，和文武官员的不同，他会进化，决不至于永远停留在一点上，到得胡子老长了，还在想骑了巨人到仙人岛去做皇帝。因为他到后来就要懂得一点科学了，知道世上并没有所谓巨人和仙人岛。倘还想，那是生来的低能儿，即使终身不读一篇童话，也还是毫无出息的。”他又说：“但是，现在确有新作的童话，我想，恐怕未必再讲封王拜相的故事了。不过这是一八四四年所作，而且采自民间传说的，又明明是童话，所以毫不足奇。”鲁迅为别人的译著写序跋，固然要说到一些与该书有关的具体事项，而有时又放开去议论有关的一般问题，最为后来的读者所看重。

鲁迅为孙用译本写的这篇校后记后来被收入《集外集拾遗补编》。

13.《夏娃日记》

马克·吐温的《夏娃日记》被译为中文出版(上海湖风书店1931年版)带有很大的偶然性,那是鲁迅家的保姆带海婴在隔壁一家刚搬走的外国人家之弃物中拾到一本破旧的英文红皮书,内有多幅图画。鲁迅看到后发现那是马克·吐温的幽默小说《夏娃日记》,白描的插图则出于著名画家莱勒孚(Lester Ralfh)之手,虽柔软却又健康清新,不可多得。于是便托冯雪峰带交参加左联活动的沈起予(1903—1970)夫人李兰(1907—?),请她译为中文,并安排出版。鲁迅很夸奖译文朴实无华而丰神毕出,说令人觉得如果夏娃用中文来写日记大约也就是这样。

原书中有很好的插图大约也是鲁迅看重此书的一大原因。鲁迅在小引中对马克·吐温及其作品作了简明的介绍和分析,可见他对美国文学也非常熟悉,尽管他关注的重点在俄苏和东欧文学。对那些插图也略有评说。这篇小引后收入《二心集》。

鲁迅去世后,李兰在一篇纪念文章中写道:"……天底下的奇事尽多,我敢说谁都想不到《夏娃日记》在中国的出版,竟有过这样的一段奇特而光荣的历史。这本书最初打动鲁迅先生的心的,是莱勒孚(Lester Ralfh)的那五十五幅插图,等到文字翻译了出来时,鲁迅先生对原作者马克·吐温的那种幽默笔调也很赏识似的,只看他在书首用唐丰瑜的笔名所写的小引就可以明白。从这一点小事,我们可以看出,鲁迅先生的心神无时无刻不是放在对于艺术与真理的努力之上的。倘使有好的环境,他是会干出更多更伟大的事来的。"(《忆鲁迅先生——中译〈夏娃日记〉的来历》,1936年《光明》半月刊第1卷第10号;参见她晚年的回忆文章《一点引起痛惜的回忆》,《鲁迅诞辰百年纪念集》,湖南人民出版社1981年版,第176页)

14.《铁流》

当鲁迅主编《现代文艺丛书》时,约请当时在苏联工作的曹靖华翻译绥拉菲摩维支的巨著《铁流》;后来神州国光社毁约,不再接受业已交稿以外的各种,鲁迅分别通知原先约定的译者,获得谅解——但没有通知曹靖华,因为这时国内已有人抢先译出《铁流》,而这恰恰表明应当有正确的译本问世。

鲁迅与曹靖华就《铁流》的编校出版多次书信往返,商量一切,鲁迅在此书的编校后记中录入的几封;瞿秋白为此书补译了一篇 2 万多字的导读性序言,后记中亦特为表出;鲁迅则据日文、德文作了若干编辑校对工作。后记最后说:“在现状之下,很不容易出一本较好的书,这书虽然仅仅是一种翻译小说,但却是尽三人的微力而成——译的译,补的补,校的校,而又没有一个是存着借此来自己消闲,或乘机哄骗读者的意思的。”

编校后记作于 1931 年 10 月(后编入《集外集拾遗》),鲁迅自己出资,以三闲书屋的名义出版此书则在当年 11 月。曹译本《铁流》是中国翻译史上的重要标杆。

15.《不走正路的安得伦》

苏联聂维诺夫的中篇小说《不走正路的安德伦》由曹靖华从俄文译出,经鲁迅安排在野草书屋出版(1933 年 5 月),而实为鲁迅出资代为印行。内附蔼支的插画 5 幅。鲁迅为之撰写的小引作于 5 月 13 日之夜。此序后编入《集外集拾遗》。

鲁迅在该书小引中介绍了四个方面的情况:关于作者、对作者的评论、此书对当下的意义、关于译者。这在鲁迅算是写得比较简单的序言,其原因当在急等印行,没有从容撰文的余裕。

16.《一月九日》

曹靖华翻译的高尔基的一篇特写《一月九日》由苏联中央出版局出版,原拟在中国重印,鲁迅的小引即为此而作。此事后来未能实行,小引的手稿多年后编入《集外集拾遗》。

鲁迅在小引中指出，高尔基是“底层”的代表，他作品脱出了文人的书斋，走向了大众。他是无产阶级的作家，同旧知识分子完全不同。

17.《解放了的堂·吉诃德》

《解放了的堂·吉诃德》是苏联卢那卡尔斯基的剧本，鲁迅本来是准备自己翻译并收入《现代文艺丛书》的，而且在《北斗》上发表了第一幕的译文，但不久他根据曹靖华寄来的俄文原本知道了自己所据之日文、德文底本是不完全的，遂中止翻译，另请精通俄文的瞿秋白直接翻译。1933 年 10 月鲁迅为作《后记》，并补译《作者传略》(日本尾濑敬止撰)。

瞿秋白以易嘉的笔名译出的全剧稍后于 1934 年 4 月由联华书局出版，列入《文艺连丛》小丛书。内附毕斯凯莱夫木刻装饰画 13 幅。许广平介绍说，联华书局是一家近于皮包公司的出版社，“有时又改名同文、兴中，没有一定门市，负责人原是北新职工费慎祥，他因家庭生活困难，请求鲁迅帮助出书维持家庭，鲁迅就把他写好的几种书交给他印行批发出售的”。费慎祥开始单干的时候，打出的旗号是“野草书屋”，稍后改为联华。这里出了不少禁书。许广平在回忆录中又说说：“由费慎祥出的书，从未结算过版税，甚或自己贴出纸张、印刷费亦所甘愿。”(《鲁迅回忆录·为革命文化事业而奋斗》)可知鲁迅在野草书屋、联华书局、同文书局、兴中书局出版译著，基本相当于自费出书，目的完全在于打破文化封锁；只要让读者看到好的译著，经济效益如何完全在所不计。

《文艺连丛》出得最早的是曹靖华翻译的《不走正路的安德伦》，此时用的还是野草书屋的名义，以联华名义出版的则有易嘉译的《解放了的堂·吉诃德》和鲁迅自己翻译的《坏孩子和别的奇闻》。

18.《草鞋脚》

美国记者伊罗生(Harold R.Isaacs，哈罗德·伊萨克斯，1910—

1986)打算编译中国新文学作品的选集《草鞋脚》,向鲁迅寻求援助。为此鲁迅和茅盾合作,给他开过一份选目,凡26篇:鲁迅《风波》和《伤逝》、茅盾《大泽乡》和《春蚕》、丁玲《莎菲女士日记》和《水》、楼适夷《死》、张天翼《一件寻常事》、葛琴《总退却》、东平《通讯员》、丁休人《金宝塔银宝塔》、郁达夫《迟桂花》、张瓴《骚动》、叶圣陶《多收了三五斗》、艾芜《咆哮的许家屯》、沙汀《老人》、征农《禾场上》、何谷天《雪地》、王统照《五十元》、欧阳山《水棚里的清道夫》、涟清《我们在地狱》、草明《倾跌》、魏金枝《制服》、巴金《将军》、吴组湘《一千八百担》、冰心《冬儿姑娘》。1934年3月,鲁迅又为《草鞋脚》写过一篇小引(后收入《且介亭杂文》)。

但是《草鞋脚》的正式出版却在40年后(美国麻省理工学院出版社1974年版),篇目也发生很大变化,这里选入了下列25篇:鲁迅《狂人日记》、《药》、《孔乙己》、《风波》、《伤逝》,郭沫若《卓文君》(节译),郁达夫《春风沉醉的晚上》,叶圣陶《潘先生在难中》,丁玲《莎菲女士日记》,蒋光慈《野祭》,楼适夷《盐场》,胡也频《同居》,柔石《为奴隶的母亲》,茅盾《喜剧》、《春蚕》、《秋收》,丁玲《某夜》,丁休人《金宝塔银宝塔》,叶圣陶《多收了三五斗》,王统照《五十元》,征农《禾场上》,东平《通讯员》,何谷天《雪地》,楼适夷《死》,殷夫《血字》。伊罗生自己新写了一篇序言(有曹苏玲的中译文,载《鲁迅研究资料》第六辑)。对照着读这前后两篇序言令人心事浩茫感慨系之。世事沧桑,多有变化,而选本的命运也同人的命运一样变幻难测。(详可参见顾钧《〈草鞋脚〉与〈中国论坛〉的关系》,《鲁迅研究月刊》2016年第12期)

19.《活中国的姿态》

日本商人、内山书店的老板内山完造(1885—1959)是鲁迅一生中最重要的外国友人,他开设的内山书店几乎就是后期鲁迅的对外联络处。在鲁迅遇到麻烦(例如避难、看病等)时,内山书店的老板和员工给予了不少帮助。

内山完造1913年就到中国，做了多年的生意，又曾到处旅行，结识了许多中国精英，成了一位中国通，他的见闻录《活中国的姿态》，1935年11月由上海学艺书院出了日文本，鲁迅应请为此书作序（1935年3月），序中说："倘使长久的生活于一地方，接触着这地方的人民，尤其是接触，感得了那精神，认真的想一想，那么，对于那国度，恐怕也未必不能了解罢。""著者是二十年以上，生活于中国，到各处去旅行，接触了各阶级的人民的，所以来写这样的漫文，我以为实在是适当的人物。事实胜于雄辩，这些漫文，不是的确放着一种异彩吗？"鲁迅也指出此书的一个弱点，就是此书"有多说中国的优点的倾向，这是和我的意见相反的。不过著者那一面也自有他的意见，所以没有法子想。"内山完造充满了对中国人民、中国文化的热爱，而鲁迅为革新中国、改造国民性起见，宁可多听到对于中国的批评。

鲁迅此序原用日文写成，印入该书卷首，后来由他本人译为中文，编入《且介亭杂文二集》。内山此书稍后由尤炳圻译为中文，改题《一个日本人的中国观》，开明书店1936年8月版。

20.《海上述林》上卷

瞿秋白的译文集，诸夏怀霜社校印，1936年5月。

本卷收录有关理论文字的译文。鲁迅的序言几乎全都是关于书稿中各篇情况的说明：大部分依据手稿，另有少数依据排印本，则逐一作出交代。"对于文辞，只改正了几个显然的笔误和补上若干脱字；至于因为断续的翻译，遂使人名地名的音译字，先后不同，或当时缺少参考书籍，注解中偶有未详之处，现在均不订正，以存其真。"这里不便明说的是，此乃秋白遗稿的汇印，全然是纪念的意思，所以除了笔误和脱字，其他一律遵照原文。

鲁迅这篇序言由许广平编入《且介亭杂文末编》。

21.《海上述林》下卷

瞿秋白的译文集，诸夏怀霜社校印，1936年10月。本卷专收文学作品的译文。原文所有的插图(凡12幅)全数收入,以示"悬剑空垅"、纪念逝者的意思。鲁迅序言由许广平编入《且介亭杂文末编》。

22.《苏联作家七人集》序

曹靖华是前未名社成员,后来去了苏联,翻译过大量的苏联文学作品。他翻译的短篇小说集《烟袋》(原题《共产党的烟袋》)(爱伦堡等人的作品,凡11篇)1928年2月由未名社出版。他翻译的拉夫列涅夫中篇小说《第四十一》则于1929年6月出版,书中还包括拉氏的另一个中篇《平常东西的故事》。

《苏联专家七人集》的内容即包括先前《烟袋》中的诸篇加上《第四十一》,此外又略有增删,译文都经过认真的修订,交上海良友图书印刷公司出版;此书印前的编辑校对工作都是鲁迅做的,其时他已在重病中。鲁迅为此书写的序言作于1936年10月16日,几天后就去世了,文稿是鲁迅去世后由许广平寄给编辑赵家璧的(详见赵家璧《最后编校作序的一部书——关于曹靖华编译的〈苏联作家七人集〉》,《新文学史料》1981年第3期)。

鲁迅在序言中高度评价曹靖华的翻译工作,他写道:"靖华就是一声不响,不断翻译者中的一个。他二十年来,精研俄文,默默的出了《三姊妹》,出了《白茶》,出了《烟袋》和《四十一》,出了《铁流》以及其他单行小册子不少,然而不尚广告,至今无煊赫之名,且受排挤,两处受封锁之害。但他依然不断的在改定他先前的译作,而他的译作,也依然活在读者们的心中……""这是合两种译本短篇小说而集成的书,删去两篇,加入三篇,以篇数论,有增无减。所取题材虽多在二十年前,因此其中不见水闸建筑,不见集体农场,但在苏联,还都是保有生命的作品,在我们中国人看来,也全是亲切有味的文章。至于译者对于原语的学力的充足和译文之可靠,是读书界中早有定论,不待我多说的了。"

鲁迅这篇序言后来编入《且介亭杂文末编》。

读书杂记

《北京鲁迅博物馆藏中国近现代名人手札大系》序二则

黄乔生

《许广平卷》

《北京鲁迅博物馆藏中国近现代名人手札大系》(简称《大系》)已经出版鲁迅书信五卷,接下来推出的是许广平信札。

本来,许广平的一部分信件,是应该与鲁迅的一部分信件编在一起的,有来有往,形成所谓的《两地书》。但如读者所熟悉的,两地书之名已为鲁迅、许广平所用,于1933年由上海青光书局印行,当时的题名是《鲁迅与景宋的通信:两地书》,收鲁迅和许广平来往信札135封。除此之外,尚有29封由于种种原因没有收录。而且,鲁迅和许广平在编辑时对原信作了增删和修改。《两地书》1938年首次收入《鲁迅全集》。2005年版《鲁迅全集》在收入《两地书》的同时,将鲁迅致许广平的原信全部收入书信卷。

按照《大系》收入书信原件的编辑体例,包括《两地书》原信在内的许广平原信手稿就都收录在这一卷中。读者可以将许广平的这些信与鲁迅的信对照阅读,也可以将两人这些原信同《两地书》对照阅读,明了从原信到正式出版物之间的变化。

许广平与鲁迅恋爱并走到一起,当初通信时并没有想到后来的结局,本无意给别人阅读,"情书"属于个人"隐私",发表时加以修改也可以理解。现在我们看到的原信,未经删改,更为真实。从开始通信的矜持到幽默多趣,又到柔情蜜意,都有生动的记录。

当初,鲁迅和许广平决定出版《两地书》这本所谓"情书",颇引发舆论诟病,就连鲁迅的弟弟周作人也大为不满,讥讽这种行为是"丧失理性"。其实,读者从《两地书》中看不到多少风花雪月,倒有很多对学校、社会的议论。《两地书》对原信的改动多为字句的修饰、对所议论的人名的隐蔽等。当然,对一些词句也作了删改,如删除了许广平原信中叙述广州国民党敌视共产党、国民党内部左右两派的斗争及学生内部派系斗争的语词和段落。《两地书》第72通信中原有"因为中大停办改组后,树的派的大本营已被铲除,所以我校中把持学生会的这派分子,实在命在垂危,无多大力量",在发表时删掉,是因为政治形势发生了变化,他们可能觉得当初的判断不准确,或者感到这样写有可能惹来麻烦。

鲁迅、许广平的"两地书"原信,是认识他们的经历及时代境况的第一手材料,读来亲切有实感。这些信件,字里行间透露出鲁迅的沉稳、明达,也分明勾勒出许广平从一个善于思考、勇气可嘉的学生领袖到妻子、母亲和家庭妇女的线索。

许广平为鲁迅的事业作出了巨大的努力。她与鲁迅一起离开北京南下,鲁迅去了厦门,她到广州,曾做过师范学校的教员。鲁迅到广州后,许广平担任鲁迅的助教,实际上是为鲁迅做翻译,照顾鲁迅的生活。到上海后,二人组建了家庭,她更是陷入家务劳作,偶尔为鲁迅抄抄稿子。她给鲁迅的87通信,较为完整地反映了一位新女性经历的转变过程。本来,许广平愿意出去工作,而且一度也托人找到了工作,但鲁迅并不愿意,他凭着自己的稿费,养活一家三口,并赡养母亲、资助亲属。

本卷的后半部分,收录许广平致鲁瑞信15通,致朱安信7通(其中有多份关于北京旧居售卖藏书事的剪报)、致周作人信1

通，内容有关北京亲属生活安排。因为鲁迅去世后，许广平带着儿子在上海生活，正值抗日战争艰难时期，无法如约照顾鲁迅的母亲和原配夫人，于是请求周作人就近照顾。这对我们了解鲁迅去世后亲属们的生活情况很有参考价值。中华人民共和国成立后，许广平到北京工作，发现鲁迅旧居藏书丢失，写信给曾在这里借住的绍兴亲戚阮绍先和阮文同询问、追讨。这些信件至少提供了这样的信息：现存的鲁迅的藏书并不完全。为使资料呈现完整面貌，本卷亦收录了鲁迅在北京的亲属及亲戚写给许广平的信件。

全书信札，仍出释文。至于附件，如为手写，也出释文；如系报纸等印刷品，则释文从略。因为手稿有些地方不够清晰，更因编者水平所限，断句和标点等可能有错讹之处，敬请读者批评指正。

《周作人卷》

一

《北京鲁迅博物馆藏中国近现代名人手札大系》（7—8 卷·周作人卷）所收书信 305 通是北京鲁迅博物馆收藏信札中的一个重要部分。其中有些曾在学术刊物上做过介绍，但总汇起来影印出版，这是第一次。

本卷分为两册，收周作人致钱玄同札 147 通，致许寿裳札 12 通，致江绍原札 107 通，致许世瑛札 10 通，致王士菁札 18 通，及致李召贻、常维钧、方纪生、鲁迅、周建人等札少量。北京鲁迅博物馆（北京新文化运动纪念馆）获得这些信札，委实不易。一般来说，北京鲁迅博物馆作为国有收藏单位，因为保存条件好和研究力量强，名人家属及后人是愿意将文献资料捐赠过来的。北京鲁迅博物馆藏品的主体，就是这样的捐赠品。例如，周作人致钱玄同的信，有一部分就是钱玄同的后辈捐赠的。当然，最近 10 来年，博物馆经费稍稍宽裕，也有能力给予捐赠者适当的奖励。这里还有一个插曲:周作人致钱玄同手札,北京鲁迅博物馆挑选了与鲁迅有关的一部分;另一部分,原拟也入藏鲁迅博物馆,后来因为一些原因,入藏新文化运动纪念馆(当时是国家博物馆的一部分)。但2014年,北京鲁迅博物馆和新文化运动纪念馆合二为一,两馆所藏周作人手札也合在了一起。

周作人致钱玄同手札对于研究新文化运动是十分重要的资料。

曾在北京鲁迅博物馆工作的江小蕙不但把鲁迅致她父亲江绍原的手札捐献给博物馆,而且把周作人致江绍原手札全数捐来。看到这些信札,我想起当年江先生以古稀之年,勤勤恳恳地注释周、江通信的情景。《周作人晚年手札一百封》出版后,她又认真校勘,把印刷错误列表印出,送给同事和朋友。

周作人致许寿裳父子的手札,是许先生后人捐赠给北京鲁迅博物馆的许寿裳遗物的一部分。我还清楚记得当年展览这些捐赠品时,我看到许多邮票,这些不但是信封上的邮票,很多还是许家集邮的成果。

王士菁曾在人民文学出版社工作,与周作人多有接触。王先生担任过北京鲁迅博物馆馆长,退休后继续研究鲁迅,著作很多,也写了不少有关周作人的文章。王先生晚年将他保存的周作人信件捐给了鲁迅博物馆。王先生于2017年去世,享年99岁。

周作人卷收录周作人给哥哥和弟弟的信极少。致鲁迅的,就只有那封绝交信;致周建人的也只有一通,是许广平抄录的,是一封声讨和谴责的信,很可能是他给周建人的最后一封信。“渡尽劫波兄弟在,相逢一笑泯恩仇。”然而,世事恒多不如人意。本来三兄弟来往手札很多,但现在我们所能看到的只有鲁迅给周作人的20通,鲁迅与周建人之间的通信则一封不存,周建人给周作人的信留存不足10通,周作人给鲁迅和周建人各一封,还都是绝交信,由许广平保存和抄录下来。周氏三兄弟的恩怨令人唏嘘。

周作人曾在《雨天的书·日记与尺牍》一文中说:“日记与尺牍是文学中特别有趣味的东西,因为比别的文章更鲜明的表出作者的个性,诗文小说戏曲都是做给第三者看的,所以艺术虽然更加精炼,也就多有一点做作的痕迹。信札只是写给第二个人,日记则给自己看的,(写了日记预备将来石印出书的算作例外,)自然是更真实更天然的了。”写信是周作人日常的一件大事和要事,那个时代,书信是通联的最主要手段,而且,遵行“有信必复”的礼仪,手札应酬自然也很多。通常,他在日记里会记下书信来往情况,有时候一天要写很多封信。因为周作人的日记还没有完全发表,加之一些年份的日记缺失,所以现在我们对他一生的手札数目没有也不可能有完整的统计。就现在见到的书信而言,粗略估计约有五六千通,而他一生写信总在 1 万通以上,大部分散失或者还没有整理。他生前出版的只有《周作人书信》,系他本人编定,1933 年 7 月由北新书局以青光书局的名义出版。

二

周作人致友人手札固然有不少是应酬之作,但从这两卷的内容看,有些所展现的超过一般的友情,或者说达到友谊的很高境界,关系显得非常亲密。例如他写给钱玄同的信。周作人和钱玄同一起留过洋,一起打过笔仗,人生观、文学观有很多相近的地方。钱玄同去世,周作人送的挽联下联是“故人云散尽,无人共话小川町”,说的是他们经常在一起怀想在东京小川町居住时的美好时光。在章太炎讲述《说文解字》的课堂上,钱玄同是活跃分子,鲁迅送给他的绰号是“爬来爬去”(后来改为“爬翁”),钱玄同到绍兴会馆催促鲁迅为《新青年》写稿,是中国现代文学史的经典情节。“五四”前后周氏兄弟交往的友人中,感情最洽、趣味最浓的,当推钱玄同。

鲁迅致钱玄同的信也是如此,只是数量没有周作人与钱玄同的通信多。如果把他们之间的来往信件编起来,文坛的人际关系,各种观念的表现和冲突,在这些信件里可以生动地体现出来。可惜的是,我们现在还不能看到全貌,只能把周作人的信结集出版,真可谓“一头沉”了。

当初,北京鲁迅博物馆之所以先接收了鲁迅致钱玄同的信和部分周作人致钱玄同的信,主要是研究鲁迅的需要。这些信件中有大量鲁迅的信息。从本卷看,周作人致钱玄同的手札也有很多值得注意的地方。周作人在手札中不时提到鲁迅,特别是兄弟失和以前。而失和以后周作人笔下的鲁迅,信息也颇珍贵。

如1919年2月5日,周作人在给钱玄同的信中说:

> 送上诗のページ,请收入。“拙”译小说抄起来便有廿个ページ之多,排印后恐有二十二ページ之谱矣。五公《随感录》却有两则,但其中未必有绍介腻菜者,因手头只有一本《札拉图》,不够用,须从家中去拿强权参考书,方可动手也。此动手系不佞所下断语,本人尚未说何时动手也。

这里的“五公”就是指鲁迅。当时鲁迅参加《新青年》栏目《随感录》的撰写,打算介绍尼采(即信中的“腻菜”)。周作人提到鲁迅,不直呼其名而常用代号。又如1920年9月24日信中说的“河南的鲁先生”指的就是鲁迅(豫才)。

1923年1月1日,周作人致信钱玄同,信中除了谈及自己前往北大交稿事宜(“汙字的文章,如拜三往成均去,当面交。”“成均”即指北京大学。)外,还谈到鲁迅,并向钱玄同透露,鲁迅有意作文批评所谓国学家,请钱玄同写信给鲁迅约稿:“鲁君仿佛亦有借此破口大骂所谓辜倭合庶倭合几哑合之意,但敝人尚不能断定其何日下笔,足下如欲其早日做成,似可‘侧闻……’云云之信催促之,并与以一截止之日期,则庶乎其告成之望也夫!特此告密,不宣。”这封“告密”信提供了很有价值的资料，让我们模拟周氏兄弟一起讨论时事的情景。他们谈得很热烈，鲁迅发表了颇为激昂慷慨的言论，周作人觉得鲁迅的意见很好，可以写成文章发表。彼时他或者当面催促大哥作文，而没有得到响应；或者径直函告《新青年》编者钱玄同，请老友“金心异”去拉稿。“辜倭合庶倭合几哑合”是 guó xué jiā（国学家）的音译。周作人当时在北大任教，和钱玄同交往较多。周作人在信中提及交给钱玄同的文章应该是作于 1922 年 12 月 31 日的《汉字改革的我见》，刊于《国语月刊》第七期。周作人在这篇文章中也批评了“所谓国学家”。

1920 年 12 月 26 日，周作人在致钱玄同信中表达了对《新青年》将他的原稿文句改动的不满（信中把《新青年》称为《鲜绿岁》）：“至于《新青年》那面，我也不是那样的麻木了。我想寄稿去的时候，当声明不要改变原稿文句；倘不遵行，那时我只能敢告不敏，暂时和这《鲜绿岁》绝交了。‘佢们’的报上，只能任其统乙，不值得自寻麻烦，和‘佢们’斗口了。”周作人文章行文严谨，手稿卷面整洁，应该是在青年时期就养成了习惯。从这封信看，他对自己的文法相当自信。这可以与鲁迅晚年一次和三弟周建人的谈话相印证。有一天，周建人到鲁迅家，闲谈中说到周作人的一部书稿到了商务印书馆，编辑正在审看。鲁迅听后，诧异地说，难道启明的稿子，还需要看吗？鲁迅如此了解二弟，也许与《新青年》时代一起经历过杂志强行改稿的事情有关。周作人晚年翻译希腊和日本的古典著作，加了很多注释，却被出版社的编辑删得七零八落，引得他十分不满——这是后话了。

周作人与鲁迅失和后，在给友人的信中对鲁迅颇有微词。如 1930 年 3 月 7 日他给钱玄同的信中说：

> 前从丘九们听到消息，云因郭沫若等被捕，鲁迅受惊发疯；昨从家母方面得知，云鲁迅来信说及北京此项传说，而云

"系刘半农钱玄同二人所散布",即此一节看来,似亦已大有疯意矣。大抵鲁迅平素与刘钱二公不惬,故以为二公必加迫害,此殆所谓"迫害狂"之特色也。刘公听了恐要认真生气,故不曾告知他。匆匆。

中华人民共和国成立后,周作人屡屡接受北京鲁迅博物馆有关鲁迅生平事迹的提问。例如第七卷收录的一封信,是通过常惠回答的。来信问及鲁迅书写的《归雁》诗,鲁迅误写为李义山作,周作人回答道:"此诗非李义山作,乃是唐朝钱起的诗,原题为《归雁》,大意说为什么从潇湘随便的飞回来了,那里水碧沙明是好地方,只因月夜听见弹琴,听了凄凉的调子所以飞回来了。"来信问及"人生得一知己足矣,斯世当以同怀视之"一联出处,周作人答道:"未闻,恐不是中国古人,疑系外国人或什么小说中人物,请问王士菁先生。"这副对联是鲁迅书写清代何瓦琴所作赠瞿秋白的,可见周作人对鲁迅晚年的情况比较隔膜,他也不知道瞿秋白号"疑冰"。

在北京鲁迅博物馆的建设特别是展览陈列方面,周作人的赠与和一些建议是珍贵的。例如,1964 年 9 月 24 日他在给常惠的信中说:"日译《鲁迅选集》前十册,前已由鲁迅博物馆派人取去,兹后三册业已出全到齐,希转告馆方前来取去为荷。再有先母放大照相一帧(丧事所用),似亦以放在馆中(或故居)为宜,请通告馆方一同取去,并请来时携带包装物品(镜框高约二尺)前来为要。"

当然,晚年周作人的生活中,不愉快的事多。在给王士菁的信中有几封牵涉到他的儿子翻译日本一部描写鲁迅在仙台生活的小说《惜别》:"上旬携来太宰小说,其中《惜别》一篇已交丰一译出,约计五万余字,另书寄呈,希查收。译稿经我初步校阅,可以作为参考资料,但如拟发表时可以再令译者校改一遍。翻译报酬希望费心接洽,早日算给,交与译者本人为幸。(1953年3月29日)”但同年4月13日的信中说:“关于《惜别》译文,我以居中接洽者的关系,觉得有一点应当声明,便是这译文未可作为‘投稿’处理,因为译者方面只负修改译文(如有误)的责任,该文内容好否是不能负责的。原来此文由先生拿来叫找人代译,所以如审查以为无用,决定废弃,那是我以为不可以的。”此事没有结果,父子俩的努力是白费了。

除有关鲁迅的记述外,周作人卷还有很多有价值的信息。如关于三弟建人家庭矛盾,周作人留下一封语气很不客气的信,其中说:“你如责丰二不逊,则自己亦应反省,古人所云父父子子,反过来便是父不父子不子,两者是相互关系者也。”信的最后说:“前回对于你的事不说实在是不应该的,因为你是我的兄弟,置妾事虽与我无直接关系,却间接地受累也不小,论理应当说话,但是我以为说了也无用故不再说,而此意你又不明了,故并说明之,——但此次写了许多,虽然你看了未必喜欢,我却是努力盖前愆,觉得比以前更对得起你也。”(1937年2月9日)

1932年5月的几封信记述了周宅举办的一项重大活动,就是请章太炎吃饭。周作人对老师的莅临极为重视,安排布置,颇费周章。他给钱玄同写了一封长达7页的信,在他是很少见的。有些信件可以让读者体察周作人所处的复杂局面,如1939年8月20日给许世瑛的信透露他开始与敌伪合作时的行止及与周边的关系:

启者:鄙人为维持残局,已应北大之命就任本院国文学系主任,唯不能常川到校,所有一切与教员学生接洽之例行公事拟请陈介白君代表,其关于个人之事务则请许世瑛君代表。特此奉闻,祈赐查照为荷。此致

许世瑛先生台鉴

三

编辑周作人手札,使我们愈发感到影印的必要性。因为原信的格式很有意思,如果只出排印本,是难以体现的,更何况我们的释文也许会有错误。影印件可让读者见识周作人手书的丰富多彩。他能写古雅的文言骈体信,而且是写给新文学的提倡者钱玄同的:

玄同仁兄同砚乡大人阁下适具芜函,烦秉雄世兄转致,想已蒙青及矣。辰维
禔祺迪吉,
潭第迎祥,如颂为慰。弟官衣株守,乏善足陈,唯顽躯粗适,差堪告慰耳。兹有启者:
令兄专使公仙逝,海内识与不识,同声悼惜,弟拟敬制挽辞,藉表微意,荷
盛意援助,允为挥写,无任欣幸。联句前已拟就,录呈
郢政,顷又略有改易,特再写上,尚乞不吝教诲,赐以笔削,使不至以俗匠拙制,为班门诸贤所笑,则幸甚矣。谨此布达,诸祈
朗鉴,敬请
文安。不宣。
愚小弟公之作顿首

有一通竟是用翻译语气写成的,仿外文信格式:

可敬之先生:

封在其中,君将见有纸币一元,以此请君饬受璧之价为仆购白竹布,如君以为适当之长短,于其上复请君以是种字体,

此即称为“小学答问”体者，写两则挽联，其文句在于别纸。依照教授子庚刘之说，此似不适宜于写合欢对式，如或有作如此称者。

请君信我，我乃

甚诚实之君之仆

公作人周。

手札的附录价值很高，如 1944 年 3 月 15 日周作人针对弟子沈启无的破门声明等。此次整理影印也一并作了释文。

手札原件的格式丰富多样。1920 年后，有几封采用横写式，颇有新意，大约是着力提倡新文化，有意识与传统告别吧——不过，没有坚持多久，竖写式就“复辟”了。周作人用笺种类也很丰富，落款、印章变化多端。有自制的信封和笺纸，如 1930 年 9 月 20 日致许世英的信用恐致福斋主人造笺，还有隋高子玉造像碑格笺，1931 年 4 月 25 日用中华民国 20 年 1 月煆药炉制笺，1939 年 2 月 20 日用知堂用笺，担任国立北京大学文学院院长后用该院公用手笺、文学院用笺等。1944 年 3 月 15 日针对沈启无的破门声明，则是刻版印刷，大约是印了很多，分发出去。

需要说明的是，在手札纪年方面，这两卷还存在一些问题。有时候周作人只署月日，甚至只署某日，年月都无；有时候手札是请人捎带或专人送达，信封上没有邮戳；甚至还有根本没有信封的手札。而且，在长期辗转过程中，难免误装错配，有的信封里装的并非原信，导致手札日期错乱。例如一封信的信封上写着“中华民国十四年，一月廿六日”，邮戳日期为“十四年一月廿七日”，当然被断定为 1925 年所写。但信札内容却并非 1925 年事。整理者根据其中提到的“红履公已宾天”“‘畹华先生’之年”等情事，断定为 1927 年所写。

我由此想到，很有必要为周作人手札作注释，像“红履公”指钱玄同的兄长、畹华是梅兰芳的字因此“畹华之年”是兔年，还有用“汗语”称呼“汉语”的谐谑用法等，如果作了注释，读者阅读起来会更流畅，从而能更好地发挥史料价值。但注释工作是极为繁难的，需要广博的知识和深厚的学养。我们现在所能做的只是提供清晰的影印并据原件释文，供读者参考而已。

周作人卷的编辑整理虽然参考了大量的资料如北京鲁迅博物馆藏《周作人日记》影印本、《钱玄同文集》《钱玄同日记》等，但仍可能存在错误，恳望读者批评指正。

2018 年 10 月 31 日

用史实彰显鲁迅思想和精神
——评《旧迹拾遗:鲁迅相关的若干人和事》

袁盛勇　齐　琳

李浩是上海鲁迅纪念馆研究馆员,近年其所负责编辑的《上海鲁迅研究》很有特色,颇有生气,而其对鲁迅的研究与理解也自有其深刻之处。李浩也是一个著述不断的学者,迄今出版有《周文画传》《许广平画传》等著作,策划责编《鲁迅小说散文初刊集》、《鲁迅文萃》(4 卷)等,责编《许寿裳遗稿》(4 卷)等书刊。李浩在新近著作《旧迹拾遗》(上海社会科学院出版社 2018 年版)中更是较为集中探讨了鲁迅上海 10 年的人生与情怀。这本书大致从鲁迅如何为青年作家作序跋、领导左翼文学运动、翻译外国文学理论、倡导中国新兴木刻运动以及促动中国左翼美术的发展等 5 个方面,为人们呈现了上海时期的鲁迅,勾勒出了一个立体、圆形的鲁迅。

比如书中收录《上海时期的鲁迅所作序跋述略》一文中,作者以鲁迅为中心,以每位文艺青年作为比较均匀分布其生活内外的点,构成了上海时期鲁迅的人生之“圆”。文中采取了类似人物传记的方法,对这一时期的文艺青年、左翼青年作家的生平、作品、成就作了扼要介绍,在此基础上将鲁迅穿插其中,描绘出鲁迅与文艺青年交往的真切情形。据作者不完全统计,鲁迅为 10 位青年作家的文学作品单行本写过序跋 10 篇,为 6 位青年翻译家的译著单行本写过序跋 8 篇,为 4 位青年美术家的书籍或展览作过序跋,为 1

位文艺青年编辑的书写过序，另外撰有 2 篇书序。[①]比如对黎锦明反映农民运动的《尘影》，鲁迅就感同身受地为这篇小说写了序言，中云："在我自己，觉得中国现在是一个进向大时代的时代。但这所谓大，并不一定指可以由此得生，也可以由此得死。"[②]针对叶永蓁《小小十年》，鲁迅序言既肯定其优长，也不隐晦缺点。鲁迅为"左联五烈士"柔石等人的牺牲和贡献，更是写了《中国无产阶级革命文学和前驱的血》《为了忘却的记念》等名文，能够感受到鲁迅的悲痛和深情。而在《"文艺自由论辩"及其他》一文中，李浩着重围绕"文艺自由论辩"这一历史事实进行考察，将当时涉及的观点用原文引用和摘录形式呈现出来，作者在呈现这些历史事实的同时，也指出早期"左联"的各类革命工作更加显著于其文艺创作，而"民族主义文艺运动者"，尽管希望新文艺发展，却无视当时社会存在与阶级相关的种种问题，因此很难获得广泛的社会认同。[③]

在《鲁迅与翻译》一文中，李浩主要谈到了鲁迅与梁实秋有关翻译的论争。作者认为，由梁实秋引起的与鲁迅有关翻译的论争，尽管不乏细节上的探讨，但从宏观上说是来自对文学不同社会价值判断的论争。[④]这个观点是非常中肯的。鲁迅在上海时期进行了大量翻译活动，其中也有与瞿秋白就翻译所进行的讨论，他们虽然在对改造中国语言上存在一定分歧，但都为翻译苏俄文学做出了应有贡献。在鲁迅翻译苏联文艺理论书籍中，冯雪峰居间发挥了重要作用。[⑤]鲁迅在上海期间除了进行翻译工作，还曾主持过至少 3 种丛书，即《科学的艺术论丛书》《现代文艺丛书》《文艺连丛》。作者认为，这三种丛书虽然都未全部完成，但这些译本不仅充实了当时中国左翼文化运动的内容，而且开拓了当时读者的视野，更给予中国作家以更多借鉴。在《花边新闻》一文中，李浩为我们介绍了当时所谓"花边文学"不负责任的言论及其所带来的社会效应，为我们了解当时的上海打开了较为特别的一角。作者以为，流言和谣言不仅会为相关人员带来危险，也会加大左翼内部关系的复杂性，给左翼文化发展增添阻碍和内耗，在某种程度下，自会削弱左翼文化的社会影响力。[6]在《〈李桦色刷木刻十帧〉及其他》《"赞美人的意志"——黄新波的木刻及其油画琐谈》《刘岘与鲁迅〈怒吼吧中国之图〉》等3篇文章中，李浩讨论了较为新颖的木刻世界，其中认为李桦木刻作品《怒吼吧中国之图》"既写实，又充满了表现主义风格，具有雕塑感，被绑的身体扭曲而有力，粗重的线条又使人物如雕塑般冲出纸面，向观者发出呐喊"[7]，而他与黄新波、刘岘等三人在艺术上的成功更是离不开鲁迅的帮助和关心。比如李桦，就正是在鲁迅的关怀和引导下，而对中外艺术进行了广泛借鉴和融合，其美术创作有了较大创造性。不仅如此，鲁迅还在总体上有力促动了中国左翼美术的发展。这些在《"把大众的灵魂叙述出来"——司徒乔的创作与生平略说》等文中，都有较为翔实的论述。

李浩对所叙事件、人物较为详尽，而所叙人物和事件又大多围绕鲁迅来写，为人们呈现了当时较为真实的历史面貌与发展脉络，而其论述中披露的一些馆藏鲁迅手稿等资料，也为研究者提供了不少有益信息，能够加深人们对于鲁迅的认识和理解。作者在附录中，认为许广平是一位有女性解放思想的人，是进步社会活动的积极参加者，又以为"许广平居留在家相夫教子，从中国妇女解放运动的视野里来看是种折返"，"于此，许广平是不满的，但又是自愿的，就她自身来说，放弃对事业的企望留在家中，是她在两难中自认为'正确'而主动的选择——当然，是否真正'正确'，在许广平自身来说，她始终是在思考"。[8]这些对我们认知不一样的鲁迅和许广平，都是颇有助益的。

李浩在书中用历史事实来说话，很少直接表露自己的观点，而是让读者自己去体会，通过对鲁迅身边的人和事的论述来凸显鲁迅的思想和精神。这是一种较为客观而科学的学术态度。但是，这并非说李浩没有自己的学术立场和判断。作为上海鲁迅纪念馆的工作人员和研究者,李浩对鲁迅的热爱恐怕比一般人更深,对鲁迅的理解也比一般人更直率、更真实,阅读本书,可以明确感受到李浩在鲁迅研究中贯穿了这样的理解和有温度的爱。李浩性情稳重而温和,对朋友往往能披肝沥胆,真心相待,而这些,其实也反映在他的研究中,其研究的难得之处即在于不做作,少卖弄,而是相当自然和诚实。阅读本书,我们感受到了李浩研究的特色,其所具有的较为精深的鲁迅研究功力,不由得让人们钦佩有加,也看到了鲁迅研究在新世纪以来更为深入的发展。

(2019 年 1 月 15 日于陕西师大)

注释

① 李浩:《旧迹拾遗——鲁迅相关的若干人和事》,上海社会科学院出版社 2018 年版,第 18, 19 页。
② 李浩:《旧迹拾遗——鲁迅相关的若干人和事》,第 18 页。
③ 李浩:《旧迹拾遗——鲁迅相关的若干人和事》,第 63 页。
④ 李浩:《旧迹拾遗——鲁迅相关的若干人和事》,第 82 页。
⑤ 李浩:《旧迹拾遗——鲁迅相关的若干人和事》,第 87 页。
⑥ 李浩:《旧迹拾遗——鲁迅相关的若干人和事》,第 122 页。
⑦ 李浩:《旧迹拾遗——鲁迅相关的若干人和事》,第 149 页。
⑧ 李浩:《旧迹拾遗——鲁迅相关的若干人和事》,第 225 页。

中国鲁迅研究走向世界的新的开端

——写在“中国鲁迅研究名家精选集”韩文版出版之际

葛　涛

2017 年 12 月 15 日，来自中韩两国 30 多位鲁迅研究专家及各界人士汇聚在韩国外国语大学，共同庆祝“中国鲁迅研究名家精选集”韩文版的正式出版，并举行韩中鲁迅研究对话会。会议举行的日期恰逢中国的习近平主席与韩国的文在寅总统在北京举行首脑会谈，可以说这套“中国鲁迅研究名家精选集”丛书韩文版的出版也是纪念中韩建交 25 周年的一个很有意义的活动。在此要特别感谢北京师范大学出版集团、安徽大学出版社的朱丽琴副总编和卢坡副编审，正是他们的辛苦努力才使这套丛书顺利面世，并获得了新闻出版广电总局的“经典中国国际出版工程”的资助，翻译成韩文出版。

一、中国鲁迅研究要肩负起推动国外鲁迅研究的重任

从 1913 年 4 月恽铁樵点评鲁迅的《怀旧》算起，中国鲁迅研究至今已经有 100 多年的历史了，其间虽然因社会风云的变幻而经历了很多的曲折，但是仍然涌现了一大批著名的专家学者，取得了一大批重要的学术成果，并在 20 世纪 80 年代逐渐发展成为一门具有重要影响的学科“鲁学”。在某种程度上也可以说，中国的鲁迅研究是具有中国风格、中国气派、中国精神的一门学问。遗憾的是，中国的鲁迅研究的丰硕成果在国际鲁迅研究领域还不具有

广泛的影响力。

需要指出的是，鲁迅不仅是中国现代先进文化的杰出代表，也是享誉世界的大文豪。近100年以来，鲁迅的作品被翻译成众多的外国文字在世界各地出版发行，外国学者也通过研究鲁迅来了解现代中国，产生了一大批鲁迅研究成果，成为国外中国学研究方面的一个重要的组成部分。但是，一个无法否认的现实就是，近20年来的国外鲁迅研究相对比较冷清，鲁迅研究队伍显得青黄不接。随着国家"推动中国文化走出去"，增强中华文化"软实力"等文化战略的提出，中国鲁迅研究者应当把鲁迅研究工作与国家当前的"推动中国文化走出去"的文化战略紧密结合起来，肩负起推动国外鲁迅研究的重任，通过鲁迅研究方面的学术交流，一方面促进鲁迅在国外的传播与研究；另一方面也通过鲁迅展示中华文化的"软实力"，促进中外民间文化交流。

在这样的背景下，为了纪念中国鲁迅研究诞生100周年，我策划并主编了"中国鲁迅研究名家精选集"（10卷本，包括孙玉石、钱理群、杨义、王富仁、张梦阳、杨剑龙、张福贵、孙郁、黄健、高旭东等10位中国当代著名鲁迅研究学者的鲁迅研究成果精选集）这套丛书，由北京师范大学出版集团、安徽大学出版社在2013年正式出版。这套丛书出版后，获得了良好的社会反响，《光明日报》《文艺报》《中华读书报》等媒体都发表了相关书评予以推荐，并在2014年获得了国家新闻出版广电总局的"经典中国国际出版工程"的资助，由韩国著名的汉学家朴宰雨教授组织10多位韩国鲁迅研究学者共同承担翻译成韩文的工作。

二、韩国不仅是鲁迅先生的著作走向世界的起点，而且也是中国鲁迅研究著作走向世界的新的起点

1927年8月，流亡在中国的韩国青年学生柳基石（1905年1月—1980年11月，朝鲜人，于20世纪30年中期加入中国国籍。

笔名青园，后来因为崇拜鲁迅而改名为：柳树人）把鲁迅的《狂人日记》翻译成韩文在韩国的《东光》杂志上发表，这是鲁迅的著作首次被外国人翻译成外文在外国正式发表，标志着鲁迅的著作正式从中国走向了世界。虽然目前还不清楚柳树人的这个译本于1927年发表之后在韩国引起的社会反响，但是据洪昔杓教授在《柳树人与鲁迅——〈狂人日记〉翻译与韩思想纽带》（韩国《中国文学》第77辑2013年版）一文中的调查，柳树人翻译的《狂人日记》在1936年6月又一次刊登在《三千里》杂志第7卷第5号上，“这反映了韩国读者对鲁迅作品的需求。《三千里》创刊于1929年6月，最多时卖过1万本，为鲁迅作品的韩国传播起到了很大的作用。”

因为中国和韩国相似的历史背景，韩国的知识分子对鲁迅的著作产生了强烈的精神共鸣，不仅翻译了大量的鲁迅研究著作，（近期即将完成全部《鲁迅全集》的翻译工作）而且也涌现出了一大批的鲁迅研究学者。可以说，鲁迅先生的著作在韩国产生了广泛而深远的影响，甚至通过李泳禧等韩国知识分子的介绍而影响了韩国20世纪七八十年代的民主运动，在一定程度上促使韩国从军阀政府转型为现代民主国家。

在鲁迅的《狂人日记》被翻译成韩文于韩国发表90周年后的今天，“中国鲁迅研究名家精选集”被以朴宰雨教授为首的10多位韩国鲁迅研究学者翻译成韩文在韩国著名的昭明出版社出版，这也是中国鲁迅研究学者的著作首次以丛书的形式被翻译成外文在外国著名的出版社出版，在某种程度上也可以说，韩国也是中国鲁迅研究著作走向世界的新的起点，我们希望总结这次“中国鲁迅研究名家精选集”韩文版的成功经验，今后继续推动这套鲁迅研究丛书的英文版、俄文版、日文版、阿拉伯文版等其他语种的翻译和出版工作。我们期待中国与世界各国的鲁迅研究学者联合起来，继续推动鲁迅在世界的传播和研究，共同为鲁迅研究做出更大的贡献。

三、要弘扬鲁迅先生倡导的“文字之交”的精神，用文艺来促进不同国家人民之间的理解，从而构建人类命运的共同体

1936年7月21日，鲁迅在得知他的小说集《呐喊》即将被捷克汉学家普实克博士翻译成捷克文将在捷克出版的消息之后，很高兴地撰写了《〈呐喊〉捷克译本序言》一文，他指出：“自然，人类最好是彼此不隔膜，相关心。然而最平正的道路，却只有用文艺来沟通，可惜走这条道路的人又少得很。”从这一段话也可以看出鲁迅对中外文化交流的一个重要观点，即重视各国之间的“文字之交”，就是希望通过文学作品的翻译来促进不同国家人民之间的交流和理解。鲁迅本人也是身体力行了这一观点，在某种程度上也可以说，鲁迅也是现代中国与世界各国“文字之交”的先驱和杰出代表：他通过文学创作来表述现代中国，通过翻译把世界各国的文学作品介绍给中国的读者；而世界各国的汉学家通过翻译鲁迅的作品和研究鲁迅，从而在一定程度上把现代中国介绍给世界各国读者。因此，鲁迅所倡导的“文字之交”，不是单向的，而是双向的，重点在于世界各国之间通过文学作品的相互引进和输出，逐渐形成不同国家之间的文化交流，从而促使各国人民“彼此不隔膜，相关心”。另外，鲁迅的重视“文字之交”的观点与党的十九大报告提出的构建人类命运共同体的观点有相似之处。党的十九大报告指出：“要尊重世界文明多样性，以文明交流超越文明隔阂、文明互鉴超越文明冲突、文明共存超越文明优越。”这里的“文明交流、文明互鉴、文明共存”在一定程度上都是要通过文化交流特别是“文字之交”来实现的，而“人类最好是彼此不隔膜，相关心”的结果就会形成人类命运的共同体。

毋庸讳言，中韩两国建交25年以来，两国之间的各种交流也不是一帆风顺的。在当前中韩两国之间因为布置“萨德”系统而

出现问题时，更要弘扬鲁迅所倡导的“文字之交”的精神，用文艺来推动两国人民之间的文化交流。需要特别提及的是，今年也是朴宰雨教授等韩国鲁迅学者在中韩1992年正式建交后首次访华25周年，他为中韩两国鲁迅研究学者之间的交流搭建了良好的交流平台，两国鲁迅研究学者也通过他组织的多次学术研讨会而结下了深厚的友谊。现在，以朴宰雨教授为首的韩国的鲁迅研究学者把这套“中国鲁迅研究名家精选集”翻译成韩文在韩国正式出版，就是对鲁迅先生所倡导的“文字之交”的精神的继承和弘扬，更彰显出这套丛书出版的现实意义：以鲁迅研究来推动中韩两国的文化交流。正如鲁迅先生在《故乡》中所说：“其实地上本没有路，走的人多了，也便成了路。”可以说，以朴宰雨教授为首的韩国的中国文学研究学者一直在走韩中文学交流的“路”，致力于通过文学研究和翻译来促进韩中两个国家的民众的相互了解。相信朴宰雨教授等韩国的鲁迅研究学者也会为韩中文学交流走出一条康庄大道。

［本文是国家社科基金2014年度一般项目“国内六家鲁迅纪念馆的历史和现状研究（1951—2016）”［编号：14BZW104］的阶段性成果］

海外鲁研

从“文学革命”的时代转换为“革命文学”的时代(上)

——以冯乃超接受日本的大正生命主义与马克思主义文艺理论为例

[日]工藤贵正　著,吉田阳子　译

导　论

冯乃超(1901—1983)在中国近现代文学中稍得到注目的是与代表当时文坛的鲁迅(1881—1936)等人展开的“革命文学论争”之时。

冯乃超和朱镜我于1927年10月到上海,而李初梨、彭康和李铁声也于11月从日本回到上海,与国内的创造社同人合流后展开了创造社后期的文学活动。但郭沫若和郑伯奇等创造社同人认为:与鲁迅扩展共同战线并不意味着创造社进入了新阶段,就此,他们在《创造月刊》以外,于1928年1月在上海创办了试图进行文学与政治理论以及文化评论的《文化批判》。他们重视提倡无产阶级文学,并探求关系到无产阶级文学的文艺理论。冯乃超在《文化批判》第1号中发表了《艺术与社会生活》,李初梨在该刊第2号中发表了《怎样地建设革命文学》,打造出了作家的“转换方向”后建立起无产阶级文学的文艺未来的形象。

冯乃超在《艺术与社会生活》中批判道:“鲁迅这位老生”“无聊赖地跟他弟弟说几句人道主义的美丽的说话”,批判了鲁迅和周作人所提倡的人道主义仅仅是无聊、美丽的说话,就此揭开了“革命文学论争”之战幕。

1928年9月,经由潘汉年(1906—1977)的介绍,冯乃超与朱镜我、李初梨和李铁声一起加入了中国共产党(彭康稍前加入)。这时期,中共江苏省委宣传部长李富春找文化支部书记华汉谈话(有材料说是中央军委副主席周恩来的指示),指出创造社、太阳社如此批评鲁迅是错误的,要立即停止论争,团结鲁迅壮大自己力量。从此,两社基本上不发表批评鲁迅的文章。1929年秋天,中共中央宣传部部长李立三找吴黎平谈话,指出要停止论争,团结鲁迅,联合其他左翼文艺界,筹建革命文艺团体。“文委”便抽调冯雪峰、冯乃超、钱杏村、沈端先等人筹备组织中国左翼作家联盟。“文委”书记潘汉年请冯雪峰先去征求鲁迅意见,吴黎平亦找鲁迅谈过此事,鲁迅同意采取用“左翼”二字。于是,1930年3月2日中国左翼作家联盟成立了。

但是,中井政喜指出:鲁迅以冯乃超对自己的人道主义的批判为契机,通过鲁迅翻译卢那卡尔斯基的《艺术论·艺术与阶级》《文艺与批评·托尔斯泰与马克斯》和瞿秋白翻译卢那卡尔斯基的《解放了的堂·吉诃德》等作品,懂得了不管是像托尔斯泰主义那样的无抵抗的人道主义还是像堂·吉诃德那样的随时随地施行个人善意的人道主义,都不是真正的人道主义,人道主义的理想,是以将来要实现的社会主义和共产主义来实现的。①

笔者也同意下面的看法,即鲁迅理解了马克思主义文艺论所特有的“唯物论”的观点,而有了相互牵连的契机,是出于冯乃超在《艺术与社会生活》中对人道主义的批判。再则,出于笔者的想象:冯乃超等一些新加入的后期创造社的成员展开了“革命文学论争”,其中很大的原因是出于具有在日本社会的学习体验与社会体验之因。

就此，在这次报告中将对冯乃超置身于明治、大正和昭和时代，日本社会的变化所给予他思想上的影响，以及具有日本留学经历的刘呐鸥在“现代的日本文坛是在一个从个人主义文艺趋向于集团主义文艺的转换时期内”。（《〈色情文化〉译者题记》）中所使用的从“个人主义”转换成“集团主义”，将用这些关键词进行探讨。

一、冯乃超的经历以及在日本学习经历的概要（1901—1927）

冯乃超（1901—1983）诞生于旧历辛丑年九月初一，即公历1901年10月12日。父亲为居住在横滨外国人居留地的冯瑞华（号为月楼），祖籍为广东省南海县。出生于香港的祖父冯德明（号为紫珊，？—1921）与其兄冯镜如（1844？—1913），由于他们的父亲因“红头贼”（太平天国军士兵）而被捕，他们为避免牵连而逃亡日本。1878年前后其兄镜如在横滨居留地（居留地撤废的1899年后改称为“山下町”）53番地，开办了“文经文具店”（Kingsell & Co.），经营印刷、装订业和进口与销售文具、杂货和书籍业务。从其兄处独立的弟弟紫珊于1885年前后在居留地60番地开办了“致生印刷店”（Chee San Brothers）。1895年，以孙文的渡日为契机，兄弟俩跟谭有发等人一起组织了中兴会，并成为支部长。康有为和梁启超亡命以后，中兴会对康梁派进行了积极的援助。镜如在戊戌政变失败后的1898年12月成为在横滨创办《清议报》的“编辑兼发行人”；紫珊成为1902年2月在横滨创办的《新民丛报》的“编辑兼发行人”等，支持了康梁派。

母亲陈凤亭，兄弟姐妹六人，冯乃超排二，还有姐姐顺改、妹妹顺宽、弟弟乃勤、乃俭和乃荫。父亲月楼是个少爷，虽说也关心政治形势，但吸鸦片。可是，这种行为并非到了堕落的程度，于1926

年逝世。②

冯乃超在1909年3月入学于横滨华侨开办的私立大同小学，一年多后跟母亲和弟妹一起回到广东省南海县的故乡在私塾学习了一年多，于1911年9月回到日本，再入学于大同小学，因此前后共学了8年。1918年3月从大同小学高小毕业后入学于横滨华侨与日英教会共同经营的志成中学，1919年9月编入于东京私立成城中学的支那留学生部3年级，半年后毕业，1920年9月入学于东京的第一高等学校特设预科。那时的同期同学中有：朱镜我（1901—1941，原名：德安，浙江省鄞县人）、李初梨（1900—1994，原名：楚离，四川省江津人）、彭康（1901—1968，原名：坚，江西省萍乡人）。1921年9月从一高特设预科毕业后入学于名古屋的第八高等学校高等科理科甲类，同期同学中有朱镜我。

由于1923年9月1日发生的关东大地震，横滨山下町56番地（截至1894年为60番地）的印刷店被海啸所吞没。家业的破产，冯乃超对理工科失去了兴趣而热衷于文学，热心阅读文学研究会的《小说月报》、创造社的《创造季刊》以及福楼拜（Gustave Flaubert，1821—1880）的《包法利夫人》等外国文学，同时也倾倒于当时流行日本的唯心主义哲学的名著，即，西田几多郎（1868—1945）的《善之研究》（弘道馆，1911.1/岩波书店，1921.3）。之后，1924年3月从第八高理科毕业以后入学于京都帝国大学文学部哲学系，跟同期同学彭康一起听西田博士的讲课，与此同时，广泛地阅读文学和哲学书籍，创作了不少带有唯美主义倾向的诗。此外，在京都帝大，与李初梨、其弟李亚侬（原名：乚丘）、李铁声（原名：声华）以及郑伯奇（1895—1979，原名：隆谨，陕西省长安县人）等人进行了交流，同时，热心地阅读了三木露风（1889—1964）、北原白秋（1885—1942）以及法国的巴尔·魏尔伦（Paul Verlaine，1844—1896）的诗集和梅特林克（Maurice Maeterlinck，1862—1949）的戏剧《青鸟》等高踏派和象征派的作品。但是，暑假期间去东京，跟叔父冯子章在千叶度假时，开始对在京都过着出家者般生活和虚无性的“西田哲学”感到了腻烦，接受了朱镜我的“要摆脱死水般的在京都的生活”的意见，1925 年 3 月转学于东京帝国大学文学部社会学系，投靠了“东京市外代々木富ヶ谷町 1396 番地的度边”，从 9 月后期起住进神田区中国基督教青年会 7 号室，开始了跟穆木天（1900—1971，原名：敬熙，吉林省伊通县人）的交往，加深了对象征诗的理解。③

1926 年转为美学和美术史的专修，学习英国文学、德国文学以及考古学等，爱去博物馆和展览会以及欣赏戏剧和音乐等。另一方面，受到在日本展开的左翼文学运动和马克思主义的影响，参加了鹿地亘（1903—1982）、中野重治（1902—1979）和林房雄（1903—1975）等人成立并运营的马克思主义艺术研究会（马艺）和其读书会。

冯乃超曾如此回忆：我从日文、德文中读了一点马列的书，也读布哈林、托洛茨基的书，分不清真假马列主义；同时受盛极一时的日本福本主义（福本和夫的理论体系）“左”倾思潮影响较深，对中国革命实际缺乏认识。开始注意日本的无产阶级文艺运动，访问过他们机关刊物的编辑部，观看过他们剧团的彩排，阅读过苏联和日本的“左”倾文艺理论。

1927 年 2 月，在郑伯奇再次访问京都期间，冯乃超、朱镜我、彭康、李初梨等人讨论，希望创造社转换方向，提倡“无产阶级革命文学”。在郑氏 4 月回国之际，将此趣旨转告了创造社的同人。4 月，由蒋介石挑起的四·一二政变，在日本的进步学生非常激愤，冯乃超多次参加了在京都举行的中国留学生的政治集会。④

1927 年 6 月，在前一年的 11 月进行改组的日本普罗列塔利亚艺术联盟（普艺）分裂，山田清三郎（1896—1987）、中野重治和鹿地亘等人留在无产阶级艺术联盟中，创办了《普罗列塔利亚艺术》的杂志，退出的青野季吉（1890—1961）、藏原惟人（1902—

1991)、叶山嘉树(1894—1945)、村上知义(1901—1977)和林房雄等人创办了劳农艺术家联盟(劳艺),以《文艺战线》为机关刊物。冯乃超住在东京跟两个组织都持有关系。此外,围绕对批判了山川主义和福本主义的共产国际的尼古拉·布哈林(Nikolai Bukharin, 1888—1938)的1927年“有关日本问题的纲领”,山川均(1880—1958)所写的反批判论文是否该刊登一事,持不可刊登立场的藏原惟人等人11月脱离了劳艺,成立了前卫艺术家同盟(前艺)并创建了《前卫》机关刊物。但由于受到1928年3月违反治安维持法的被问罪,日本共产党等活动家数千人被拘留,约300人被逮捕的“三·一五”事件的镇压,促进了无产阶级艺术联盟和前卫艺术家同盟的统一,4月结成了全日本无产者艺术联盟(NAPF),创办了新的机关刊物《战旗》。⑤

1927年9月,成仿吾(1897—1984)从广州经由上海前往东京,邀请冯乃超回国从事创造社的工作,接着去京都也邀请朱镜我、李初梨、彭康和李铁声从事同样的工作。他们同意放弃学业回国,商讨了有关创办表明对国内反动派的抗议、宣传马克思主义的理论、掀起为提倡无产阶级革命文学新启蒙运动文化思想的杂志。10月,鲁迅于3日从广州到达上海,冯乃超与朱镜我从日本回到上海,首先在北四川路底余庆坊落脚。11月,李初梨、彭康和李铁声也回到了上海,一起从事后期创造社的工作。此后,除李初梨以外四人搬进窦乐安路纪家花园。⑥

上面是对冯乃超在日本的经历和学习经历及其社会背景所进行的概括。

冯乃超经历了1923年的关东大地震后放弃了在第八高学的理科的学问,升入了京都帝大哲学系,上仰慕已久的西田几多郎的课,但是仅半年就放弃了西田的哲学。冯乃超放弃的西田的哲学以及《善之研究》(构成:纯粹经验、实在、善、宗教),可以说是一部跟康德(1724—1804)的那种将观念论和唯物论的对立的解决追求于“纯正经验”的“纯粹理性批判”相峙的名著,也可以说是一部具有象征着追求并得到宽容的观念性个体理想主义的大正时期特征思想的著作。

此后,冯乃超对因1925年4月制定了治安维持法等而强化了国家权力的现状和对马克思主义、社会主义形而上学理论的解释,认识到了由于摸索同床异梦的社会状态的知识分子而陷入宗派主义的无产阶级文艺运动的实际情况。决定回国的冯乃超等中国留学生后来利用了在日本的体验,应用在后期创造社的实际运营之中。

下面探讨冯乃超是如何体验实现个人性理想主义的。

二、作为“大正生命主义”的唯美性象征主义的倾倒至结束

(一)以创作集《傀儡美人》和《抚恤》的作品为例

《傀儡美人》(上海长风书店1929年1月版)和《抚恤》(上海沪滨书局1929年12月版)的目次如下:

1.《傀儡美人》

(1)傀儡美人　(2)眼睛　(3)Demonstration　(4)故乡　(5)无彩的新月　(6)奇迹　(7)瞬间　(8)被收买的生命　(9)Silk Stockings　(10)作者的话

2.《抚恤》

(1)故乡　(2)无彩的新月　(3)傀儡美人　(4)眼睛　(5)Demonstration　(6)抚恤　(7)断片　(8)奇迹　(9)瞬间　(10)被收买的生命　(11)Silk Stockings　(12)作者的话

《傀儡美人》也收在1929年12月由上海沪滨书局发行初版短篇小说集《抚恤》中,《抚恤》共收录了11篇小说,为《傀儡美人》的增订本。由于长风书店被查封,就将原作进行了若干的修改,加进《抚恤》和《断片》两篇改名后出版。在1929年9月11日写的“作者的话”中,以“本书先前已由某书店一度初版过的,因那书店

关了门,同时我又加了多少的修改,所以拿出来付印。"说明了两个作品得到出版的原委。

《傀儡美人》编末的"作者的话"(记于 1928 年 10 月 24 日)中冯乃超作了如下的说明:

> 我没有想过要成为一个作家,不过在我的大学生活的时代,却喜欢雕琢文字作消遣。一切都是我的生活的剩余,音乐,美术,文学,种种的习作,都有醇酒的作用。我的过去抹着宿命的忧郁。这个时代的产物,我怎好把它送到今日的市场去。(第 137—138 页)
>
> 我以前未曾有过严肃的问题,创作的中心当然没有诚恳的 Théma。怎能把文字化作绘书,化作音乐等。我有了许多技巧上问题。但是,一切都不外是 Trick 之类,在技术上也不过是异端的邪道。这个倾向的支配依然有它的惰性,这集里面所选出的依然是不健康的小生命。(第 138 页)
>
> 我晓得我的生活的变革还不是飞跃的,过去的黑影渐次 Fade out 的时候,就是新的生活渐次 Fade in 的时候。过去及现在的错综、梦幻和现实的交叉,这个特征必然地着色我的作品,一切是 Double exposure 的反复及连续。然而,在进行的过程中,生活的飞跃的变化会来的。我希望这个。(第 138—139 页)

用作于此书题的《傀儡美人》是刊登在 1928 年 5 月《小说月报》1 卷 11 期上的历史小说《为什么褒姒哈哈大笑——一篇木头戏脚本的草稿》。

关于"褒姒"的记述,司马迁《史记・周本纪》的记载如下:

> 夏王朝时出现的神龙的口中泡沫流到了盒子中,第十代

厉王时打开了盒子,盒子里的泡沫变成了蜥蜴。蜥蜴和后宫的童女之间生了一个女孩,其女孩被扔掉,但又被拾回去移居褒国。在周朝第十二代幽王时期,褒国为祈求赦免过失,献上了这个已经长大的女孩。因来自褒国就被称为“褒姒”,就此幽王一见倾心,并生了伯服。由于伯服当了皇太子而成为亡国之因,褒姒被描写成一个象征着“祸”与“亡国”的来路不明的女性。

传说中说:在幽王三年,幽王在后宫见到褒姒后就爱上了她,她一次也没笑过。幽王想方设法想让她笑。听了撕碎丝绸的声音,褒姒微微一笑,幽王就凑满了国内的丝绸加以撕碎。一天,幽王为告急国家的紧急事态而点起了烽火,敲起了大鼓,召集了诸位将军,但诸位将军赶来后得知并无危情。当看到东跑西窜的诸位将军的褒姒,这才第一次喜悦地笑了。自那以来,为此高兴的幽王常常点起烽火,渐渐地诸位将军不再相信烽火的信号了。幽王终于废掉了申氏太后和太子,而立褒姒为太后、伯服为太子。申氏之父申侯大怒,举行叛乱,与蛮族犬戎的军势联合起来攻打幽王。幽王点起了烽火,但皆无前来响应和集合的士兵,反叛军在骊山俘虏褒姒,并杀了幽王。由于此乱,公元前771年西周灭亡。[⑦]

冯乃超以此传说作为题材,主要加上了下面的两点解释使得内容有了改变,提高了传说的故事性。

1. 褒姒被描写成是战败的犬戎酋长的女儿,她爱和羊、猪一起住。她父亲被描写成一个将去幽王之处要回女儿的人物:

褒姒:她心中哪有空闲做美丽的异邦的梦?她老大不愿意离开她的过惯了的生活,离开她的驯熟的羊群爱的马匹。而且要到人生地不熟的异国去,不打紧,而且又是服侍异国的

皇帝去,她是老大地不愿意的。(第3页)

褒姒的爹爹:临行的时候,"女儿,我虽然是不忍心打发你到敌人的国里去的,但是,没法子,我们打败了仗,只得要你为我们牺牲一时,到明年的春天,我们要迎接你回来的"。这时候,他的面上带上不能掩饰的哀痛,但是,褒姒的眼泪已经干涸了。(第3—4页)

2. 作品中描写了褒姒不笑是因为她不懂汉族的语言,不管多么称赞她的美,她也一点都不能理解其意。既不理解汉族文化,也不理解给她享受的各种生活上的奢侈品和用具,只是感到被剥夺了自由,渐渐、渐渐地变成了"傀儡美人"。

皇帝又做许多诗赞颂她,但是,异邦的文字,她一点看不懂,皇帝怪有趣地给讲她了许多笑话,可惜异邦的语言,她听不懂。只是看着皇帝的老态龙钟,她忧郁地坐着。(第12—13页)

这所宽敞的房子,……雕上禽兽形状的桌子……龟龙模样的椅子……精致的剑鞘……雕上蟠龙模样……堆积着龟壳贝壳……刻着文字的竹片。这些东西有什么用途,她简直莫名其妙。(第13页)

"天朝"的岁月是无聊的,沈滞的。褒姒在这边过了几天了,这几天她觉得过几十年。这样形式不同的生活,从她的喉咙夺去了她的歌声,从她心脏夺去了她的欢乐,从她的手足夺去了她的自由举动,她变成了一个傀儡戏的木偶。于是"不说话的美人""不会笑的美人""傀儡美人"的风评像兵车一样跑遍了全国。(第10页)

《傀儡美人》这部作品,从题目的设定来看也可知道是一部具有幻想性、唯美性、浪漫性和比喻性的作品，也就是说是具有值得称为唯美性象征主义风格的作品。

冯乃超撰写的这个作品不是站在汉族的立场上，而是揣想了西戎（犬戎）的价值观，对欲望的解放、对社会的讽刺性和戏剧性，并且包括封面画的相似性，是相近于代表大正生命主义的武者小路实笃（1885—1976）的戏剧《爱欲》（改造社 1926 年 3 月版，《爱欲》（四幕十场）初载于《改造》新年号，8 卷 1 号，1926 年 1 月）的风格的。在中国，出版《傀儡美人》（上海长风书店 1929 年 1 月版）的约 9 个月前，以单行本出版了章克标翻译的《爱欲》（上海金屋书店 1928 年 4 月版，全译 127 页）

李江将此分析为："借周幽王残暴和耽于女色的历史故事，影射、揭露当时社会的现实。"但笔者认为：这绝非是一部"影射、揭露当时社会的黑暗现实"⑧的作品。只是，下面的几个作品可以说是不仅以"艺术性价值观"撰写的，还可以说是意味着"社会性价值观"而撰写的。

《断片》刊登在 1929 年 10 月的《现代小说》3 卷 1 号时原题为《断片：从一个白俄老婆子说起》。以出自因俄罗斯革命逃亡到上海来的一个白俄老婆子之口对俄罗斯现代史的断片性的言说，写出了现在白俄蜂拥而至上海的因由。

《抚恤》1929 年 1 月刊登在《创造月刊》2 卷 6 期上，原题为《抚恤金》。描写了在上海法资电车公司当电车司机的陈亚根由于误会，遭到了突击进来的法国兵的刺杀，抬到医院后死去。未满 30 岁的陈亚根是家庭唯一的支柱，上有 60 多岁的父亲，下有年轻的妻子和两个孩子。陈亚根的两个同事王荣和陆福祥负责办理葬礼。此后，也是这家公司工会成员的年轻的王荣负责对这起事件的事后处理以及支付给 4 个遗族的抚恤金的问题，就此跟外国公司进行谈判，但难以得到进展。整个作品描写了这样一个过程。

《被收买的生命》刊登在 1928 年 9 月的《思想》月刊第 2 期

上。作品描写了在北伐战争中,王少佐指挥起来冷静得连自己嘴上边的胡子或下颌的胡子都一丝不乱的,但在败给了日本人以后,竟不顾民众的生死,坐上列车逃跑了。留下的士兵为了筹措粮食和当地的农民进行了抗争。

仅从上面冯乃超的几个作品中就可以感受到:他的力求将重视个人主义的艺术性题材的作品转换成重视社会性价值题材作品的意志。

(二)芥川龙之介的作品所酝酿出的个人主义文学的结束

冯乃超曾经3次出版了他翻译的芥川龙之介(1892—1927)的作品集。翻译芥川的作品共有4部,作品的年代顺次为:《母亲》(初出:《中央公论》1921年9月)、《将军》(初出:《改造》1922年1月)、《河童》(初出:《改造》1927年3月)、《某傻子的一生》(作者去世后被发现的作品)。在这几部翻译作品中,《某傻子的一生》是1931年前他颇为自负的译作。

翻译集为以下3部:

1. 芥川龙之介著,冯子韬译《芥川龙之介集》(为现代文学丛刊一种,上海中华书局1931年初版,1934年9月再版)。

收录作品:《母亲》《将军》《河童》《某傻子的一生》等四篇,并论文《芥川龙之介的作品和艺术观》(1931年8月)。

2. 芥川龙之介著,冯子韬译《某傻子的一生》(短编小说集,为三通小丛书一种,上海三通书局1940年11月版)。

收录作品:《某傻子的一生》《将军》《猴子》(邱晓沧译)等3篇。

3. 芥川龙之介著,冯子韬译:《河童》(中编小说,为三通小丛书一种,上海三通书局1941年1月版)。

收录作品:《河童》1篇

在这三种翻译之中,只有在《芥川龙之介集》中附加了对译者的介绍和对作品的解读。

下面对冯乃超的《芥川龙之介的作品和艺术观》(1931 年 8 月)进行考察,试以探求他翻译芥川作品的目的。

首先,冯乃超在 1916 年 2 月的《新思潮》创刊号上发表的芥川龙之介的《鼻》,夏目漱石(1867—1916)对此作出的评价,以及冯乃超的解读:

> 他的先生夏目漱石曾以这样的话去激励他——"这样的作品你如果多写十篇、日本自不消说、你可以成功世界上 Unique 作家的一人。"可是,以我看来,这样的作品现在已经不止十篇了,世界文坛是不是如他先生那样认识他呢,的确一个疑问。[9]
>
> 他耸动了中国文坛的注意,大约是他的自戕而不是他的作品吧。他的作品、成功的作品大都已移植到中国来了。可是国内文坛对他依然地很冷淡。照我想、中国人对菊池宽、谷崎润一郎比之对芥川来得亲热些。即使世界的文坛也许是一样吧。有岛武郎十分受法国人的欢迎、菊池宽受英国人推崇为日本的萧伯纳。寡闻的我现在还没有听到世界上的人。(日本人当然是例外)对芥川的作品、说过了些什么话。当然,我是十分愿意知道的。[10]

冯乃超指出了夏目漱石找到了芥川龙之介风格的"长处",并如下所示指出了为何喜爱的理由:

> 因为他的"长处"就是他的先生的作风之延长。换句话就是自然主义作风之完成。或许从浪漫派文学的观点看来,人们有些不服称他为天才或 Unique 作家。或许也就因为这个关系,——资本主义末期文学统治下的关系,使许多人忽略了他的天才、忘记了他的 Unique 的地位。本来,至少,我们

应该承认他在日本文坛正如从前 Flaubert 在法国文坛一样是 Unique 的。⑪

冯乃超一边引用《澄江堂日记》(现在称为《澄江堂杂记》)的“历史小说”“艺术至上主义”以及《某傻子的一生》的《人工之翼》的文章,一边如下分析了芥川的“对艺术的态度”,即指其“艺术观”。

芥川:既然说是历史小说,不能不忠实于一时代的风俗或人情。可是也会有些作品是只拿一个时代的特色——特别是道德上的特色作主题的。比如日本的王朝时代,男女关系的想法,和现代的这些是十分不相同的。作者自身有如和泉式郎的朋友一样,虚心平气把这些地方描写出来。和现代的对照中,自然很容易提出一种暗示。⑫

冯乃超:这种历史小说自然只是一种博物学的记录似的东西。从这里我们很容易发现他对艺术的态度和 Flaubert 共通的地方。自然这是站在实证科学基调上的自然主义的艺术观。⑬

芥川:艺术至上主义的极致是 Flaubert。据他自己说:“神显现于万象之创造中,却不给人们看见他的姿态。艺术家对于创作也应该如此。”因此,在《波娃利夫人》里面,虽然展开了 Mikrokosmos,却不打动我们的情感。艺术至上主义——至少是小说上的艺术至上主义,的确是容易使人打呵欠的东西。⑭

冯乃超:这里的艺术至上主义的含意当然并不很广泛,只限于极致的自然主义艺术见解而言。他虽然有这样的感想,可是他的主张。——至少是他的作品所表示的并不见得和 Flaubert 有多大矛盾。实际上,他的作品也这样证明着。他的作品是表现某种性格在某种环境中如何发展的记录,换到历史小说上来说，就是一时代特色的记录。的确像他自知之明一样，也许有人因读他的作品而打呵欠呢。⑮

芥川在《某傻子的一生》的《人工之翼》中，他（狂人们中的一人，芥川自身）“他（作者自己）从 Anatole France 移行到 18 世纪的哲学者去了。可是，没有接近鲁索。”是因为“容易为热情所驱使的一面”跟鲁索（1712—1778）很相似，但是，对于将“他自己的另面”说成“富于冷静理智之一面”，冯乃超分析芥川的艺术观为“不是唯情主义的，而是理性主义的”。接着还写道：

> 这篇作品从他的青年时代起一直到他自戕的一年为止，他的内面生活如何变迁，如何和外面环境错综交接，追踪得非常简洁而完备。母亲留给他的先天的遗传（狂病），老姑给他的后天影响（要到塌的旧社会习惯）；他的先生夏目漱石给他的艺术上的熏陶（自然主义），资本主义末期艺术对他的刺激（时代病、个人主义、世纪末）。因此，他人生中种种事变——结婚，生儿子，家庭生活，术家生活，社会生活，恋爱生活都包括无遗。许许多多的矛盾集中到他的身上来，如像被命运翻弄的人似的毫无办法去解脱，可是他是不相信运命的，他只好称自己之一生为“傻子的一生”。在他面前只剩下自杀和发疯两条路时，他从容地踏上前者的道路上去了。⑯

冯乃超通过翻译芥川的《某傻子的一生》的作品，毫无疑问一定是感觉到了日本的艺术至上主义和个人主义的结束。这也意味着：从阻碍精神活动中解放生命，自由地追求其要求，将自我开放于人类和宇宙等普遍性中，超越个人的竞争，克服机械论的自然征服观而创造文化，作为改造社会思想的原理，这样一种理想主义的“大正生命主义”即将崩溃。

另一方面，自由地发现“生命主义”反面所具有的“生命力”，追求对自己有益的“生命”的思想，会引起阶级斗争等种种斗争，昭和时代也就是朝着“集团主义”和斗争时代的方向发展了。

小　　结

“文学革命”的时代从广义上来说，是以《新青年》中提出民主主义和自然科学，将援用“言文一致”（白话文）作为具体手段，把“女性问题”“家族制度问题”和“国家与个体的问题”定在社会改革的核心之中，摸索了为建设理想的社会和国家应该如何着手的理论和方法。这个时期笔者推定为 1915—1927 年（国共分裂）前后。

那个时期可以说是各种知识分子为实现理想的国家与社会、理想的文艺该如何着手才好，对此有效地利用各种杂志进行了个人的摸索和追求，这种时代可以说是“个人主义的理想主义”的时代。

此外，这个时期跟日本的大正时期至昭和初年相重叠，从日本回国的知识分子受到日本社会的状况、文艺状况和政治思想等影响，向祖国传播的内容和趋势几乎都是相一致的。

另一方面，所谓“革命文学”时代，狭义地是指“革命文学”的论争。在国共分裂以后，以受到应成仿吾的强烈邀请 1927 年 10—11 月从日本回国的创造社的新成员冯乃超、李初梨、彭康、朱镜我、李铁声为中心，是主张把“革命文学”，即“无产阶级文学”作为武器，跟反动势力以及既成文坛进行斗争，并跟被卷入进去的鲁迅等人展开了论争的时期。这个时期是截至经中国共产党宣传部的指导，要求停止与和解论争，于 1930 年 3 月 2 日成立了“中国左翼作家联盟”（左联）的时期为止。

在这篇论文中，以精通日本的无产阶级文学状况和对马克思主义文艺论、社会科学思想的理解，创造社的 5 名新成员中的冯乃超为例,证实了他在日本的生活和学习体验是引起“革命文学”论争的最大的前提。

(作者为日本爱知县立大学教授)

注释

① 笔者整理了中井政喜《鲁迅后期试探》之《第八章　ルナチャルスキーの人道主义》(名古屋外国语大学出版会,2016 年 10 月)之要点。

② 至此为止的阐述中,笔者整理并使用了如下资料。

· 李江:《冯乃超年谱》《中国现代文学史资料汇编(乙种)·冯乃超研究资料》,李伟江编,《中国现代作家作品研究资料丛书》,陕西人民出版社 1992 年版。第 87—90 页。

· 丁文江、赵丰田编,岛田虔次编译:《梁启超年谱长编》第一卷(1873—1899)(岩波书店 2004 年版)中的 1898 年(注 286)中的“冯镜如”。

· 伊藤泉美:《横滨居留地における中国人の印刷业》《印刷史研究》6 卷 1 号(通号 8,2000 年 7 月),第 1—17 页。

③ 至此为止的文章,笔者使用了下面的资料,并进行了整理。

· 周良沛:《中国新诗库第一辑·冯乃超卷·卷首》,周良沛编选,长江文艺出版社 1988 年版,第 1—10 页。

· 李江:《冯乃超年谱》,《中国现代文学史资料汇编(乙种)·冯乃超研究资料》,第 90—92 页。

④ 李江:《冯乃超年谱》,《中国现代文学史资料汇编(乙种)·冯乃超研究资料》,第 92—93 页。

⑤ 至此为止的文章,使用了下面的资料,笔者并进行了整理。

· 日本近代文学馆编:《现代近代文学大事典》第 4 卷事项,讲谈社 1977 年 11 月版。

· 三好行雄等编:《日本现代文学大事典》,《人名·事项篇》,明治书院 1994 年 6 月版。

· 大学教育社编:《现代政治学事典》(新订版),ブレーン 1998 年 2 月版。

⑥ 李江:《冯乃超年谱》,《中国现代文学史资料汇编(乙种)·冯乃超研究资料》,第92—94页。

⑦ 谷崎旭寿:《褒姒が笑った:史记·三国志の人びと》,新人物往来社1983年5月版。

⑧ 李江:《冯乃超年谱》,《中国现代文学史资料汇编(乙种)·冯乃超研究资料》,第100页。

⑨ 冯子韬:《芥川龙之介的作品和艺术观》,《芥川龙之介集》,中华书局1931年版,第1页。

看了下面的“近代文学馆数据库”,就能知道不是冯乃超自己的观点,画有下线部分为正确的观点。

《夏目漱石给芥川龙之介的书简》(写于大正5年2月19日):

拜启 我阅读了你的具有新思潮的作品、久米君的作品和成濑君的作品。我觉得你的作品很有趣,很冷静,不是戏谑的。自然的、原来就有的滑稽之处被舒畅地表现了出来,具有雅致的趣味。此外,可知来源非常新颖,文章的要领也有章有节。我很是敬佩。像这样的作品从今起拿出二、三十个出来,在文坛上能成为无可伦比的作家。(后略)

⑩ 冯子韬:《芥川龙之介的作品和艺术观》,《芥川龙之介集》,中华书局1931年版,第1页。

⑪ 冯子韬:《芥川龙之介的作品和艺术观》,《芥川龙之介集》,中华书局1931年版,第2页。

⑫⑬ 冯子韬:《芥川龙之介的作品和艺术观》,《芥川龙之介集》,中华书局1931年版,第3页。

⑭ 冯子韬:《芥川龙之介的作品和艺术观》,《芥川龙之介集》,中华书局1931年版,第3—4页。

⑮ 冯子韬:《芥川龙之介的作品和艺术观》,《芥川龙之介集》,中华书局1931年版,第4页。

⑯ 冯子韬:《芥川龙之介的作品和艺术观》,《芥川龙之介集》,中华书局1931年版,第5—6页。

1956年新建鲁迅墓的概况和建筑平面图纸解读

童 煜

翻开馆藏的鲁迅墓档案,1956年鲁迅墓建成的全过程跃然眼前。虽然,图纸褪色了,当时的参与者有的也作古了,但这些存于档案的人和事却依然清晰。

1956年新建鲁迅墓,当时的中华人民共和国尚处不发达的阶段,在第一个五年计划(1953—1957年)内,百业待举,百废待兴。就是在这种情况下,国务院决定拨款90万元,在纪念鲁迅诞辰75周年和逝世20周年之际,将鲁迅墓由沪西万国公墓迁葬于当时的虹口公园(现鲁迅公园)并在园内建鲁迅纪念馆。2月17日,周恩来在中宣部副部长张际春、周扬关于迁移鲁迅墓和修建鲁迅纪念馆的报告上批示:"同意迁移鲁迅墓至虹口公园,但不要以人名命名,虹口公园名称不改,更无需成立什么空头的筹委会,就由上海市政府办理即妥。"①周恩来不仅关心支持鲁迅墓的新建,而且特意请毛泽东同志为鲁迅新墓碑题字:"鲁迅先生之墓"②。

上海成立了"鲁迅先生坟墓迁建委员会"。委员会人选由市政府聘请鲁迅生前密切之友人、家属、华东和上海有关行政首长组成,上海市市长陈毅任主任委员。同时成立由陈植③、张惠忠等9人组成的"鲁迅墓建筑设计委员会"。上海市文化局制订了"鲁迅公园规范设计”，提出设计原则、涉及范围、设计项目和业务要求。“鲁迅先生坟墓迁建委员会”责成市建筑规划管理局、市政工程局、民用设计院、同济大学等单位作出公园总体规划、鲁迅墓、纪念馆等设计图纸。经过设计委员会评审，最后由中央文化部审批。中央文化部同意上海的方案，提出两点意见：

一、公园总体规划采用上海市规划局和园林管理处的设计。

二、鲁迅先生墓及陈列馆采用规划局图案，由上海市民用设计院负责。

作为鲁迅墓地设计内容之一的鲁迅塑像由著名雕塑家肖传玖[④]创作。鲁迅塑像原作高 1.6 米，放大为高 2.1 米。放大工程由中国雕塑工厂上海工作室曾洛夫、严孟雄、伍时伟、章永浩等进行，1956 年鲁迅新墓的草坪中央矗立鲁迅塑像材质为白水泥，于 8 月底完成。我馆的老前辈虞积华在《追忆鲁迅铜像翻铸记》一文中说道：

> 他先在杭州美院用泥塑成初稿，征求意见定稿后翻成古铜色石膏坐像，先由他的二位助手（也是他的学生严孟雄、伍时伟）运沪，作为鲁迅新墓坐像的原稿[⑤]。

鲁迅墓的新建，有两方面的因素。其一是华东军政委员会、上海市政府，乃至中央政府的关心、支持。

其二，在客观上由于地处虹桥的万国公墓的鲁迅墓小而简陋，与鲁迅的成就极其不相符，且离开 1951 年新成立的鲁迅纪念馆、鲁迅故居路途较远，人民群众和外宾瞻仰鲁迅墓，很不方便。茅盾在 1990 年 8 月 9 日浙江医院撰文《我与上海鲁迅纪念馆》一文中写道：

> 鲁迅纪念馆开馆以后，很快成为群众参观的热点，并为中外文化交流的重要窗口。外宾在上海停留的一个重要活动，就是参观鲁迅故居和鲁迅墓、鲁迅纪念馆。苏联的法捷耶夫、

爱伦堡等人来访时,我都曾出面陪同,深感鲁迅先生的影响力及于世界各国人民。由此我们越来越感到万国公墓中湫小简陋的鲁迅墓与此不相适应了,我们开始考虑为鲁迅迁葬。鲁迅是我们民族的象征,应该有国葬的规模,当时我同上海市委宣传部长夏衍同志经常商量这件事。我们俩经过多次实地查看后,觉得虹口公园比较合适。当时有人考虑虹口公园隔壁是个体育场,与鲁迅墓是否谐调?经过多方面的斟酌后,认为可以。于是就选定。从今天看来也是成功的。同时,上海的设计师很高明,设计得很好,使鲁迅墓与周围环境达到了完美结合。(《四十纪程(1951 年—1991 年)》上海鲁迅纪念馆编,1990 年,第 2—3 页)

1956 年 6 月初,中央批准由设计师陈植、汪定曾主持设计,张志模主其事。设计内容包括鲁迅先生墓的设计和鲁迅先生塑像。设计说明着重指出设计思想“要能真实地表达鲁迅先生的英勇刚毅的性格,艰苦奋斗的精神和热爱人民谦逊朴实的作风,因之设计要求朴素大方,庄严而不夸大,雄伟而又平易近人”⑥。

馆藏 1956 年的鲁迅墓建筑图纸由 7 张图纸所组成,分别为:平面图;前后立面;侧立面;墓碑详图;围墙栏杆踏步铜像座详图;花架花台地坪详图;墓穴详图。建筑施工图由上海市民用建筑设计院负责设计,工程号为 56-1-114,总体图纸比例为 1∶100,各详图比例分别为 1∶1、1∶1.5、1∶2、1∶5、1∶10、1∶20、1∶50,出图日期为 1956 年 6 月 2 日。鲁迅墓新建工程由上海第一石料生产合作社实施,于 7 月 19 日开工,10 月 9 日竣工。

建筑施工图的施工说明指出:“鲁迅墓的全部石料均采用金山石。”“金山石”产自苏州西部,是著名的建筑石材。“金山石”因晶粒细密、质地坚硬、色泽古雅,且有不易风化、耐酸耐腐蚀、抗压力强等特点。1936 年在万国公墓的鲁迅墓就是选用金山石,1956

年新建鲁迅墓，在建筑材料方面选用“金山石”，一是延伸使用，和原鲁迅墓的建筑主材使用有一个传承；二是“金山石”的材料特质符合鲁迅的人物特性，和设计思想相符。

墓壁旁的墙面与花廊石柱均以毛石砌成，以示鲁迅铁骨铮铮、坚贞不屈的豪迈性格。正如鲁迅喜欢毛边书一样，鲁迅曾表白，“我喜欢毛边书，宁可裁，光边书像没有头发的人——和尚或尼姑”⑦。鲁迅曾经要求北新书局的老板李小峰：“只要是我的译著，必须坚持毛边到底。”⑧鲁迅连书也喜欢毛边的，其打破常规的个性可见一斑。在鲁迅新墓选用毛石，符合鲁迅“人格独立、真实自我、刚毅倔强”的性格特征。

解读鲁迅墓园平面图（建施 7-1），说明共有七点内容：除了说明全部选用金山石外，还涉及了铁板在应用前需使用防锈剂；毛石、乱石砂浆嵌缝的厚度；墓前道路水泥地坪分仓浇捣的要求；墓碑、墓穴使用方整石的要求等。

新建的鲁迅墓园用“金山石”花岗岩地坪铺就的，由墓穴区、瞻仰平台区、花廊休息区和甬道草坪区等 4 块区域组成，分别用踏步和石栏杆分割。观众瞻仰鲁迅墓，踏上三步台阶就到了甬道草坪区，在草坪内，矗立着鲁迅座像，观众在这个区域内，可以 360°全方位的看到鲁迅的坐姿。走过 27.34 米的左右两侧甬道，踏上七步台阶就到了瞻仰平台，走过 20 米长正方形平台就到了石栏杆前的墓穴区、鲁迅墓碑，瞻仰平台的左右两侧踏上一步台阶就是花廊休息区，两侧花廊休息区各设置一排 5×30 厘米洋松座椅。鲁迅墓园各区域（包括墓前广场区域）组成面积及标高如表 1：

表 1　鲁迅墓园各区域地坪面积、标高

	墓前广场区	甬道草坪区	瞻仰平台区	花廊休息区	墓穴区
面积	285.3 平方米	532.6 平方米	462.4 平方米	228 平方米	109.7 平方米
标高	0.00	+0.33 米	+1.10 米	+1.21 米	+1.10 米

根据表1计算,鲁迅墓建筑占地总面积为:1 618平方米,一般介绍约为1 600平方米。如果从墓地第一级踏步计算,除去墓前广场区水泥地坪(285平方米)和鲁迅铜像区(170平方米)、墓穴区(71平方米)的草坪面积,共526平方米,也就是实际"金山石"花岗岩铺就的地坪看,面积为1 092平方米。从表2还可以得知,地坪最高区域为花廊休息区,标高1.21米。

鲁迅墓前小型广场水泥地坪呈圆弧形(不包括进入广场道路),设计说明施工必须分仓浇捣,2.5米正方形仓位,半径8.75米,共46个仓位。在墓前水泥地坪圆弧顶端也设置了2个排水口(所有排水口盖板为五孔,直径3厘米),保证墓前广场不积水。

从建施7-1平面图中看,当时的排水设计非常到位合理,注:1.泻水以中心线为准。向两边低斜坡度约1/1 000,至排水口(#13弯头)为止。2.#13弯头用生铁盖。排水口设置位置见表二:

表2　排水口数量位置设置

	数量	尺　寸	位　置	备　注
铜像草坪	4个	20×20厘米	四角	排除草坪内积水
甬道两侧草坪	4	20×20厘米	两个平行于草坪位于铜像后,两个位于墓园前端踏步口	排除甬道平台和两侧草坪积水
瞻仰平台	4	20×20厘米	四角	排除瞻仰平台和露天花廊积水
墓穴	2	20×20厘米	毛石围墙角	排除墓穴区域积水

除此之外,在墓前水泥地坪圆弧顶端也设置了2个排水口(所有排水口盖板为5孔,直径3厘米),保证墓前广场不积水。

经过仔细计算,鲁迅墓地坪用金山石1 857块,大量的规格尺寸为100×50厘米459块、80×80厘米372块和113×50厘米200块,共1 031块,占总数的55.5%。具体规格数量见表3:

表 3　金山石花岗岩规格数量

		规格	数量	规格	数量	非标规格数量
甬道平台	地坪	100×50 厘米	459 块	50×50 厘米	92 块	75×50 厘米；12 块
		200×50 厘米	26 块	100×25 厘米	54 块	34×25 厘米；2 块
	侧石	15×15×100 厘米	52 块			15×15×50 厘米；4 块
	踏步	300×34 厘米	9 块	200×100 厘米	8 块	200×34 厘米；2 块
	平台	134×80×15 厘米	6 块	80×50×10 厘米	12 块	34×25×10 厘米；4 块
				40×25×10 厘米	8 块	
	小计	696 块	备注	主要用 100×50 厘米，计 459 块		
瞻仰平台	地坪	80×80 厘米	372 块	80×40 厘米	20 块	180×240 厘米；8 块
		200×60 厘米	52 块	200×80 厘米	32 块	200×260 厘米；8 块
						200×120 厘米；8 块
	侧石	12×14×80 厘米	16 块			
	踏步	300×34 厘米	22 块	150×34 厘米	6 块	200×34 厘米；2 块
	平台	170×105 厘米	6 块			
	小计	552 块	备注	主要用 80×80 厘米，计 372 块		
花廊	地坪	113×50 厘米	200 块	57×50 厘米	80 块	50×60 厘米；2 块
		113×60 厘米	56 块			

（续表）

		规格	数量	规格	数量	非标规格数量
花廊	踏步	200×75×14 厘米	18 块	100×75×14 厘米	4 块	105×170 厘米；3 块
	花台	100×25 厘米	38 块	100×37×10 厘米	8 块	107×37×10 厘米；8 块
		85×37×10 厘米	4 块			113×25 厘米；2 块
		56×37×40 厘米	8 块	10×37×40 厘米	4 块	80×25 厘米；4 块
		20×37×40 厘米	4 块	100×37×40 厘米	12 块	113×50 厘米；2 块
	小计	457 块	备注	主要用 113×50 厘米，计 200 块		
墓穴	地坪	86×78 厘米	46 块	43×78 厘米	6 块	20×30 厘米；2 块
		30×78 厘米	4 块	20×80 厘米	4 块	20×75 厘米；2 块
				20×100 厘米	2 块	20×67 厘米；2 块
	栏杆	136×30×10 厘米	13 块	10×20×23 厘米	54 块	50×30×10 厘米；2 块
		136×30×20 厘米	13 块			50×30×20 厘米；2 块
	小计	152 块	备注	主要用 86×78 厘米，计 46 块		

经过的现场测量，发现花廊地坪的实际尺寸和图纸不一致。图纸上标明是使用 80×80 厘米正方形的金山石花岗岩，而实际使用的是 113×50 厘米的长方形金山石。翻看鲁迅墓地图纸资料和历年维修记录，均未发现花廊地坪的设计变更。询问馆老同志当

时情况，得到花廊地坪未有重新铺设的印象，估计是当时施工时的变更。

虹口公园1956年的图纸中有一张“鲁迅先生墓园种植设计图”，从图纸上看，甬道草坪鲁迅座像的正前方(现为“全国重点文物保护单位”保护标志处)，也就是墓园的中线轴处种柏树。陈植、汪定曾写《上海虹口公园改建记——鲁迅纪念墓和陈列馆的设计》一文，登载《建筑学报》1956年第9期第4页写道：

> 墓两侧分植许广平先生及周海婴同志手植的柏树[9]，周总理于1946年在万国公墓鲁迅墓原址手植的松柏椿树，则移至于坐像前。

该柏树置小石说明牌。周总理手植的这株柏树，由于多次移植，于1957年枯死。

鲁迅墓的地坪基础构成，可以从“鲁迅先生墓园花架、花台地坪详图”(建施7-6)，鲁迅墓地坪剖面图得知，在地坪基础泥土层上有3层找平，分别为：一级道渣、70#砼和煤屑垫层，最后平铺金山石花岗石。地坪基础未使用钢筋混凝土层，其中考量也有地坪渗水的需求。

当时，上海市政府对鲁迅墓工程的重视程度极高，参与到此工程中是无上光荣的一件事，在各方的共同努力下，鲁迅墓按期完工。迁墓仪式以后受到了社会的广泛好评，参观瞻仰者络绎不绝。与此同时，关于鲁迅墓建筑的学术探讨也是一道风景线。

陈植、汪定曾写《上海虹口公园改建记——鲁迅纪念墓和陈列馆的设计》一文，登载《建筑学报》1956年第9期后。1957年同济大学建筑系教授谭垣[10]，发文从理论上的探讨、对具体设计的意见和新方案的探讨三个板块，对鲁迅墓和馆的设计进行了有益的交流。文章认为：“从纪念性建筑的意义和基本理论出发，在总体布局和墓、馆的设计有待进一步提高。为此提出新方案的概况来弥补缺陷。”[11]谭垣此文一经发表,陈植、汪定曾在接受了一些意见的同时,又对上海虹口公园的鲁迅纪念墓和陈列馆的设计,作了进一步的阐释。认为:“鲁迅墓和陈列馆的设计,符合上海市文化局的设计原则和鲁迅谦逊朴实的作风。”[12]

1956 年建成的鲁迅新墓正南向,由墓穴区、瞻仰平台区、花廊休息区、甬道草坪区等 4 个既有分隔、又紧密联系的部分组成。墓穴、墓碑和鲁迅铜像,以及两颗桧柏树、广玉兰是鲁迅新墓文物建筑的重要保护目标。墓地可容 200 余人谒墓,墓前两侧的广玉兰昂首挺立,气势壮盛。毛主席的“鲁迅先生之墓”碑文,金光闪闪,令人肃然起敬。鲁迅墓园呈门字形,有敞开怀抱之意,整体先抑后扬,庄严又平易近人,成为现代墓葬纪念性建筑的典范。

注释

① 中共中央文献研究室编:《周恩来年谱(1949—1976)》上卷,中央文献出版社 1997 年版,第 537 页。

② 周海婴:《忆鲁迅墓的变迁》,北京鲁迅博物馆:《鲁迅研究动态》,1986 年第 5 期。

③ 陈植,建筑专家。早年留学美国著名的宾夕法尼亚大学建筑系。1955 年 6 月,陈植就任上海市规划建筑管理局副局长兼总建筑师,参与领导上海的城市建设。参加了上海中苏友好大厦工程、设计了鲁迅墓、主持了闵行一条街、张庙一条街等重点工程设计。

④ 肖传玖,雕塑家。早年留学日本东京日本大学艺术系学习雕塑。1937 年毕业回国,从事美术教学和创作。代表作有人民英雄纪念碑浮雕《南昌起义》《鲁迅坐像》等。

⑤ 虞积华:《追忆鲁迅铜像翻铸记》,上海鲁迅纪念馆:《上海鲁迅研究》2005 年第 1 期。

⑥ 陈植、汪定曾:《上海虹口公园改建记——鲁迅纪念墓和陈列馆的设计》,《建筑学报》1956 年第 9 期。

⑦ 鲁迅:《致萧军》,《鲁迅全集》第三卷,第 502 页。

⑧ 鲁迅:《扣丝杂感》,《鲁迅全集》第三卷,第 506 页。

⑨ 鲁迅墓穴的左侧柏树为 1946 年原万国公墓鲁迅墓原址,由许广平手植,右侧柏树由鲁迅之子周海婴手植。

⑩ 谭垣,中国著名建筑师。早年留学美国宾夕法尼亚大学建筑系,有“谭立面”的美誉。1952 年起任上海同济大学建筑系教授,晚年致力于研究纪念性建筑。1950 年代主持设计的“上海人民英雄纪念碑”和“扬州烈士纪念园”,获设计竞赛一等奖。

⑪ 谭垣:《评上海鲁迅纪念墓和陈列馆的设计》,《建筑学报》1957 年第 2 期。

⑫ 陈植、汪定曾:《对谭垣教授“评上海鲁迅纪念墓和陈列馆的设计”的一些探讨》,《建筑学报》1957 年第 6 期。

浅谈志愿者讲解员在博物馆宣教中的作用

——以上海鲁迅纪念馆为例

张晓君

志愿者讲解员出于自愿为社会服务的意愿,主动参与到博物馆的宣教活动中。从其自身业务素质来看,对比专业的讲解员他们还存在一定的差距和不足,需要他们在日常工作中不断努力去改进和完善。为此,本文从志愿者讲解员在博物馆宣教中的重要性入手,以上海鲁迅纪念馆为例,明确一个合格的志愿者讲解员应当具备哪些素质和特点,说明志愿者讲解员在博物馆宣教中起到的实质性作用,进而强化志愿者讲解员的教育培训。

博物馆的讲解工作主要是讲解人员围绕博物馆陈列品,通过语言的组织与提炼,利用语言技巧和语言艺术,同时融入真挚情感,向观众就陈列品进行有针对性的讲解,以完成知识的传播,由此所形成的一项教育活动。博物馆宣教工作则是建立在博物馆展品与相关材料基础之上,通过一些形式与方法的运用,面向大众传播历史、科学、文化等方面的知识,使观众能够从中获得一种道德教育与审美教育。不难发现,博物馆的讲解工作,其并非等同于全部的宣教工作,但却是不可缺少的重要构成。

一、博物馆讲解员工作的重要性

在新的时代背景下,博物馆的宣教体现了很多显著的特征,与讲解既有一定联系,也更为深入,要求也更高。但长期以来,很多人都认为宣教工作与讲解工作之间并无差异，并且逐渐形成了一种错误思想，那就是只要是普通话标准、身体匀称、五官端正的人都能够胜任博物馆宣教工作，这也导致在一些博物馆中所招收的讲解员过于注重外在条件，而对于素质、能力等这种内在要求则有所忽视，甚至一些讲解工作者只是照搬和背诵解词，对于观众的提问不知所云，这对于观众来讲，很多存在疑问的知识并没有得到答案，这显然是无法满足观众需求的，这也使博物馆宣教工作形如虚设，对于优秀传统文化的教育以及爱国主义教育更是无从谈及。

全球首位博物馆讲解员，可以追溯到19世纪初。1907年，美国波士顿美术馆率先引入了讲解员，随后其他博物馆纷纷效仿，逐渐产生了博物馆讲解员这个职业，而我国早在清末年间就已经有人提出应在博物馆中设置讲解员，提出这一建议的是清末著名教育家张謇，早在1905年他就提出可以通过设置讲解员使观众对中华历史文化有更深的了解。如今，博物馆开展宣教工作的过程中，讲解员所能够发挥的作用更加明显，并且观众参观博物馆也需要讲解员进行讲解，从而对博物馆的陈列品有更加深入的认识，并从中获得更为丰富的知识与情怀。另外，由于观众在博物馆中参观，通常对感兴趣的陈列品会驻足很长一段时间，而讲解员通过对陈列品的讲解，也必然会与观众之间形成一定的交流与互动，从而使观众能够在参观中获得更多的乐趣。作为一名优秀的讲解员，能够让博物馆陈列品“活”起来，使观众能够从对展品的赏玩中获得更多的知识，并且还可以使观众的参观更加省时省力。基于观众的层面看，参观者的文化程度并不相同，虽然每个人都对陈列品在一定程度上有所了解，不过就陈列品的历史文化知识势必会有所欠缺，而若要有效弥补这种欠缺，则需要博物馆讲解员以更为生动和丰富的形式进行讲解，从而为观众答疑解难，加深观众对博物馆展品的了解，而这也为博物馆讲解员的素质提出了更高的要求。

上海鲁迅纪念馆为了更好地做好宣教工作，专门成立了宣教部,并开通了上鲁宣教新浪微博,通过文博节庆日推广线上线下活动,吸引了大批忠实粉丝,为传播鲁迅知识和文化起到了积极作用。目前来看,讲解员的缺乏对宣教工作的进一步开展形成了一定制约,为此,针对学校招募志愿者讲解员充实讲解员队伍,更好地做好宣教工作。

二、志愿者讲解员在博物馆宣教中起到的作用

志愿者讲解员作为博物馆对外宣传十分重要的一员,其对于参观游览的观众而言,是外在形象的重要体现,为此,可以将其在博物馆宣教中起到的作用由三种角色来具体说明。

(一) 代表者

博物馆讲解员是博物馆的代表者。当观众进入博物馆时,其首先并非直接到展厅接触展品,而是要由讲解员进行引导,也就是说观众到博物馆首先见到的就是讲解员。正因如此,志愿者讲解员的形象至关重要,使观众对博物馆所形成的第一印象,这也说明志愿者讲解员的言谈举止实质上就已经代表了博物馆是否能够为观众留下良好的印象。另外,对于志愿者讲解员的形象,其与观众的参观体验也是直接相关的,观众是否能够对展品产生浓厚的兴趣,是否能够发掘出展品背后的历史意义与文化价值,与志愿者讲解员也是有直接关系的。如果志愿者讲解员形象气质优秀并且素质过硬,那么观众在参观的过程中也将更加舒适,并且对展品也将产生更为浓厚的兴趣;与之相反,如果志愿者讲解员外形不雅观,不注重穿衣打扮,那么观众对于讲解员的第一印象就会很差,使观众对博物馆展品毫无兴致。对于博物馆志愿者讲解员,其在历史文化传播方面所发挥的作用是显而易见的,并且也是在博物馆内和观众进行互动的主要对象,举手投足都能够反映出博物馆的精神风貌,是博物馆展品与观众互动的桥梁与纽带。此外,如果讲解员素质较高,观众在参观过程中获得了愉悦的感受,那么就观众对

博物馆的忠诚度而言,也是大有裨益的。

鲁迅作为中国近代文学史标志性的杰出文学家,其人生经历和作品对广大观众有着极强的吸引力,讲解员通过深入浅出的语言使更多观众了解到鲁迅的另一面,与课本和作品中不一样的鲜活人物。

(二)宣教者

志愿者讲解员也是博物馆中的宣教者。展品所蕴含的文化知识与民族情感如果只是通过实物是很难有所体现的,而观众对展品的历史与文化价值又知之甚少,因而需要讲解员进行深入的讲解,以增强对展品的认知和了解,进而从对展品的参观与浏览中获得更多的知识与信息。不过,对于这一过程,志愿者讲解员的任务也并非轻松,作为讲解员必须要在很短的时间内做到清晰明了的讲解,同时还要使观众通过讲解认识或感知到展品背后的价值和意义,进而将博物馆文化传播的作用充分地展现出来,使观众能够对展品的内涵有更为深入的掌握,并在与观众的交互中,促使观众能够形成对传统文化的欣赏,并从中得到别致的感受与体验,更加热爱中国传统文化,甚至使观众自身成为这种文化的传播者。对于志愿者讲解员宣教者这一角色,对于到博物馆参观的观众,其个人讲解水平与能力与观众的好感度直接相关。从这一点看,上海鲁迅纪念馆在招募志愿者讲解员时,通常以学校学生为主要招募群体,学生的学习能力和习惯整体相对社会人士要好一些,经过培训能够更好地做好宣教工作。

(三)组织者

博物馆的社会教育职能与作用显而易见,如今我国很多博物馆都免费对外开放,而观众步入博物馆,首先接触到的就是讲解员,而讲解员和观众之间是可以进行直接交流的,而这点是博物馆展品所无法做到的。对于志愿者讲解员来讲,个人形象、个人素质和观众好感度直接相关,如果讲解员能够为观众带来好感,那么不但能够使博物馆带给观众的形象更加良好，同时在观众进行参观的过程中，志愿者讲解员的组织与引导效果将更为理想，而观众也将井然有序，而对于这种秩序的维持在很大程度上都是讲解员的工作职责，因而志愿者讲解员在博物馆中也是组织者的角色。

三、优秀的志愿者讲解员能够为博物馆宣教增光添彩

前文我们已经了解到，志愿者讲解员在博物馆宣教中起到的重要作用，这也成为目前很多博物馆纷纷采取多种措施招募志愿者的一项动因。当然，志愿者的身份不同，其素质也参差不齐，只有优秀的志愿者讲解员才能在博物馆宣教中起到增光添彩的作用，为此，我们也更希望更多热爱博物馆事业的社会人士参与到志愿者活动中来，为博物馆的宣教提供更多帮助和发展思路。上海鲁迅纪念馆的志愿者讲解员，很大程度上缓解了节假日人手不足的难题，也增加了很多个人的见解，丰富了讲解形式和内容，使观众获得了良好的体验。

（一）招募优秀的志愿者

志愿者讲解员负责博物馆很多文化知识的宣传和境界，是众多博物馆藏品信息的讲授者和解读者，为此，博物馆在招募志愿者时对志愿者自身的素质和内涵也提出了较高的要求，基本可以归纳为三点：

1. 有着丰富的专业知识储备和科学的知识结构

要想对庞杂的博物馆藏品全面解读和讲授，需要有丰富的专业知识储备，这就需要平时广泛地涉猎各种知识。即便是专门对某一展馆或某一类藏品进行专门性介绍，也需要了解其来源、发展演变、性质成分等诸多信息，这样才能面对观众讲解时准确表述出藏品的各种信息，深入浅出，旁征博引，还能回答观众提出的各种问题，使宣教工作不仅仅是一种解读，更多地与观众形成互动，给博物馆的宣教提供更多灵活的思路与形式。

2. 愿意尝试接受新事物，积极学习，有探索的精神和信念

博物馆的藏品虽然很多都是过去制造或出土的物品，但伴随考古发掘的新发现和各类其他藏品取得新的研究成果，志愿者们就不能仅仅限于对原来知识的讲授，还要不断加强学习，接受新事物和新成果。积极在自己感兴趣和负责的领域保持探索的心，这样志愿者们掌握的知识就能够不断得到充实，及时了解到最新的考古咨询和藏品研究成果，能够不断给观众带来新的注解和知识内容。

3. 要有良好的语言表达能力、沟通能力、良好的亲和力和健康的身体及良好的公众形象

作为直接与观众进行面对面对话的讲解员，志愿者们一定要善于表达自己掌握的知识，能够和观众达成有效的沟通。比如面对小学生群体，就需要用更为生动、有趣的语言来介绍藏品；面对老年人群体，就需要以较慢的语速，较高的声音去表达。这样灵活的做法，才能使博物馆的宣教工作取得更好的效果，也能赢得更多观众的赞誉。

（二）加强对志愿者的各项培训教育

志愿者为博物馆宣教工作做了大量努力与贡献，博物馆也需要针对他们的不同需求对其进行各项专业培训和教育。

1. 以比赛推动继续教育的开展

志愿者们往往在社会上从事着多种职业，他们有着不同的兴趣爱好，共同的一点就是热爱博物馆事业。为此，可以借博物馆宣教的主题开展相关比赛，这样能够使各位志愿者发现自身的优点和缺点，也由此能够更有针对性地进行继续教育。比如，讲解比赛等，能够促使各位志愿者积极学习更多专业知识，增进知识储备，使各类层次游客的需求得到满足，宣教工作也能取得更好的效果。

2. 促进志愿者讲解员服务意识、服务水平的提升，尤其是思想道德素养的提高

博物馆是我国十分重要的社会公共教育机构，其重要的功能

就是公共服务,也就是其陈列的展品和研究成果都要为社会公众提供服务。从这一点出发,志愿者讲解者需要具备良好的思想道德素养,能够全心全意为观众提供服务,使自身服务水平不断得到提升,将博物馆建成能够真正传播历史与科学文化知识,给人民群众普及爱国主义和社会教育,提升全民族科学文化素养,为社会主义现代化建设做出重要贡献的活动场所。

3. 为志愿者讲解员提供一定的保障,促进其可持续发展,为博物馆宣教做出更多帮助

作为志愿者而言,从事博物馆宣教更多的是出于兴趣和爱好,公益之心也十分重要。而博物馆也要为他们提供一定的物质奖励,比如意外安全保险、免费的餐饮等,这种基本福利的提供,能够给志愿者们公益讲解以更多保障,给他们以更多的归属感和认同感,进而能够更加热心投身于博物馆的宣教活动中。同时,志愿者的志愿讲解也从很大程度上缓解了节假日人手不足的难题,为更多观众提供更多优质服务。可以说,这种保障对于志愿者和博物馆而言是双赢的。上海鲁迅纪念馆的志愿者在考试合格后可以上岗,满 20 次之后给予实习证明,并在博雅网登记学分等,每季度发放补贴,给志愿者提供了很好的保障措施。当然,也要进行考核评分,对他们的讲解工作也是一种督促和鼓励。

4. 积极招募更多优秀的志愿者讲解员

国外很多博物馆都能看到很多在博物馆宣教中起到重要作用的热心人士,他们由在校大学生、退休人员和文物爱好者等组成,他们参与公益活动更多的是出于这一行业的热爱,也是他们无私奉献的重要体现,他们有着较好的服务意识,也成为众多博物馆开展宣教工作的主要力量。为此,我国可以积极借鉴这一成熟的经验,积极开展志愿者讲解员队伍的建设工作,使过去的志愿者讲解员能够以团队或组织的形式出现,更好地与博物馆对接讲解和其他各项工作,也促进博物馆宣教工作质量得到不断提升。在这一点上,由于场地限制等主客观原因,上海鲁迅纪念馆主要针对各类院校进行志愿者招募,且以集体形式,一定程度上有利有弊,今后随着宣教工作的深入开展,也会探索更多的招募形式。

综上所述,志愿者讲解员在博物馆宣教中起到了重要的作用,他们以更为丰富的专业知识、高超的讲解技巧、灵活的表达能力等为博物馆的宣教带来更为有效的帮助,也成为博物馆探索更多宣教方式的新思路,为此,应当积极给予鼓励和支持。未来的上海鲁迅纪念馆也会不断探索新的志愿者招募和使用形式,为他们提供更广阔的发展空间,也促进自身宣教工作的深入落实,给广大观众以更好的欣赏体验。

参考文献

1. 彭洁:《高校博物馆学生讲解员管理工作存在问题及对策——以西安航空职业技术学院航空馆为例》,《知识经济》2017 年第 7 期。
2. 王晓芬:《博物馆特色课程的设计与应用——以山西博物院 2016 暑期“小小讲解员团队”活动为例》,《文物世界》2016 年第 6 期。
3. 王雪萍:《浅谈博物馆讲解员的知识构成——以中国客家博物馆为例》,《客家文博》2014 年第 2 期。
4. 古志明:《高校博物馆学生志愿者讲解员的培养与发展——以广东金融学院广州货币金融博物馆为例》,《赤峰学院学报》(自然科学版)2014 年第 9 期。
5. 刘建:《高校博物馆义务讲解员的培养与发展——以成都理工大学博物馆为例》,《成都理工大学学报》(社会科学版)2011 年第 5 期。

编　　后

本辑之“鲁迅与翻译”专栏中《重温鲁迅的“直译”说》从“直译”的名实问题、“直译”对翻译的正名与基本要求、译文风格问题和直译的欧化倾向四个方面进行了比较深入的探讨，就直译问题来说，本文所切入的视角，讨论的方式都是较为新颖的。《鲁迅早期科学类翻译探究》从鲁迅自述的“大约仰仗的全是先前看过的百来篇外国作品”入手，着重考察了鲁迅留日时期、鲁迅科学类文章的翻译实绩，并由此认为，“无论从所翻译的科技作品数量还是质量上及翻译作品时代影响上，鲁迅都可称得上是当之无愧的、杰出的中国科技翻译先驱者，是中国第一个以自觉的科学意识介绍和宣传科学的人”。《从布尔雪维克到布尔塞维克》作者细致考察了鲁迅译作《一天的工作》的各个版本，发现了鲁迅对“布尔什维克”的独特翻译，同时考察了同时代人对这个词的不同翻译，以期探求苏联革命文艺在当时中国的流转演变等。《现存鲁迅译文残稿〈难解的性格〉究竟写于何时》与《鲁迅所译之〈所谓怀疑主义者〉》都属于对鲁迅译文文本进行直接探讨的文章。

北京鲁迅博物馆研究员叶淑穗十分热忱于鲁迅文化的传播工作，去年上海鲁迅纪念馆筹办“鲁迅与汉画”学术研讨会时，她给予最大限度的支持，专门写论文支持会议，令上海鲁迅纪念馆的筹备人员感动万分。她的新作《几部鲁迅手稿影印出版的缘起及其历程》所追述的，不仅有关于北京鲁迅博物馆和上海鲁迅纪念馆的鲁迅传播史，更是 1949 年后中国传播鲁迅精神文化遗产的见证。由此，本辑将此文作为特稿编定。

《复古的心情：〈摩罗诗力说〉词汇在笺注学及符号学意义上的考释》体现了作者对《庄子》和《离骚》的娴熟，作者将之与鲁迅的早年文本作对比研究,实属难得。这文章所考察的议题从侧面反映了正在谋求思想文化变革的鲁迅,与中国传统文化不可或缺的、根深蒂固的关系。鲁迅的“文人相轻”系列文章,在20多年前曾是一个热点学术问题,在沉寂多年之后,本辑所编入的《从七论“文人相轻”看鲁迅的文坛观》是在之前研究基础上更为深入的探讨,极具时代和现实意义。论及鲁迅与公园,一般都为叙述性的、泛谈式文章,而《去或不去——从空间视角谈鲁迅与现代公园》则从现代城市公共空间这个角度,审视并探讨了鲁迅与公园这个议题,具有学术上的开创性。相信这篇文章能够激发相关议题的探讨。《略谈鲁迅在上海所看电影类型》作者利用了所收集的数据,对上海时期的鲁迅所看的电影进行了归类分析,较之过去泛谈式文章,更为丰满和鲜活。

《执着追求——追忆父亲李霁野》客观、理性地探讨李霁野先生的生平业绩,是为掌握大量资料并同时具有丰厚体验后的所得,实属难能可贵。《从“普罗列塔利亚”到“新写实主义”之路——旅沪“左联”潮汕作家的思想韬痕与耧迹》是具有地方色彩的文章,左联的革命文学活动的伟大成果,正是不同地方色彩的结合体,这正反映了中国革命文学运动的跨地域的广泛性、吸引各地精英的鲜活性。

承蒙鲁迅研究前辈张恩和的热忱支持,本辑编入他的专稿《我的鲁迅研究》,在这篇文章中不仅回顾了他自己的鲁迅研究历程,同时对当今的鲁迅研究提出了他的看法。文章最后,张先生指出的“研究鲁迅不应简单地将他当作历史、当作一般作家研究,而应该把他当作一种精神上的对话者或引领者,以他为精神偶像。研究鲁迅不仅不同于研究自然科学,甚至也不同于一般的社会科学研究。……在研究鲁迅时,则应该有主观精神的融入,用胡风的话说,简直是应该表现出不能抑止的热情,用全身心投入并拥抱他,并且应该表现出研究和学习相结合,即人们常说的‘知行合一'。对鲁迅要有一种以之为范,'虽不能至,心向往之'的心情和态度。我最不以为然的是,有人说鲁迅的是非是一套,自己的作为又是一套。他们不是'以鲁迅之"是"为是,以鲁迅之"非"为"非"',也正因此被人看不起,甚至引起一些人对鲁迅的精神和价值产生怀疑,误解,不满",对我们现在的研究具有启示和借鉴意义。

去年年底北京鲁迅博物馆研究员王世家的去世,是为鲁迅研究界的一大损失。王世家曾长期编辑《鲁迅研究月刊》,其间对《上海鲁迅研究》的编辑工作多有指导和帮助,也曾助力上海鲁迅纪念馆的文物征集工作。王世家退休后,致力于鲁迅相关史料的重新整理与考证、鲁迅文本的汇校工作等,这些是今后的鲁迅研究与鲁迅精神文化遗产的传播的基础性工作的重要组成部分。《上海鲁迅研究》同仁谨对王世家先生致以深切的悼念。

编　者

2019 年 4 月

《上海鲁迅研究》编辑部
地址:上海市甜爱路 200 号　上海鲁迅纪念馆
邮编:200081
电话:021-65878211, 021-65402288 * 215
传真:021-56962093
电邮:shlxyj@ aliyun.com

《上海鲁迅研究》投稿须知

本刊热诚欢迎海内外作者投寄稿件。为保证学术研究成果的原创性和严谨性，倡导良好的学术风气，推进学术规范建设，请作者赐稿时务必遵照如下规定：

第一，所投稿件须系作者独立研究完成之作品，对他人知识产权有充分尊重，无任何违法和违反学术道德等内容。按学术研究规范，认真核对引文、注释和文中使用的其他资料，确保准确无误。如使用转引资料，应注明转引出处。本刊采用文末注方式，引文出处请遵照**“作者：《篇名》，《集名》第×卷，××出版社××××年版，第×页”**格式。

第二，凡向本刊投稿，须同时承诺该文未一稿两投或多投，包括局部改动后投寄其他报刊，并保证不会将该文主要观点或基本内容先于《上海鲁迅研究》在其他公开或内部出版物（包括期刊、报纸、专著、论文集、学术网站等）上发表。如未注明非专有许可，视为专有许可。

第三，所投稿件应遵守国家相关标准和出版物法规，如关于标点符号和数字使用的规范等。

第四，本刊整体版权属《上海鲁迅研究》所有，未经许可，不得以任何方式复制、选编。经我社许可需在其他出版物上发表或转载的，须特别注明“本文首发于《上海鲁迅研究》”字样。

第五，本刊实施专职编辑三级审稿与编委审稿相结合的审稿制度。作者投稿后，如需撤稿，请及时通知编辑部，编辑部将视编辑该稿情形后，答复作者。

第六，来稿论文要求格式规范，项目齐全。提供：**真实姓名，联系方式（含邮编），电子信箱，身份证号码、作者开户银行并支行名（支行名称请务必提供）及账号（支付稿酬所需）。**

第七，本刊有权对来稿作文字修改。

第八，本刊已加入“中国知网”（光盘版）电子期刊出版系统，作者的著作权使用费与本刊稿费将一次性给付，如作者不同意编入该数据库，请提交论文时向本刊说明。凡在投稿时未作特别声明的，本刊将视同作者已认可其论文入编有关电子出版物。

第九,稿件一经采用,即付稿酬(限常住中国大陆地区作者)并寄样刊2册。

如违背上述规定,给《上海鲁迅研究》造成任何不良影响,由作者承担全部责任。

图书在版编目(CIP)数据

上海鲁迅研究.鲁迅与翻译:总第82辑/上海鲁迅纪念馆编.—上海:上海社会科学院出版社,2019
ISBN 978-7-5520-2752-5

Ⅰ.①上… Ⅱ.①上… Ⅲ.①鲁迅研究—文集 Ⅳ.①K825.6-53

中国版本图书馆CIP数据核字(2019)第087950号

上海鲁迅研究·鲁迅与翻译(总第82辑)

上海鲁迅纪念馆 编
责任编辑:章斯睿
封面设计:包明吉
出版发行:上海社会科学院出版社
上海顺昌路622号 邮编200025
电话总机021-63315900 销售热线021-53063735
http://www.sassp.org.cn E-mail:sassp@sass.org.cn
照 排:南京理工出版信息技术有限公司
印 刷:上海新文印刷厂
开 本:890×1240毫米 1/16开
印 张:11.125
插 页:1
字 数:277千字
版 次:2019年6月第1版 2019年6月第1次印刷

ISBN 978-7-5520-2752-5/K·515 定价:68.00元